JN293586

## 〈データで読む〉
## 英語教育の常識

高梨芳郎 著
Takanashi Yoshiro

研究社

# はしがき

　英語教師の楽しみと悩みのひとつは指導法について考えることである。たとえば，生徒に作文を返すときに，どのように添削したら生徒の作文の力は伸びるかなど考えることはそのひとつである。生徒の作文の誤りはどのくらい細かく添削すべきだろうか。しかし，そのような訂正をせずに，コメントだけを書いて返したほうが生徒が自分で勉強するようになってよいという見解もある。それならば，スタンプだけ押して返しても結果は同じだろうか。
　このような問題を考える際には英語教育についてのデータの積み重ねが必要である。従来，教師の体験や熟練による勘から得られたものから，一歩進めて，実際にデータを集めて，そこから示唆を得ることである。生徒の作文についての教師のフィードバックについても，実際に仮説をたてて指導を行い，その指導結果を調べてみることである。しかしながら，このような取り組みはひとつひとつ各自ですべて確かめていくには時間や環境の制約があって困難である。そのためには，どのような取り組みがこれまでなされてきたのかについて，まず，知るとよい。そのうえで自分で試み，データを積み重ね，考えていくことである。
　本書は，英語教育に携わる方，英語教育に関心のある方，あるいは英語学習について興味を持っておられる方にこのようなデータの蓄積について資料を提供し，英語教育や英語学習のさまざまな問題について考える際の素材を提供するものである。このような意図で公にしたもののひとつとして，「英語教育を知るためのデータ」（『現代英語教育』創刊30周年記念号，pp. 28–34, 1994年）がある。そこでは，日本の中学校や高等学校でのクラス・サイズの大きさについてのデータから始まり，日本の教科書の生活語彙の問題や国語や数学の力と英語の力との相関関係などのデータを示して，日本の英語教育について基本的な問題について考えた。
　さらに，これを発展させたものが「〈データで読む〉英語教育の常識」（『現代英語教育』，1995年4月号～1998年3月号）で，これは36回連載させて

## はしがき

いただいたものである。この連載では，語彙，文法，4技能，学習者要因，伝達能力，異文化理解，評価などについて全体的にデータをみていき，そこでの実践的な問題や理論的な問題についてデータの蓄積を整理し，英語教育について理解を深めようとしたものである。

本書は，これらの基本的なデータも含めて，その後の約10年間の歩みも可能なかぎり組み入れるようにしたものである。この10年間で英語教育の実証的な研究は量的に著しく増加し，質的にも精度を増したと言ってよい。タスクやフォーカス・オン・フォームによる指導法や内容中心の教授法（content-based instruction）が主流になってきている。聞くことや読むことの指導では，ボトムアップも重視する傾向が読みとれる。音読やシャドーイングがその好例である。コーパスや語彙の研究も目が離せない。脳科学の知見は興味深いが，指導法の改善につながることを期待したい。小学校での外国語活動はその成果とともに中学校との円滑な接続が課題のひとつである。

本書はタイトルで「常識」という言葉を使用している。英語教育で「常識」とは何か。実は，英語教育には変わらない「常識」は存在しない。本書での「常識」は「常識を目指しての取り組み」であると言ってよい。未知語の意味の推測について，テキストに未知語が何％くらい含まれていてもよいかという趣旨の研究には，未知語があっても読めるはずだという仮説があってはじめて可能になる。英作文のコメントだけでも効果があるとか，訳の先渡しで訳の指導に費やす時間をコミュニカティブな活動に有効活用すればよいという発想が大切で，そこから調査や研究が始まるのである。こういうことを調べる必要があると考えたときに，そのような考え方自体が大切である。この意味で本書の「常識」は絶えず創りあげていくものである。英語教育の実践や研究で最も大切なことはこのような発想とデータの積み重ねではないだろうか。

本書に提示したデータには数値でのデータもあれば，リストや研究成果の要約や示唆も含まれている。これらのデータはそれを鵜呑みにするには慎重でありたいケースもあるかもしれない。また，データにはいろいろな型もある。未知語の割合は，精読の場合は5％以内，多読の場合は5％〜2％くらいまで，速読なら1％から2％くらいまでという数値もあれば，生徒の英作文のフィードバックには誤りを逐一訂正してもコメントを書いて返却してもスタンプを押すだけでも生徒の伸びは同じであるというデータもある。さら

には，自己との深い関わりの中で言語はよりよく習得されるというデータもある。未知語の含有率のデータは教材作成や教材の選択をこのデータに基づいて行う場合，そのデータは「使うためのデータ」になる。英作文のフィードバック方法についてのデータは自分の指導法以外の指導法について理解を深める場合，指導方法について「知るためのデータ」になる。さらに，言語習得と個との関わりについてのデータは指導の基本に関わるデータで英語教育や英語学習の在り方について「考えるためのデータ」になる可能性がある。このようにデータの意味合いはさまざまであるが，本書を出発点のひとつにして，データから学び，データを積み重ね，教育の事実について考え，英語教育を進めていくことを読者の皆さんとともにしていければ幸いである。

　日本の英語教育研究では数値を使用した研究が主流になってきている。コンピュータを使用すれば，逆行列や転置行列を知らなくても多変量解析は手軽にできるようになった。最近では，AMOS を使用して共分散構造分析を行い，因果モデルの推定を行ったものも多い。日本での大学院生時代に指導教官からお聞きした推測統計学のサンプルサイズと有意確率の問題は effect size の問題として検討するようになってきている。しかしながら，研究には数値は必要である場合が多いが，研究の対象や課題によっては質的研究も欠かせない。10 年くらい前に，英国の大学院で日・英の大学生の外国語学習方略を文化の特質との関係で研究をした際には，量的な研究のほかにインタビューや観察による質的研究も行うように指導教員に勧められ，実施したことがある。英国の博士論文では最後のパラグラフは論文の内容とは直接関係ないことを書くことが習わしとかで量的研究と質的研究を両輪にたとえてそれらの重要性を体験できて有意義であったことを書いた記憶がある。日本では量的研究の充実とともに質的研究のさらなる充実と質的データの蓄積も課題である気がしてならない。

　最後になったが，本書の執筆をお勧めくださった研究社出版部の津田正氏に心から感謝したい。氏は『現代英語教育』の編集長の時代から，データに基づく英語教育研究の必要性を説かれ，雑誌に執筆した折りにも適切なコメントを毎回いただいた。怠慢な筆者がこのような形で本書をまとめられたのもひとえに氏のご尽力によるものである。本書の内容から校正にいたるまで一方ならぬお世話になったことを記しておきたい。筆者の大学院時代の研究は誤り分析から始まり，誤文の理解可能性の研究も行ったが，本書では多く

## はしがき

の方々の研究をまとめて，紹介させていただいたにもかかわらず，誤りがあるかもしれない。お許しいただきたいが，責任は一切筆者にある。先にも記したが，本書が今後データに基づく英語教育と英語教育研究のきっかけになることを祈念する次第である。

　　　平成 21 年 7 月 20 日　海の日に

　　　　　　　　　　　　　　　　　　　　　　　　　　高梨　芳郎

『〈データで読む〉英語教育の常識』目次

　　は し が き ──────────────── iii

## 第1章　世界から日本の英語教育をみる

1. 英語は世界でどのように使用されているか ──────── 2
   - （1）母語人口と使用国（地域）数の多い言語は何か ………… 2
   - （2）第二言語・外国語を含めた英語人口は世界でどのくらいか ………… 3
   - （3）インターネットでは英語が最も多く使われるか ………… 4
   - （4）ま　と　め ………… 6

2. 日本人の外国語学習者数はどのくらいか ──────── 7
   - （1）日本の学校で英語を履修する人はどのくらいいるか ………… 7
   - （2）会話教室で外国語を学ぶ人はどのくらいか ………… 8
   - （3）放送での外国語受講者数はどのくらいいるか ………… 8
   - （4）高等学校や大学などでの英語以外の外国語学習者数は
     　　どのくらいいるか ………… 8
   - （5）ま　と　め ………… 10

3. 日本人の英語力の特質は何か ──────────── 11
   - （1）日本人のTOEFL受験者の総得点（平均値）から何が
     　　みえるか ………… 11
   - （2）諸外国の総得点（平均値）と比べて何がわかるか ………… 12
   - （3）TOEFLの得点は日本ではどのように利用されているか ………… 12
   - （4）ま　と　め ………… 14

4. 英語は日本人には学びにくい言語か ──────── 15
   - （1）言語距離とはどのようなものか ………… 15
   - （2）言語距離の大きさは外国語学習にどのように関わるか ………… 16

目　次

　　　(3)　ま　と　め ……… 16

5. 日本の学校でのクラスサイズは大きいか ──────── 18
　　　(1)　クラスサイズは授業にどのような影響を与えるか ……… 18
　　　(2)　諸外国のクラスサイズはどのくらいか ……… 18
　　　(3)　適切なクラスサイズはどのくらいか ……… 19
　　　(4)　ま　と　め ……… 20

6. 日本人は英語をどのように学習しているか ──────── 21
　　　(1)　諸外国では中学校で何時間くらい外国語を学習するか ……… 21
　　　(2)　日本の生徒は英語を使用する体験は多いか ……… 22
　　　(3)　海外にどのくらい多くの人が留学しているか ……… 22
　　　(4)　ま　と　め ……… 23

## 第2章　語彙・文法の指導について考える

1. 英単語は繰り返し学習しておぼえるのがよいか ──────── 26
　　　(1)　おぼえた単語はどのくらい忘れていくか ……… 26
　　　(2)　どんな単語がおぼえにくいか ……… 26
　　　(3)　みておぼえるほうが聞いておぼえるより効果的か ……… 27
　　　(4)　ま　と　め ……… 28

2. 使える語彙はどのようにして身につくか ──────── 29
　　　(1)　例文は説明にまさるか ……… 29
　　　(2)　辞書を使うと語彙はふえるか ……… 29
　　　(3)　読書や会話で語彙は身につくか ……… 31
　　　(4)　ま　と　め ……… 32

3. 生徒に必要な学習語彙とはどのようなものか ──────── 33
　　　(1)　連想法で生徒に必要な発表語彙を知る ……… 33
　　　(2)　使いたくても使えない発表語彙とは ……… 34
　　　(3)　教科書語彙でカバーできない未知語の割合はどのくらいか ……… 34

(4) ま　と　め ………… 35

4. コミュニケーションの視点から語彙指導を考える ────── 37
　　　(1) 語彙は何語くらい知っていたらよいか ………… 37
　　　(2) 指導上の重要語とはどのようなものか ………… 38
　　　(3) 本を読むだけで語彙はおぼえられるか ………… 39
　　　(4) 語彙をおぼえるのにはどのようなタスクが有効か ………… 41
　　　(5) ま　と　め ………… 43

5. 文法指導の意味と問題点を考える ──────────────── 44
　　　(1) 「文法」は高校で今でも教えられているか ………… 44
　　　(2) 文法は英語ぎらいの元凶か ………… 44
　　　(3) 文法のできる生徒ほどよく話せるか ………… 45
　　　(4) どのような文法項目が生徒に難しいか ………… 45
　　　(5) 文法用語は生徒にどのように影響するか ………… 46
　　　(6) 文法規則の説明と例文はどちらを先にするか ………… 46
　　　(7) 文法指導は技能の指導か ………… 47
　　　(8) コミュニケーションのための文法指導とは ………… 48
　　　(9) ま　と　め ………… 49

6. 第二言語習得の視点から文法指導を考える ─────────── 50
　　　(1) 早くから学ぶ文法項目ほどよくおぼえられるか ………… 50
　　　(2) 聞くことだけで文法は自然に身につくか ………… 51
　　　(3) コミュニケーション活動は文法の習得にも有効か ………… 51
　　　(4) 意識化タスクによる文法指導法とは何か ………… 52
　　　(5) 会話の中で文法指導はできないか ………… 53
　　　(6) フォーカス・オン・フォームの指導とは ………… 53
　　　(7) 文法の誤りとフィードバックについて知る ………… 55
　　　(8) タスクによる文法指導とはどのようなものか ………… 55
　　　(9) 内容中心指導法（CBI: Content-Based Instruction）とは ………… 56
　　　(10) ま　と　め ………… 57

7. コーパスは指導に何を示唆するか ─────────────── 58

目　次

　　（1）　自然な英文の長さはどのくらいか ………… 58
　　（2）　品詞の使用頻度はいつも同じか ………… 59
　　（3）　受け身文はよく使われるか ………… 59
　　（4）　関係詞はどのように使用されるか ………… 60
　　（5）　コロケーションをコーパスでみる ………… 61
　　（6）　最もよく使用される句動詞（phrasal verbs）について知る ………… 61
　　（7）　品詞や書き言葉・話し言葉などで使用頻度の違う語はあるか ………… 61
　　（8）　学習者コーパスをどのように利用するか ………… 63
　　（9）　コーパスを生徒の英語学習に使わせることはできないか ………… 64
　　（10）　ま　と　め ………… 65

## 第3章　4技能の指導について考える

1. リスニング活動を活発にする条件は何か ──────── 68
　　（1）　4技能の中で最も多く用いられる技能は何か ………… 68
　　（2）　聞くことは読むことよりどのくらい難しいか ………… 68
　　（3）　聞く力はどのような能力から成っているか ………… 68
　　（4）　スピードとポーズはどちらがより影響するか ………… 69
　　（5）　長い文ほど聞き取りにくいか ………… 70
　　（6）　視覚情報は本当にリスニングに有効か ………… 70
　　（7）　ま　と　め ………… 71

2. リスニング指導で大切なことは何か ──────── 72
　　（1）　音声にふれる機会を多くする ………… 72
　　（2）　聞き方の指導をする ………… 72
　　（3）　映像の活用を工夫する ………… 72
　　（4）　聞きやすいスピードを考える ………… 73
　　（5）　ま　と　め ………… 74

3. 音声指導の基礎を考える ──────── 75
　　（1）　聞き間違いやすい音はどのようなものか ………… 75
　　（2）　発音の個人差はどのように生じるか ………… 76

(3) 発音指導の方法を考える……… 76
　　　(4) Dictation の仕方を工夫する ……… 77
　　　(5) 教科書の対話文を活用する ……… 77
　　　(6) ま　と　め ……… 78

4. リスニングのプロセスをどのように指導するか ―――――― 79
　　　(1) リスニングでは実際に何が問題になるか……… 79
　　　(2) リスニングの方略とはどのようなものか……… 80
　　　(3) Bottom-up Primacy のリスニング・タスクはどのような
　　　　ものか……… 82
　　　(4) ま　と　め ……… 84

5. スピーキング指導の背景を探る ――――――――――――― 85
　　　(1) リスニングができればスピーキングもできるか……… 85
　　　(2) どのくらい練習すれば話せるようになるか……… 85
　　　(3) スピーキング力は授業で伸ばせるか ……… 86
　　　(4) 生徒はどのように伝達しようとするか……… 86
　　　(5) 海外留学で英語力はどのように変わるか……… 86
　　　(6) ま　と　め ……… 88

6. スピーキング指導では何が大切か ――――――――――― 89
　　　(1) 話せる語彙の数をふやすようにする ……… 89
　　　(2) 自己表現に必要な表現を指導する ……… 89
　　　(3) コミュニケーション活動を工夫する ……… 90
　　　(4) 会話の構成やルールに気づかせる ……… 90
　　　(5) 表現の適切性を必要に応じて教えておく……… 91
　　　(6) 話し言葉でよく使われる表現を指導する……… 93
　　　(7) 誤りの指導を長期的にする ……… 93
　　　(8) ま　と　め ……… 94

7. リーディング活動を活性化する条件とは何か ――――――― 96
　　　(1) リーディングでは単語や文法のほかに何が大切か……… 96
　　　(2) 内容理解に大切な未知語の意味を予測する ……… 96

（3） テキストの構成を理解する……… 97
（4） 後に続く語句や内容を予測しながら読む……… 98
（5） ま と め ……… 98

## 8. リーディング指導で大切なことは何か ——— 99

（1） 読めるとは何ができることか……… 99
（2） プレリーディング活動を工夫して読みを活性化する……… 99
（3） 内容について考えさせる発問を工夫する……… 100
（4） 読んで伝える活動を工夫する……… 101
（5） 教材の読み易さを事前に知るにはどうするか……… 101
（6） 速読指導は中学校でも可能か……… 102
（7） 生徒を楽しませる多読指導とはどのようなものか……… 103
（8） ま と め ……… 104

## 9. リーディング指導について再考する ——— 105

（1） 母語話者の言語処理速度はどのくらいの速さか……… 105
（2） 読むときに眼はどのように動くか……… 105
（3） 読みの認知プロセスはどのようなものか……… 106
（4） 音読について再考する……… 107
（5） シャドーイングと音読の効果について考える……… 108
（6） シャドーイングと音読の効果は実際にみられるか……… 108
（7） 脳科学からのアプローチ……… 110
（8） ま と め ……… 110

## 10. ライティング指導のあり方を考える ——— 111

（1） 語彙力や文法力があればライティングはできるか……… 111
（2） パラグラフ・ライティングをどのように始めるか……… 112
（3） 複雑な英文も書けるようにする練習方法はあるか……… 112
（4） ライティング指導で必要なフィードバックとは……… 113
（5） ま と め ……… 114

## 11. ライティング指導では何が大切か ——— 115

（1） よく出てくる誤りを長期的に指導する……… 115

(2) 誤りを生徒に自己訂正させる………… 116
　(3) 談話の視点から内容を整理させる………… 116
　(4) 日本人の作文の特徴を知らせる………… 117
　(5) コーパス・データを作文の指導に利用する………… 117
　(6) 自由英作文でフィードバックをどのようにすべきか………… 118
　(7) 自由英作文では添削以外に何ができるか………… 119
　(8) ま　と　め………… 120

## 第4章　学習者要因について考える

1. 英語学習を学習動機の視点からみる ──────── 122
　(1) 生徒の要因には何があるか………… 122
　(2) 学習意欲は成績にどのように関係するか………… 122
　(3) 内発的動機と外発的動機は英語学習にどのように関わるか………… 124
　(4) 統合的動機づけについて再検討する………… 126
　(5) 動機づけのプロセス・モデルとはどのようなものか………… 128
　(6) 授業中の教師と生徒の動機づけ方略について知る………… 128
　(7) ま　と　め………… 131

2. 生徒の学習方略と学習スタイルについて知る ──────── 132
　(1) 学習方略にはどのようなものがあるか………… 132
　(2) 生徒の学習方略について知る………… 132
　(3) 学習方略の使用は学力によって異なるか………… 133
　(4) 学習方略をどのように調査し、授業に役立てるか………… 133
　(5) 日本人学習者にとっての「成功につながる学習法」………… 135
　(6) 言語学習方略と言語使用方略について考える………… 136
　(7) 教師が重要だと判断する方略は生徒がよく使用する方略か………… 137
　(8) 学習スタイルにはどのようなものがあるか………… 139
　(9) 学習スタイルの分類（例）と指導について知る………… 139
　(10) 聴覚学習の好みや視覚学習の好みは文化によって異なるか………… 140
　(11) ま　と　め………… 141

目　次

3. 生徒の心理的要因について知る ———————————— 142
　（1）学習不安はどのようにあらわれるか ……… 142
　（2）リスニングなどは不安とどのような関係があるか ……… 143
　（3）外向的な生徒ほど英語は得意か ……… 144
　（4）女子は男子よりも英語学習に適しているか ……… 144
　（5）曖昧さへの寛容性は英語学習に関係するか ……… 144
　（6）学習動機は文化によって異なるか ……… 146
　（7）ま と め ……… 146

4. 生徒の認知能力と指導法を考える ———————————— 147
　（1）数学の得意な生徒は英語もできるか ……… 147
　（2）知能が高いほど英語はできるか ……… 147
　（3）記憶力は英語力に関係があるか ……… 148
　（4）リスニングに役立つメモとは ……… 149
　（5）Semantic Mapping とリーディング指導 ……… 150
　（6）記憶を容易にする語彙指導とは ……… 151
　（7）ま と め ……… 151

5. 英語学習に日本語はどのように関わるか ———————————— 152
　（1）国語ができれば英語もできるか ……… 152
　（2）読めないのは英語力がないためか ……… 152
　（3）英語で説明上手な人は日本語でも同じか ……… 153
　（4）国語と関連した英語の指導法とは ……… 154
　（5）ま と め ……… 154

## 第5章　伝達能力と異文化理解について考える

1. 談話分析から英語の指導を考える ———————————— 156
　（1）ネイティブのほうが Connectors を多く使うか ……… 156
　（2）話し言葉で pause は音声より多く生じるか ……… 157
　（3）教科書を談話分析する ……… 157

(4)　談話の構造を生徒に教える ………… 158
　　(5)　Discourse Cloze Exercises を工夫する ………… 159
　　(6)　ま と め ………… 160

2.　場面に適切な表現と指導について考える ───────── 161
　　(1)　依頼場面に適切な英語の表現とは ………… 161
　　(2)　日本人の丁寧度判断はネイティブと異なるか ………… 161
　　(3)　日本人の断り方はネイティブと同じか ………… 162
　　(4)　謝るために必要な表現とは ………… 162
　　(5)　Speech acts の知識を指導に生かす ………… 163
　　(6)　第二言語における依頼表現の発達段階 ………… 163
　　(7)　ま と め ………… 165

3.　生徒の誤りは指導に何を示唆するか ───────── 166
　　(1)　誤りの原因は日本語の影響だけか ………… 166
　　(2)　教科書に早く出る項目ほど誤りは少ないか ………… 166
　　(3)　日本人は Topic sentence を書くのが苦手か ………… 167
　　(4)　英語ができれば伝達の仕方も違うか ………… 168
　　(5)　丁寧語の用法はどこが誤りやすいか ………… 168
　　(6)　ま と め ………… 169

4.　表現力とその指導法について考える ───────── 170
　　(1)　表現力の基礎について知る ………… 170
　　(2)　英語らしい表現とは ………… 170
　　(3)　生徒は作文の修正をどのように受けとめるか ………… 171
　　(4)　どのようなタスクがどのような発話を引き出すか ………… 172
　　(5)　英会話文法を指導する ………… 173
　　(6)　ま と め ………… 173

5.　異文化理解の指導を考える ───────── 174
　　(1)　教科書の場面はどの国が多いか ………… 174
　　(2)　非言語行動はどのくらい大切か ………… 174
　　(3)　身振りの意味と影響について知る ………… 175

目　次

　　(4) 異文化について誤解はないか ……… 175
　　(5) 異文化間に普遍性はないか ……… 177
　　(6) ま　と　め ……… 177

6. 異文化コミュニケーションの視点から英語学習をみる ─── 178
　　(1) 命令文は失礼な言い方か ……… 178
　　(2) 英米人はほめるのが上手か ……… 179
　　(3) 日本の言語文化の特徴を知る ……… 179
　　(4) 異文化理解と英語の指導を統合する ……… 180
　　(5) ま　と　め ……… 181

## 第6章　学習環境，教材・指導法について考える

1. 教室の学習環境について知る ─── 184
　　(1) 生徒は ALT にどのくらい接するか ……… 184
　　(2) メディアの設置と利用状況はどうか ……… 185
　　(3) 生徒の聞く英語のスピードは遅いか ……… 186
　　(4) 生徒はどのくらい単語や文に接するか ……… 187
　　(5) ま　と　め ……… 189

2. 英語授業の特徴を数値でみる ─── 190
　　(1) 教師と生徒の発言の割合はどのくらいか ……… 190
　　(2) ベテラン教師と実習生はどこが違うか ……… 191
　　(3) コミュニカティブな授業の効果は ……… 192
　　(4) ま　と　め ……… 192

3. 英語指導法の構成要因を知る ─── 193
　　(1) ドリルはもはや不要か ……… 193
　　(2) 文法指導では規則の説明が必要か ……… 193
　　(3) CLT は実際どのように行われているか ……… 194
　　(4) スキーマの指導効果は ……… 195
　　(5) 英語指導技術について知る ……… 195

(6) ま と め………196

4. 子供の言語習得から学ぶ ───────────── 197

　　(1) 子供は大人より英語をよく習得できるか………197
　　(2) 外国で生活すればバイリンガルになれるか………198
　　(3) 母語が違うと英語の聞きやすさは異なるか………199
　　(4) 子供には簡易化教材がよいか………199
　　(5) ま と め………200

5. 小学校外国語活動について考える ───────────── 201

　　(1) 公立小学校への英語活動導入の流れについて知る………201
　　(2) 小学校英語活動の効果は調査でわかるか………201
　　(3) 小学校英語活動の進め方や授業の事例について知る………205
　　(4) ま と め………206

6. 指導と研究を結びつける ───────────── 207

　　(1) コミュニカティブな英語指導を工夫する………207
　　(2) 教科書についてよく知る………209
　　(3) 生徒の学習の方略とプロセスを指導する………209
　　(4) 文法規則を発見させる………210
　　(5) 機器を有効に活用する………212
　　(6) アクションリサーチに学ぶ………212
　　(7) ま と め………213

## 第7章　評価とテスト法について考える

1. 英語学力と評価について考える ───────────── 216

　　(1) 英語の学力をどのようにみるか………216
　　(2) 語彙力はどのくらい必要か………216
　　(3) 英語力を書く力からみると………217
　　(4) 英語力は見方によって異なるか………218
　　(5) 学習の仕方は英語力に関係があるか………219

目　次

　　(6)　ま　と　め………219

2. 指導に生かすテスト法を考える ——————————— 220
　　(1)　よいテストを作成するための留意点を知る………220
　　(2)　LLを利用して伝達能力を評価する………221
　　(3)　面接方法で生徒の話し方が異なることを知る………222
　　(4)　作成も採点も簡単で波及効果のよいテストを考える………222
　　(5)　ま　と　め………224

3. 評価の問題点を考える ——————————————— 225
　　(1)　スピーチの評価にネイティブは不要か………225
　　(2)　筆記テストで発音の力は測れるか………225
　　(3)　リスニング・テストで有利な座席の位置はあるか………226
　　(4)　筆記テストで会話力も測れるか………227
　　(5)　定着度を考慮した評価とは………227
　　(6)　テキストのタイプが違うと学習者の読解の評価は異なるか………228
　　(7)　タスクにおける評価をどのようにするか………228
　　(8)　ま　と　め………229

4. クローズ・テストの考え方をどのように活かすか ——— 232
　　(1)　クローズ・テストの考え方を知る………232
　　(2)　選択肢をつけるとどうなるか………232
　　(3)　品詞別クローズで文法指導をする………233
　　(4)　どうしたらよいクローズができるか………234
　　(5)　ま　と　め………234

　　　　参考文献 ——————————————— 235
　　　　索　　引 ——————————————— 259

# 第1章

# 世界から
# 日本の英語教育をみる

英語教育の技能や指導法などの個々のデータをみる前に，この章では世界から日本の英語教育についてみていく。世界で英語がどのように使用され，学ばれているか。日本ではどうか。日本人の英語力の特質は何か。言語距離やクラスサイズはどのように関わるか。日本の英語教育の姿を広い視点でみていきたい。

第1章　世界から日本の英語教育をみる

## 1. 英語は世界でどのように使用されているか

### (1) 母語人口と使用国（地域）数の多い言語は何か

　世界で最も多く使われる言語は何語だろうか。これは英語の勉強を始める小学生や中学生にとって最も気になる質問のひとつである。この問題についてのデータは教師にとっても指導の際に基本的な情報になる。

　表1は，日本の外国語教育でなじみ深い韓国・朝鮮語，フランス語，イタリア語を加えて，母語人口と使用国数を母語人口の多い順に示したものである。英語の母語人口は約3億900万人で，中国語（北京語），スペイン語の母語人口に及ばない。しかし，公用語等で使用されている使用国（地域）数で

表1　世界の主な母語人口と公用語等としての使用国（地域）数

| 言　　語 | 母語人口（100万人） | 使用国数 |
| --- | --- | --- |
| ①中国語（北京語） | 873 | 6 |
| ②スペイン語 | 322 | 23 |
| ③英語 | 309 | 71 |
| ④アラビア語 | 206 | 24 |
| ⑤ヒンディー語 | 180 | 6 |
| ⑥ポルトガル語 | 177 | 8 |
| ⑦ベンガル語 | 171 | 2 |
| ⑧ロシア語 | 145 | 14 |
| ⑨日本語 | 122 | 1 |
| ⑩ドイツ語 | 95 | 7 |
| ⑰韓国・朝鮮語 | 67 | 2 |
| ⑲フランス語 | 64 | 38 |
| ⑳イタリア語 | 61 | 8 |

（資料）二宮（2008）pp. 34–37.
（凡例）③英語：英語の母語人口の順位は第3位。

は，英語は世界193ヵ国の中で71ヵ国（約37％）で使用され，最も多くの国で使用される公用語等である。次いでフランス語が38ヵ国で多く，中国語は北京語などのすべてを含めても6ヵ国で少ない。なお，世界の言語総数は約7,000（Raymond ed. 2005）と言われているが，表1の上位10言語の母語人口の総数は約26億人で世界の総人口約66億7,600万人の40％に近い。

## (2) 第二言語・外国語を含めた英語人口は世界でどのくらいか

　第二言語や外国語も含めた言語の使用者数を推定することは，「言語話者」の判断が困難であるため難しい。表2に示した最近の研究（Crystal 2006）では第二言語・外国語も含めて英語の話者数を約14～15億人と推定している。この数値から推測すれば，世界でだいたい3人から4人に1人が英語話者であることになる。

　なお，表2では世界の総人口が約30億人であった1960年の初めは英語話者数は約3億5,000万人であったが，2006年の研究ではその4倍以上に増加している。第一言語話者の人口と第二言語・外国語話者数の比率はだいたい5:2（1962年）から2:5（2006年）に変化し，第二言語・外国語話者数の増加が著しい。このことは英語自体が母語話者の英語から，global Englishに急速に変わりつつあることを示している。

　表3（次ページ）は英語の話者数を主な国ごとに示したものである。ナイジェリアの第二言語話者数はイギリスやカナダの第一言語話者数よりも多い。また，第二言語として英語を使用する国には人口増加が多い国が目立つ。このことから英語の母語話者よりも第二言語としての英語の使用者数がさらに

表2　英語の推定話者数（単位：100万人）

|  | 第一言語 | 第二言語 | 外国語 | 合　計 |
|---|---|---|---|---|
| Quirk (1962) | 250 | 100 | | 350 |
| Kachru (1985) | 300 | 300–400 | | 600–700 |
| Crystal (1997, 2003) | 337–77 | 235–350 | 100–1,000 | 1,200 |
| Crystal (2006) | 400 | 400 | 600–700 | 1,400–1,500 |

（資料）Crystal (2006) p. 424.
（参考）寺澤 (2008) p. 12，船橋 (2000) pp. 6–11.

表3 英語話者数 (単位: 100万人)

| 第一言語 | | 第二言語 | |
|---|---|---|---|
| アメリカ | 215 | ナイジェリア | 75 |
| イギリス | 58 | インド | 65 |
| カナダ | 18 | フィリピン | 43 |
| オーストラリア | 15 | アメリカ | 36 |
| ナイジェリア | 4 | パキスタン | 17 |
| アイルランド | 4 | 南アフリカ | 10 |
| 南アフリカ | 4 | カメルーン | 8 |
| ニュージーランド | 3 | カナダ | 8 |
| ジャマイカ | 3 | マレーシア | 7 |

(資料) Wikipedia.org (2009)

増加することが推測できる。

## (3) インターネットでは英語が最も多く使われるか

　最近のコミュニケーションはインターネットによるものが多い。表5はインターネット利用者数を利用者の言語別に推定した2008年6月末の報告である。

　表4の言語人口は世界の総人口約66億7,600万人を個々の言語の話者に割り当てて推定した推定話者数である。インターネットの利用者数の多い上位10言語についてのみ示しているが，英語の推定言語人口は世界で約20億3,900万人で中国語の推定言語人口約13億6,500万人よりかなり多い。英語の推定言語人口は世界の総人口の約31%に相当する。

　インターネット人口は，英語が約4億3,100万人で最も多い。インターネットの利用者総数は世界全体で約14億6,400万人で，英語人口が約29%を占めている。同じ調査で英語人口は2000年が約51%，2002年は約37%で英語人口の減少傾向と利用者の多言語化がみられるが，他の言語人口と比べれば英語人口は最も多い。なお，表4で日本人はインターネット利用者数と推定言語人口を比べると，インターネット利用率が約74%で非常に高い。

　また，表5 (①②) の調査結果 (2002年) では世界のウェブコンテンツ (PDFファイルは除く) は約20億2,470万件でその約56%は英語で記されていて

表4　インターネット利用者数と推定言語人口（単位: 100万人）

|  | 利用者数 | 占有率 (%) | 推定言語人口 |
|---|---|---|---|
| 英語 | 431 | 29.4 | 2,039 |
| 中国語 | 276 | 18.9 | 1,365 |
| スペイン語 | 125 | 8.5 | 452 |
| 日本語 | 94 | 6.4 | 127 |
| フランス語 | 68 | 4.7 | 410 |
| ドイツ語 | 61 | 4.2 | 96 |
| アラビア語 | 60 | 4.1 | 357 |
| ポルトガル語 | 58 | 4.0 | 240 |
| 韓国・朝鮮語 | 35 | 2.4 | 73 |
| イタリア語 | 35 | 2.4 | 58 |
| 上位10言語 | 1,243 | 84.9 | 5,218 |
| その他の言語 | 221 | 15.1 | 1,458 |
| 合　計 | 1,464 | 100.0 | 6,676 |

（資料）Internet World Stats（2009）

表5　言語別使用割合（単位: %）

|  | ①ウェブコンテンツ | ②検索語 | ③書籍 |
|---|---|---|---|
| 英語 | 56.4% | 57% | 28.0% |
| ドイツ語 | 7.7 | 12 | 11.8 |
| フランス語 | 5.6 | 5 | 7.7 |
| 日本語 | 4.9 | 7 | 5.1 |
| スペイン語 | 3.0 | 6 | 6.7 |
| 中国語 | 2.4 | 3 | 13.3 |
| その他 | 20.0 | 10 | 27.4 |

（資料）①②: Netz-Tipp-Studie (2009)，③ Graddol (1997) p. 9.

英語が最も多い。同様に，Googleでの検索語でも英語の使用割合が最も高く，約57%である。参考までに示した表5（③）の出版物の割合でも英語は最も多い。英語でのコミュニケーションの頻度は高いことが予想できる。

## (4) ま と め

　英語の母語人口は中国語やスペイン語に及ばないが，第二言語や外国語としての使用も含めれば英語は世界で最も多くの人に使用されている。また，使用国数やインターネット人口も英語は最も多い。日本では英語を使う機会が少ないと言う生徒もいるが，インターネットを利用して英語に接する機会を増すことはできる。母語話者の英語という視点から global English としての英語への視点の推移は，教える「英語」のモデルを再考する段階にきていることを示していると言えよう（Graddol 2006, Harmer 2007, 神谷 2008 など参照）。生徒に多様な英語に接する機会を与えながら，英語を通して世界のいろいろな人たちとコミュニケーションできる可能性を認識させたい。

第1章　世界から日本の英語教育をみる

## 2. 日本人の外国語学習者数はどのくらいか

### (1) 日本の学校で英語を履修する人はどのくらいいるか

　日本人は学校などでどのような外国語をどのくらい多くの人が学習しているのだろうか。これは英語の学習状況についての最も基本的な質問である。小学校から大学・大学院までの学校での英語履修者数からみてみよう。
　表1は校種別に学校数と在学者数を示したものである。学校数と在学者数は小学校から高等学校までが最も多く，学校数は合計約4万校で在学者数は約1,400万人に及ぶ。学校での英語学習者数は，小学校では平成19年度の英語活動実施率は97.1%（文部科学省2008「平成19年度小学校英語活動実施状況調査集計結果」）で，学年別実施学校数を考慮すれば，在学者総数の約90%に当たる約630万人の児童が英語活動を体験している。中学校と高等学校・中等教育学校（37校：1.8万人）は全学年で英語はほぼ100%の履修状況であるので，小学校から高等学校までの英語学習者数は約1,300万人であると推測できる。
　この他の校種では，中学校や高等学校に相当する学年，あるいは大学や短期大学で教養科目として英語を学ぶ学年で英語を履修する。これらの英語履修者数を正確に推定することは困難であるが，仮に在学者全体の半数としても，英語履修者数は約200万人と推定できる。なお，専修学校，各種学校で

表1　在学者数と学校数（2008年）

| 小学校 | 中学校 | 高等学校 |
|---|---|---|
| 712万人 (22,476校) | 359万人 (10,915校) | 337万人 (5,243校) |
| 高等専門学校 | 短期大学 | 大学・大学院 |
| 6万人 (64校) | 17万人 (417校) | 284万人 (765校) |
| （資料）文部科学省「平成20年度学校基本調査結果」<br>（注）中等教育学校：2万人 (37校)，特別支援学校：11万人 (1,026校)，専修学校：66万人 (3,401校)，各種学校：14万人 (1,585校) | | |

は，外国語，通訳・ガイドを専門にする生徒数が合計で約1万2,000人在学している。短期大学，大学・大学院で英語を専門にする学生数を加えても，全体で学校での英語履修者数はだいたい1,500万人程度と推定できる。

## (2) 会話教室で外国語を学ぶ人はどのくらいか

外国語会話教室での受講者数はどのくらいであろうか。表2は全国の外国語会話教室数，受講生数，英語の開設状況を年度別に示したものである。2005年度の場合，英語以外の外国語も含めた教室数は全国で約5,000教室であり，受講生数は約110万人である。「英語開設状況」は約91％の教室で英会話を開講していることを示している。なお，2008年現在の教室数は約3,700教室に減少しているので受講生数も1997年の数値よりも少ないことが予測できる。

表2 外国語会話教室開設状況

| 年度 | 教室数 | 受講生数 | 英語開設状況 |
| --- | --- | --- | --- |
| 1997年 | 6,152 | 71万5100人 | 95.9％ |
| 2002 | 5,181 | 101万1200 | 92.9 |
| 2005 | 5,374 | 109万7000 | 91.1 |
| (資料) 経済産業省資料 | | | |

## (3) 放送での外国語受講者数はどのくらいいるか

放送での外国語学習者数はさらに推測が難しいが，テキストの発行部数からごくおおまかに推測することもできる。表3はNHKの語学放送のテキスト発行部数を示している。2006年度の英語のテキスト発行部数は合計315万冊（テレビ，ラジオ放送の合計12講座）である。NHKの語学放送のテキストのみの発行部数であることに留意する必要があるし，放送による英語学習者数は，学校での英語履修者数と重複しているが，延べ人数でかなり多いことがわかる。

## (4) 高等学校や大学などでの英語以外の外国語学習者はどのくらいいるか

表3は，NHK語学テキストの発行部数とともに，高等学校，大学，外国

表3 外国語(英語以外)の開設状況と語学テキスト発行部数(○:順位)

| 外国語<br>(英語) | 高等学校*<br>(約5,000校: 340万人) | 大学**<br>(700校) | 会話教室***<br>(91.1%) | 語学テキスト+<br>(315万冊) |
|---|---|---|---|---|
| 中国語 | ① 819校 (21,264人) | ① 598校 | ① 21.1% | ⑤ 14万冊 |
| 韓国・朝鮮語 | ② 426　 (8,865) | ④ 393 | ③ 14.4 | ① 32 |
| フランス語 | ③ 393　(10,059) | ③ 542 | ② 16.4 | ⑥ 10 |
| ドイツ語 | ④ 157　 (3,898) | ② 551 | ⑤ 9.5 | ② 20 |
| スペイン語 | ⑤ 135　 (2,632) | ⑤ 233 | ④ 12.5 | ④ 18 |
| ロシア語 | ⑥ 39　　 (544) | ⑥ 176 | ― | ⑦ 8 |
| イタリア語 | ⑦ 21　　 (387) | ⑦ 117 | ⑥ 8.0 | ③ 19 |
| その他 | 52　　 (249) | ― | 9.2 | ― |

(資料) *: 文部科学省(2007a),　**: 文部科学省(2007b),　***: 経済産業省資料,　+:「日本のメディア」
(注) 高等学校: 2007年,大学: 2005年,会話教室: 2005年,語学テキスト: 2006年

語会話教室での英語以外の外国語開設状況を示している。いずれも注に示した年度の結果である。

　高等学校の学校数は約5,000校で在学者数は約340万人である。英語以外の外国語を開設する高等学校は延べ2,042校で少ないが,前年度と比べると50.7%の増加で,開設言語数は15言語に及ぶ(文部科学省2007a)。大学は大学院大学13校を除く713校の開設状況で,700校で開設されている英語よりは少ないが,他の外国語の開設校数は比較的多い。会話教室は全国の教室数の約90%で英語が開設されているが,英語以外の外国語の開設状況は最も多くても20%前後である。NHK語学テキストの発行部数も同様で,英語の315万冊に比べると他の外国語は少ない。

　表中の順位から高等学校,大学,外国語会話教室では英語の次に中国語を開設することが多いことがわかる。中国語は全国の819校の高等学校で約2万人の生徒が履修している。大学では598校で中国語が開講され,外国語会話教室では全国5,374教室の約20%で開講されている。中国語の次は,高等学校では開設学校数で韓国・朝鮮語であるが,大学ではドイツ語,フランス語のほうが多い。一方,語学テキストではハングル(韓国・朝鮮語)が32万

9

第1章　世界から日本の英語教育をみる

冊（ラジオ，テレビ放送の2講座）で最も多く，逆に，中国語は比較的少ない。会話教室はフランス語と韓国・朝鮮語が次いで多い。

## (5) ま　と　め

　日本での外国語学習は英語が中心で，小学校から大学・大学院までの学校での英語履修者数だけでも，おおまかに1,500万人程度の履修者数であると推定できる。これに放送や外国語会話教室での社会人などの英語学習者数を加えるとかなりの数に及ぶことがわかる。国際化の進展に伴い，中国語や韓国・朝鮮語などの英語以外の外国語が高等学校，大学，会話教室等で次第に多く開設されるようになってきているのも事実である。今後，さらに多様な言語の開設状況が望まれる。

第1章 世界から日本の英語教育をみる

## 3. 日本人の英語力の特質は何か

### (1) 日本人のTOEFL受験者の総得点（平均値）から何がみえるか

　TOEFLの総得点は「英語力」の尺度として適正であるか。TOEFLの受験者はその国（地域）を代表するサンプルとしてふさわしいか。これらの問題については精査が必要であるが，TOEFLの総得点の受験者平均値，順位を参考資料にして国（地域）の英語力のレベルに言及されることが多い。

　表1は，1991年から2008年までの日本人のTOEFL受験者数，総得点（平均値），部門別得点（平均値）（範囲はいずれも最小値と最大値），アジア諸国・地域での総得点（平均値）の順位（順位は実施年度の最初と最後の順位）など

表1　日本人受験者のTOEFL得点（平均値）とアジア諸国・地域での順位

| PBT | | | CBT | | IBT | |
|---|---|---|---|---|---|---|
| 実施 | 1991–95年 | 1995–2000年 | 実施 | 2000–06年 | 実施 | 2005–08年 |
| 受験者 | 13–14万人 | 10–15万人 | 受験者 | 6–8万人 | S | 15–16 |
| L | 49 | 49–50 | L | 17–18 | L | 16–17 |
| ST/WE | 50 | 50–51 | ST/WE | 19 | W | 17–18 |
| V/R | 48–49 | 50–51 | R | 19–20 | R | 15–16 |
| 総得点 | 490–494 | 499–504 | 総得点 | 183–192 | 総得点 | 65–66 |
| 順位 | 22/24–23/27 | 20/25–21/23 | 順位 | 22/23–25/26 | 順位 | 28/28–27/30 |

（資料）ETS（1991～2008）Test and Score Data.
（注）PBT: Paper-Based Test, CBT: Computer-Based Test, IBT: Internet-Based Test, S: Speaking, L: Listening, ST/WE: Structure and Written Expression, W: Writing, V/R: Vocabulary and Reading Comprehension, R: Reading, 総得点の範囲：PBT（223–677），CBT（0–300），IBT（0–120），CBT183–192点はPBT513–522点に相当，IBT65–66点はPBT513–517点に相当，順位：アジア諸国・地域数（分母）での順位（分子）（例：22/24　24ヵ国・地域の中で22位），IBTでの受験者数は不詳，PBT, CBTの資料は日本人の受験者数が1万人以上の場合を示した。

を整理して示したものである。

　CBTやIBTでの総得点（平均値）をPBTでの総得点に換算した数値からみれば，2000年以降はPBTで500点を越える換算点になっている（表1の注を参照）。テスト内容・形式の変化，受験者数の減少と質の変化も一因かもしれないが，得点の上昇傾向が読みとれる。部門別の平均点の推移では，1991年から1995年までは語彙とリーディングが最も低く，1995年から2006年まではPBTとCBTでリスニングが比較的低い。また，IBTではスピーキングとリーディングの平均点が最も低い。

　しかしながら，表1には示していないが，これらの数値を世界の全受験者のパーセンタイル順位でみると，表1のすべての年度で総得点（平均値）および部門別（スピーキングを除く）のパーセンタイル順位はいずれも30前後である。中でも，PBTではすべての年度で語彙・リーディングが最も低く，CBTではリスニングが比較的低く，また，IBTではスピーキングが顕著に低い（パーセンタイル順位は10台）。日本人はリーディングや文法はできるということは必ずしもあてはまらないようである。

### (2)　諸外国の総得点（平均値）と比べて何がわかるか

　表2は諸外国と総得点（平均値）を比較した結果である。ヨーロッパ諸国の受験者数はかなり少ないので比較しても意味がないと考えることもできるが，受験者数が多い中国，韓国の総得点（平均値）と比較しても日本人受験者の総得点（平均値）はかなり低いことがわかる。また，表2で1976年から1977年までの日本の受験者数は7,876人で，留学のために限られた人たちが受験したと考えられるが，総得点はそれ以後の年度よりも比較的低いこともわかる。受験者数が少ない場合も総得点の平均値にはほとんど変動はみられない。また，タイと比較しても総得点が低いことは表2で日本の得点（平均値）の順位がアジア諸国でも低いことからも理解できる。

### (3)　TOEFLの得点は日本ではどのように利用されているか

　TOEFLは留学のための英語力を調べるものであるが，表3に示すように，多くの教育委員会や大学でも利用されている。教育委員会では語学試験の免除，大学等では単位認定だけでなく入試時にも利用している場合が多い。

## 3. 日本人の英語力の特質は何か

表2　TOEFL総得点（平均値）の諸外国との比較

|  | 1976–77 | 1989–91 | 1999–2000 | 2004–05 | 2008 |
|---|---|---|---|---|---|
| スウェーデン | 590 | 590 | 603 | 588 | 92 |
| ドイツ | 588 | 589 | 584 | 597 | 97 |
| スイス | 578 | 569 | 581 | 597 | 97 |
| シンガポール | 550 | 592 | — | — | 100 |
| フィリピン | 528 | 565 | 566 | 555 | 88 |
| 香港 | 501 | 508 | 524 | 542 | 80 |
| 中国 | — | — | 559 | 559 | 76 |
| 韓国 | — | — | 533 | 545 | 78 |
| タイ | — | — | 511 | 497 | 72 |
| 日本 | 483 | 484 | 504 | 495 | 66 |

（資料）竹蓋（1982），ETS（1992, 1999～2008）: Test and Score Data.
（注）2008年度の数値はIBTの総得点（平均値）。

表3　TOEFLテスト得点の利用実態調査

| 教育委員会（2007年）（55団体：回収率86%） | | 大学等（2004年）（570校回答） | |
|---|---|---|---|
| 利用している | 44（80%） | 利用している | 312校（55%） |
| 利用していた（現在していない） | 2（4） | 利用していた | 8（1） |
| 利用していない | 9（16） | 利用していない | 235（41） |
| 語学試験の免除 | 32（73） | 入試時 | 215 |
| 参考資料（自己申告） | 8（18） | 単位認定 | 138 |
| 教職員の研修 | 2（5） | 海外派遣プログラム選考 | 109 |
| 出願資格の一部（義務） | 1（2） | クラス分け | 14 |
| その他 | 8（18） | その他 | 12 |
| 英語運用力を客観的に測定可能 | 28（64） | | |
| 客観的な評価規準を示せる | 20（45） | | |
| 信頼性の高い試験である | 19（43） | | |
| 一定の英語力を期待（測定）できる | 32（73） | | |

（資料）国際教育交換協議会（CIEE）日本代表部TOEFL事業部編（2008），国際教育交換協議会（CIEE）日本代表部TOEFL事業部編（2004）。

## (4) まとめ

　日本人のTOEFL受験者が日本人の適正なサンプルであるとは言えないので，一概には言えないが，これまでの日本のTOEFL受験者の成績から推測すれば，日本人の英語力は高くはないと推測できる。英語との言語距離が同じ中国，韓国の平均値とくらべても平均値がかなり低いことは学習環境や学習動機などの他の要因にもよるのかもしれない。

第1章 世界から日本の英語教育をみる

## 4. 英語は日本人には学びにくい言語か

### (1) 言語距離とはどのようなものか

　日本人は英語の習得が苦手であるとよく言われる。その理由のひとつにあげられるのが日本語と英語の言語距離の大きさである。表1と表2（次ページ）はそれぞれカテゴリーとランクで英語から他言語への言語距離の大きさを示したものである。言語距離は言語間の類似性を示したもので，言語距離が近ければ母語習得から外国語学習への正の転移が生じやすく，習得もおおむね容易であると推測できる。

表1　英語母語話者にとっての学習難易度と学習時間

| 言語 | カテゴリー | 学習時間 | 言語 | カテゴリー | 学習時間 |
|---|---|---|---|---|---|
| アラビア語 | 4 | 44 週 | スワヒリ語 | — | 24 週 |
| 中国語 | 4 | 44 | デンマーク語 | — | 24 |
| 日本語 | 4 | 44 | オランダ語 | — | 24 |
| 韓国語 | 4 | 44 | ノルウェー語 | — | 24 |
| ポーランド語 | 3 | 44 | スウェーデン語 | — | 24 |
| ギリシャ語 | 3 | 44 | ルーマニア語 | 2 | 24 |
| ヘブライ語 | 3 | 44 | ドイツ語 | 2 | 20 |
| ロシア語 | 3 | 44 | ポルトガル語 | 1 | 24 |
| タイ語 | 3 | 44 | フランス語 | 1 | 20 |
| トルコ語 | 3 | 44 | イタリア語 | 1 | 20 |
| インドネシア語 | — | 32 | スペイン語 | 1 | 20 |
| マレーシア語 | — | 32 | | | |

　（資料）カテゴリー：Defense Language Institute（アメリカ国防総省外国語学校）のホームページ（2002年），白井（2008）p. 5；学習時間：Odlin（1989）p. 39, 白井（2008）p. 4.
　（注）カテゴリーは4が最難度。学習時間は週30時間の集中コースでアメリカ人学習者が上級レベルに到達するまでの学習期間。

表2 英語からの言語距離（ランク：5が最大）

| ランク | 学　習　言　語 |
|---|---|
| 1 | ロマンス系諸言語（フランス語，イタリア語，スペイン語，ポルトガル語） |
| 2 | スラブ語（ポーランド語，ロシア語，クロアチア語，セルビア語など） |
| 3 | 中国語，アラビア語，インドネシア語，マレーシア語 |
| 4 | ベトナム語，クメール語 |
| 5 | 日本語，韓国語 |

（資料）Elder and Davies (1998) p. 9.

　表1のカテゴリーと表2のランクでは，たとえば中国語のように言語距離の判断がいくぶん異なるものもあるが，日本語や韓国語は英語との言語距離が最も大きく，英語母語話者にとって習得が最も難しい言語であることが理解できる。表1の学習時間はアメリカ国務省の Foreign Service Institute（外交官養成機関）で諸言語の集中コースを行う際に上級レベルに到達するまでの学習期間（1週30時間）を示した1985年の資料である。ドイツ語やポルトガル語のようにカテゴリーと学習時間の順位が異なる言語もみられるが，日本語や韓国語などは米語話者にとって上級の熟達度に到達するまでに要する時間は最も大きく，44週の学習時間（1,320時間）が想定されている。このことは，日本語から英語への言語距離は最も大きく，学習時間も最大であることを示唆している。

## (2) 言語距離の大きさは外国語学習にどのように関わるか

　表1と表2は言語距離と学習時間を言語間の類似性に基づいて推測した資料であるが，表3は実際に言語距離の大きさが外国語（日本語）学習にどのような影響を及ぼすか調べた研究結果である。
　表3の研究では，漢字圏の学生（韓国人・中国人の合計10名）と非漢字圏の学生（アメリカ人など14名）の間にいずれのテスト結果でも有意差がみられ，特に，語彙（適語補充）以下の複雑な内容のテストで時間の経過に伴い平均値の差が拡大することが示されている。

## (3) まとめ

　外国語学習で言語距離のみの影響を実証的に調べることは難しい。日本人

表3 漢字圏の学習者と非漢字圏の学習者による日本語学習結果の相違

| テスト内容 | 満点 | Kanji群 (n＝10) | | Non-Kanji群 (n＝14) | |
|---|---|---|---|---|---|
| | | Fall | Winter | Fall | Winter |
| 文法（格助詞の補充） | (30) | 26.3 | 28.3 | 20.5 | 25.1 |
| 文法（文の書き換え） | (30) | 27.6 | 24.6 | 24.6 | 20.2 |
| 語彙（翻訳） | (20) | 19.0 | 19.5 | 17.8 | 18.6 |
| 語彙（word grouping） | (15) | 13.0 | 11.3 | 10.6 | 8.9 |
| 語彙（適語補充） | (15) | 14.8 | 13.8 | 13.5 | 11.1 |
| クローズ・テスト | (25) | 18.6 | 21.7 | 16.5 | 13.6 |
| パラグラフ理解 | (20) | 19.4 | 16.5 | 18.5 | 12.4 |

（資料）Koda (1989) p. 534.
（注）被験者：オハイオ大学での「日本語」授業の1年生 (1987–88年)。日本語学習経験は授業以前にはない。

を被験者に含めた英語習得の研究（例：Elder and Davies 1998）もあるが，調査段階以前の英語力や言語適性などの学習者要因も含めて統制することは困難である。しかしながら，表1から表3までの資料から，言語距離の大きさは学習難易度の重要な要因のひとつとして機能することは推測できる。

第1章　世界から日本の英語教育をみる

## 5. 日本の学校でのクラスサイズは大きいか

### (1) クラスサイズは授業にどのような影響を与えるか

　日本の英語教育の最も大きな問題点のひとつはクラスサイズであろう。表1の調査結果によれば，全国の中学校・高等学校の英語教員にとって授業を行ううえで最大の問題はクラスサイズが大きすぎることである。また，表2の大学の英語教育についても同様で，改善すべき点として，クラスサイズの大きさをあげる教員が最も多い。

### (2) 諸外国のクラスサイズはどのくらいか

　日本のクラスサイズ（公立校）は，法律では小学校と中学校が上限人数で40人，高等学校（全日制）が標準人数で40人である（「公立義務教育諸学校の学級編成及び教職員定数の標準に関する法律」，「公立高等学校の適正配置

表1　授業で最も困ること

|   | 中学校教員 (919名) | 高等学校教員 (1,408名) |
|---|---|---|
| 1 | クラスサイズ (43.6%) | クラスサイズ (45.4%) |
| 2 | 受験 (34.1) | 生徒の興味の低さ (27.9) |
| 3 | 生徒の興味の低さ (12.3) | 受験 (24.5) |

（資料）大学英語教育学会内英語教育実態調査研究会（編著）(1993) p. 6.

表2　大学の英語教育で改善すべき点

|   | 大学での英語担当教員 (787名) |
|---|---|
| 1 | クラスサイズ (42.8%) |
| 2 | 学生の意欲・学力 (36.5) |
| 3 | 英語教員の質 (31.0) |

（資料）大学英語教育学会実態調査委員会 (2003)

表3　クラスサイズの国際比較（中学校：2003年）

| OECD 諸国 | | その他諸国 | |
|---|---|---|---|
| スイス | 18.7 | ロシア | 20.1 |
| デンマーク | 19.2 | アルゼンチン | 28.6 |
| イタリア | 20.9 | スリランカ | 29.8 |
| ポルトガル | 22.3 | イスラエル | 31.0 |
| アメリカ | 22.6 | チリ | 32.2 |
| ギリシャ | 22.8 | チュニジア | 32.7 |
| イギリス | 24.2 | インド | 39.0 |
| フランス | 24.2 | タイ | 41.3 |
| スペイン | 24.5 | エジプト | 42.4 |
| ドイツ | 24.7 | フィリピン | 56.0 |
| オーストラリア | 24.7 | 中国 | 56.7 |
| メキシコ | 30.0 | | |
| 日本 | 34.0 | | |
| 韓国 | 35.2 | | |

（資料）OECD（2005）
（注）前期中等教育学校（公立・私立）の生徒数を学級数で除した数値。

及び教職員定数の標準等に関する法律」）。実際の1学級当たりの児童，生徒数の平均値は2005年では，国公立教育機関の初等教育で28.3人，同じく国公立教育機関の前期中等教育で33.4人である。

　クラスサイズを諸外国と比較してみよう。表3の資料では30人以上のクラスサイズはOECD諸国以外では過半数であるが，OECD諸国ではメキシコ，韓国，日本の3ヵ国のみである。日本のクラスサイズは，アジア諸国と比べれば小さいが，欧米諸国と比べればかなり大きいことがわかる。

### (3)　適切なクラスサイズはどのくらいか

　クラスサイズについては次のような見解がある。これらの意見はいずれも適切なクラスサイズを30人以内としている。30人以内のクラスサイズは特に小学校，中学校，高等学校の場合，教師と児童・生徒間の良好な人間関係を構築し，よりコミュニカティブな英語学習を行うために望ましいと判断できよう。なお，大学の英語教育では，先にみた大学英語教育学会実態調査委

員会 (2003) の調査結果では合計 63.8% の回答者が望ましいクラスサイズを 40 人以下としている。

---

- West (1960) —— 30 人以上では外国語教育は困難
- 小川他編 (1982) —— 25〜30 人 (教壇で一目で把握できる最大生徒数)
- 日本英語教育改善懇談会 (1993) —— 20 人以下
- 大学英語教育学会内英語教育実態調査研究会 (編著) (1993) —— 20 人以下 (伝達能力の育成)
- Yoneyama and Murphey (2007) —— 20–25 人 (教師・生徒間の質の高い人間関係の構築, コミュニカティブな言語学習・言語教育)

---

### (4) ま と め

中学校の生徒数は 1988 年では約 590 万人でクラスサイズは 37.7 人であった。2008 年では中学校の生徒数は約 360 万人に減少しているが, クラスサイズは 30 人台のままである。教師・生徒間のコミュニケーション, タスクやコミュニケーション活動の重視, 評価の充実などがよりいっそう求められる中で, 教室での外国語教育では少なくとも 30 人以内での授業の実施が望まれよう。LoCastro (2001) が整理するように, クラスサイズの大きさの軽減は, タスクの実行などの教育面, 授業運営, 学生との良好な人間関係の構築などの情意面でも重要である。

第1章 世界から日本の英語教育をみる

## 6. 日本人は英語をどのように学習しているか

### (1) 諸外国では中学校で何時間くらい外国語を学習するか

　外国語の学習は時間数が多ければそれだけ外国語に接する機会があってよい。諸外国では中学生は週に何時間くらい学校で外国語を学習するだろうか。
　表1は諸外国の中学校での教科別の必修授業時間と年間必修時間数を日本の場合も含めて示したものである。年間必修時間数はフランスが最も多く，次いでドイツ，イギリス，韓国がほぼ同じで，日本はフィンランドとだいたい同じである。外国語の授業時間数の割合はドイツが17%で最も多く，フィンランドが14%で続き，日本は11%でその他の国とほぼ同じである。外国語の年間授業時間数（3学年の平均）では，ドイツが148時間で最も多く，フランス113時間，フィンランド111時間で，日本は90時間で続き，韓国とイギリスは87時間で最も少ない。ドイツとフィンランドは外国語の授業時間数の割合が他教科に比べて最も多く，外国語授業をより重視している姿勢が読みとれる。

表1　年間必修授業時間および教科別割合の国際比較（12〜14歳）

|  | 国語 | 数学 | 理科 | 社会 | 外国語 | 技術 | 芸術 | 体育 | 宗教 | 職業技能 | その他 | 選択必修 | 年間必修時間 |
|---|---|---|---|---|---|---|---|---|---|---|---|---|---|
| フランス | 17 | 15 | 12 | 13 | 12 | 6 | 7 | 11 |  |  |  | 7 | 940 |
| ドイツ | 14 | 14 | 10 | 12 | 17 | 3 | 10 | 9 | 5 | 2 | 2 | 2 | 870 |
| イギリス | 14 | 13 | 14 | 14 | 10 | 12 | 10 | 8 | 5 |  |  |  | 870 |
| 韓国 | 13 | 11 | 11 | 10 | 10 | 4 | 8 | 8 |  | 4 | 5 | 18 | 867 |
| 日本 | 12 | 11 | 10 | 10 | 11 | 6 | 8 | 9 |  |  | 16 | 7 | 817 |
| フィンランド | 13 | 12 | 13 | 5 | 14 |  | 9 | 7 | 4 |  |  | 20 | 796 |

（資料）OECD「図表でみる教育」（2005年版）
（注）教科別割合の単位は%である。年間必修授業時間は2002/2003年度の必修科目の時間数。イギリスはイングランドで調査年度は2002年。

## (2) 日本の生徒は英語を使用する体験は多いか

表2 日韓高校生の国内での英語使用経験（日本3,700名；韓国4,019名）

| 調査項目 | 日本 | 韓国 |
| --- | --- | --- |
| 英語で書かれた説明書を読む | 32.0 | 77.6 |
| 教科書以外の本を自分から進んで読む | 27.4 | 76.1 |
| 英語で書かれたホームページやブログなどを読む | 20.9 | 79.4 |
| 英語での電子メールや葉書，手紙を受け取って読む | 17.9 | 58.2 |
| 英字新聞を読む | 14.1 | 60.8 |
| テレビ・ラジオでの英語音声のニュースを聞く | 27.3 | 60.6 |
| 英語での天気予報を聞く | 8.6 | 54.1 |
| 英語で道を尋ねられて答える | 24.5 | 76.7 |
| 英語で日記を書く | 22.5 | 73.8 |
| 英語で葉書やカードを書く | 18.7 | 58.5 |

（資料）Benesse教育研究開発センター（2006）
（注）数値は「ある」「できる」の割合（%）を示している。

　これは質問紙調査の結果であるので，実際の英語使用体験とは必ずしも一致しないが，日本の高校生は韓国の高校生と比べて，読むこと，聞くこと，話すこと，書くことのいずれにおいても使用経験をした生徒の割合はかなり低い。自己報告ではあるが，韓国の高校生は英語のホームページやブログを読んだり，英語で日記をつけたりして，授業以外の場でも積極的に英語を使用している生徒がきわめて多い。

## (3) 海外にどのくらい多くの人が留学しているか

　海外留学では外国語を自然な言語環境の中で実際に使用する体験をすることができる。日本人はどのような国にどのくらい多くの人が留学しているだろうか。
　表3は2000年の調査結果であるが，大まかな傾向を読みとることができる。表3では，英語圏ではアメリカが留学者数が最も多く約4.6万人で，これにイギリス，オーストラリアなどが続き，約7.6万人の留学者総数の約75%を占めている。

表3　日本人の海外留学者数（調査年度：2000年）

| ① アメリカ合衆国 | 46,497 人 | ② 中国 | 13,806 人 |
|---|---|---|---|
| ③ イギリス | 6,163 | ⑤ ドイツ | 2,040 |
| ④ オーストラリア | 2,200 | ⑦ フランス | 1,446 |
| ⑥ カナダ | 1,478 | ⑨ 韓国 | 613 |
| ⑧ ニュージーランド | 680 | その他 | 1,541 |
| 小計 | 57,018（74.6%） | 総計 | 76,464（100%） |

（資料）文部科学省（2004）

表4　外国への修学旅行

| ① オーストラリア | 266 校 | 38,832 人 | ③ 韓国 | 193 校 | 24,162 人 |
|---|---|---|---|---|---|
| ② アメリカ | 227 | 28,754 | ④ シンガポール | 137 | 20,541 |
| ⑦ カナダ | 57 | 7,185 | ⑤ 中国 | 131 | 16,147 |
| ⑧ ニュージーランド | 50 | 6,809 | ⑥ マレーシア | 90 | 13,437 |
| ⑩ イギリス | 52 | 5,635 | ⑨ フランス | 56 | 6,088 |
| 小計 | 652 | 87,215 | その他 | 125 | 10,160 |
| | (47.1%) | (49.1%) | 総計 | 1,384 | 177,750 |

（資料）文部科学省（2007a）

一方，高校生の外国への修学旅行は実施している学校数の割合はわずかであるが，1,384校の約17.8万人の生徒が外国への修学旅行を体験している。高校生の修学旅行では修学旅行先はオーストラリアが最も多い。次が，アメリカであるが，隣国の韓国への修学旅行も第3位の順位で多い。

(4) ま　と　め

日本の中学校での英語授業時間数は2012年から完全実施される学習指導要領では週4時間になるが，現在は週3時間で表1の諸外国の授業時間数と比べても韓国とともに比較的少ない。しかしながら，日本と韓国の高校生を対象にした英語使用経験の有無についての調査研究では韓国の高校生は日本の高校生と比べて，読むこと，聞くこと，話すこと，書くことのいずれにおいても高い比率で英語使用体験について報告している。自己報告であるので

実態との乖離はみられるかもしれないが，少なくとも英語使用についての意欲は韓国の高校生のほうが高いようである。海外留学，高校生の海外への修学旅行も増加の傾向がみられるが，国際化の時代により積極的な外国語の使用体験が増すようにしたいものである。

第 2 章
# 語彙・文法の指導について考える

　英語を使ってコミュニケーションをする際に語彙や文法の知識は最も基本的なものである。この章では，中学校や高等学校などで語彙や文法の指導をする際に教師が常に感じることがらについてデータをみていく。単語の学習ではおぼえた単語を生徒はどのくらい忘れていくのか。おぼえやすい単語とおぼえにくい単語はどのようなものか。どのような語彙が生徒に必要か。どのような文法事項が難しいのか。文法はどのようにしたら身につくのか。教室でのこのような具体的な問題をデータでみていき，指導の方策を考えたい。語彙や文法の最近の研究成果やコーパスによる研究成果も必要に応じて加えていくことにする。

第2章　語彙・文法の指導について考える

## 1.　英単語は繰り返し学習しておぼえるのがよいか

### (1)　おぼえた単語はどのくらい忘れていくか

　中学生は，年間105時間の授業時間で300語前後の新語を学ぶ。1時間の授業で，だいたい3語ぐらいである。語数は確かに少ない。しかし，おぼえる単語もあれば，忘れていく単語も少なくない。生徒が，おぼえた単語をどのように忘れていくか知っておくと，指導に役に立つ。表1は単語の意味の保持率をみたものである。

　3日後から7日後にかけて，保持率の平均は1日後とくらべて急にさがっている。この数値をひとつの目安とするならば，学習した単語の復習を少なくとも1週間以内にさせたほうがよい。学習した単語がどれくらい忘れられているか頭に入れておけば，授業案もたてやすいし，どれくらい復習に時間をかければよいか参考にもなろう。いかに忘れなくするかという発想も大切である。

### (2)　どんな単語がおぼえにくいか

　長い単語はおぼえにくい。教科書にあまりでてこない単語はすぐ忘れる。

表1　おぼえた単語の意味の平均保持率

| | |
|---|---|
| 1日後 | 90% |
| 3日後 | 60 |
| 5日後 | 39 |
| 7日後 | 33 |
| 14日後 | 5 |
| 20日後 | 4.8 |

（資料）上岡（1982）pp. 43–44.
（注）被験者は，知能偏差値がほぼ等しい6つの群（各群21～31名）の高校生。記憶材料は10単語。

表2　単語の特徴とおぼえやすさの相関

|  | 上位群（86名） | 下位群（66名） |
|---|---|---|
| 頻度数と正答率 | .45 | .71 |
| 文字数と正答率 | — | −.53 |

(資料) 高梨 (1980)
(注) 1. 単語は，必修語より無作為抽出した60語。
　　 2. —は無相関を示す。被験者は高校1年生。

表3　フラッシュカードの提示方法と単語の理解度

| 被験者 | 提示方法 | 平均語数 |
|---|---|---|
| 音声群 | 音声と意味（和訳） | 6.27 |
| 文字群 | 文字と意味（和訳） | 4.55 |
| 音声・文字群 | 音声と文字と意味（和訳） | 5.07 |

(資料) 川畑 (1980) p.23.
(注) 1. 被験者は中1で，各群20名。合計60名。
　　 2. 音声群と文字群の間にのみ有意差。

　これらは誰もがもっている単語学習の「常識」であろう。中学校の必修語について，単語の筆記テストでこれらのことを調べたものが表2である。
　表2によれば，教科書に多くでてくる単語ほどおぼえやすい。必修語でも教科書にあまりでてこないものは繰り返し指導する必要がある。また，単語が長く（5文字以上に）なると，下位の生徒は単語を難しく感じるためか，おぼえられなくなってくるので，特に下位の生徒に指導が必要であろう。

## (3)　みておぼえるほうが聞いておぼえるより効果的か

　単語をおぼえるとき，文字をみておぼえる方法，音を聞いておぼえる方法，文字と音の両方からおぼえる方法がある。フラッシュカードで単語を提示するとき，文字と音を同時に示すほうが文字や音だけによる方法よりも効果的であろうか。表3は，単語（15語）の意味理解について，このことを調べたものである。
　この資料によれば，中学校1年生に単語の意味をおぼえさせるには，音声によるほうが文字を示す仕方よりも効果的である。なお，音声と文字の両方

を示しても両方の情報を同時に使う生徒の数は半数にもみたず(40.5%)，過半数の生徒は音声のほうを利用していたという。

また，みておぼえるのと言っておぼえるのと文字を書いておぼえるのを比較した試み(毛利1984)もある。結果は，理解度テストでは，練習直後は言っておぼえるのが効果的であったが，1週間後の保持率ではみておぼえるのが優れていたという。これに対して，スペリング・テストでは書いておぼえるのが常に最も効果的であったということが報告されている。

### (4) ま と め

少ない時間で効率的に語彙を習得する方法として，単語を繰り返し学習しておぼえることがなされている。単語の学習には刺激・反応型の反復練習が効果的であることも否定できない。しかしながら，文脈の中で読むこと・書くこと・聞くこと・話すことをとおして語彙を身につけていくことが自然であろう。

第2章 語彙・文法の指導について考える

## 2. 使える語彙はどのようにして身につくか

### (1) 例文は説明にまさるか

　新しい単語が出てくると，発音を示してから，意味（和訳）を教え，反意語や同意語など，語についての知識を必要に応じて与えることが多い。一方，例文を与えるやり方もある。単語についての知識を与える方法と例文を与える方法では，どちらが効果的であろうか。また，例文はどのような役割を果たすだろうか。

　例文提示群（例文のみ与える群）と単語知識群（単語の和訳，反意語，同意語など知識のみ与える群）の授業効果の違いを調べたものには表1のデータがある。

　2週間後のテストでは，練習効果を考慮しなければ，特に例文提示群のほうが優れている。例文によるおぼえかたは，意味による深いレベルでの情報処理がなされるので，単語をより長くおぼえられること，同時に単語の意味を文の意味から推測する力もつくことを示唆している。高校生ぐらいからの語彙指導では例文をとおして語彙を身につける指導が有効であることを示しているようである。

### (2) 辞書を使うと語彙はふえるか

　英語ができるようになるには辞書をよく引くことが大事であると言われる。

表1　実験授業後の単語テストの結果（平均）

|  | 直　後 | 2週間後 |
|---|---|---|
| 例文提示群（41名） | 22.76 | 23.61 |
| 単語知識群（43名） | 20.67 | 17.49 |

（資料）古家（1990）p. 20.
（注）1. 実験授業の期間は2週間。高校2年生対象。
　　　2. 単語テストは，和訳形式で，2回とも50問。

しかし、英語を読むときは、できるだけ辞書を引かずに知らない単語の意味を文脈から推測することがよいとされている。何回も辞書を引くと内容理解のさまたげになるというのが理由である。辞書は内容理解のさまたげになるであろうか。また、英語を読むときに辞書を引くと語彙はふえるだろうか。表2は大学生を対象にしてこの問題を調べた調査結果である。

表2では、辞書を使用した群は辞書を使用しなかった群とくらべて語彙の習得率が高い。その傾向は、下位群で特に顕著である。また、再認テストの結果は再生テストの結果より高い。用いた辞書は、English-Spanish の辞書で、テストもスペイン語の語義を英語で書かせたり、選択させるもので、辞書による学習とテスト形式が類似している点を考慮しても、辞書を使って語彙をふやすことができることがわかる。使用効果は特に bilingual の辞書のためか下位群で大きい。

再生テストの数値から、適度な難易度の読み物を生徒に与えれば、辞書を引かずに読むことによって、それまで知らなかった単語の5〜10％ぐらいの数の単語の意味を新たにおぼえられること、辞書を引けば、さらに、10〜20％ぐらいの数の単語の意味を新たにおぼえられることも予想できる。

辞書を参照した回数が多い者ほど読んだ内容をよりよくおぼえているかに

表2 読みによる未知語の語義習得率

| | 再生テスト | | 再認テスト | |
|---|---|---|---|---|
| | 直後 | 2週間後 | 直後 | 2週間後 |
| No Dictionary | | | | |
| 上位群（24名） | 7% | 11% | 35% | 33% |
| 下位群（27名） | 5 | 6 | 23 | 20 |
| Dictionary | | | | |
| 上位群（27名） | 21 | 13 | 55 | 48 |
| 下位群（27名） | 19 | 14 | 51 | 39 |

（資料）Knight (1994) p. 293.
（注）1. 表中の数値（％）は、読みをさせた後で、読みによって未習語24語の中、何％の語彙を習得したかを示したもの。
　　　2. 被験者は米国でのスペイン語コースの大学生。
　　　3. 読み物は250語以内の論説文2つである。

表3 辞書を参照した回数と読みの想起率との相関

| 上位群 | 下位群 |
| --- | --- |
| .17（関係なし） | .68（関係あり） |
| （資料）Knight (1994) p. 294. | |

ついて調べるために，その回数と内容の想起率との関係をみると，表3のように，下位群でのみ関係がみられた。下位群は，未知語の意味を文脈から推測することがより困難であり，bilingualの辞書が特に読みに必要であるのかもしれない。

なお，辞書を参照して読む場合は，辞書を使わない場合より，読みの時間は，40～80%ぐらいしかふえないことも報告されている（Knight 1994 p. 294, Luppescu and Day 1993 p. 273）。辞書を使わずに読むのに1時間かかる読み物は，辞書を使った場合，だいたい80分から100分の時間があればよいということになる。今後，英々辞典の効果を調べる必要があるものの，英語を読んで語彙を身につけるには，辞書は有効であることがわかる。

### (3) 読書や会話で語彙は身につくか

知らない語に出会ったときに，その語を一度でおぼえる確率は，子供の場合でも，だいたい5～20%であるという（Krashen 1989 p. 446）。このようにかなり低い確率にもかかわらず，学齢期の子供は，母語の場合，毎年数千語の英語を身につけていく。外国語の場合，同じように，読書や会話などをとおして，語彙は身につくだろうか。

表4のデータは，George Orwellの*Animal Farm*を読んだ群（実験群）と読まなかった群（統制群）の語彙習得の差をテストによって比較したものである。このデータは，適切な読書をしていくことで語彙がふえることを示唆している。読書をした群は15%程度得点が上昇している。課外学習で行う読書の効果もこのような仕方で調べられないだろうか。

語彙の習得は，母語の場合，言葉のやりとりによってもなされる。外国語の場合，理解しやすい英語を多く読むと語彙力がつく可能性があることはすでにみたが，わからないことを自分からたずねて必要な情報を得ていく意味のやりとり（negotiation）で語彙力はつくだろうか。Ellis, Tanaka, and Ya-

表 4  *Animal Farm* の読書と語彙習得

|  | Pretest | Posttest | Gain |
|---|---|---|---|
| 実験群（30 名） | 16.13 | 27.63 | 11.50 |
| 統制群（21 名） | 12.10 | 16.14 | 4.14 |

（資料）Ferris の研究による（Krashen 1989 p. 446）。
（注）被験者は ESL の学生。テストは，*Animal Farm* を読む前と読んだ後で実施（実験群）。テスト問題は，*Animal Farm* での語彙 50 語を含む 75 語の多肢選択式。

mazaki（1994）は，日本の高校生 206 名を対象にして，教室でのこのようなやりとりと語彙習得の関係をみている。結果は，処遇から 1 ヵ月後と 2 ヵ月半後の 2 つのテストでは（東京の生徒の場合），意味のやりとりをする相互作用型と伝達内容をわかりやすくする言い替え型には語彙習得の差はみられなかったが，両者とも言い替えをしなかった群よりも優れていた。この実験は，言い替えや意味のやりとりによって語彙の習得がすすめられることを示唆している点で興味深い。

## (4) ま と め

　語彙を，文脈から切り離して，単語として直接指導する方法は，学習の初期の段階では，より効果的かもしれない。しかし，語彙は文脈の中で学習するほうが意味の深いレベルで情報処理がなされ，よりよくおぼえることができよう。辞書を使用しても，適度な読み物を多く読む指導や相互の意味のやりとりによる指導も欠かせない。

第2章 語彙・文法の指導について考える

## 3. 生徒に必要な学習語彙とはどのようなものか

### (1) 連想法で生徒に必要な発表語彙を知る

　生徒に必要な発表語彙について知るためには，生徒が書きたいことや話したいことにどのような語彙を使用したいかを調べるとよい。まず，連想法による調査結果をみてみよう。

　連想法による調査は，生徒に伝えたいことについて心にうかぶことを連想させ，出された連想語について英語の語彙を整理するものである。連想語は，表1のように，生徒の身近な生活体験や思いや願いをあらわしたもので，生徒が表現したい発表語彙を示唆してくれる。異文化理解の面から国による連想の違いをみるのも興味深い。

表1　刺激語と主な連想語 (%)

| (A) | 夜 | … | 暗い | (17) | ねむる | (14) | 星空 | (12) |
|---|---|---|---|---|---|---|---|---|
| (B) | 夜 | … | 星 | (15) | 暗い | (11.7) | ねる | (10) |
| (B) | night | … | day (53.3) | | dark | (13.3) | morning | (3.3) |

（資料）(A) 山田 (1987) p. 21, (B) 若林 (1973) pp. 73–74.
（注）(A)：佐賀大附属中生徒の回答例で回答総数は100．調査は1985年に実施。刺激語に対して，各自3つの連想語を記入。調査語数132語。(B)：山梨県とミシガンの中学生各60名の回答結果。調査は1971年と1972年に実施。調査語数321語。

連想法によって次のような作文指導ができる。

・連想法を利用した生徒の作文例（中3女子の場合）
　指　示：babyから連想する語を書き，ひとまとまりの英文を作りなさい。
　連想語：my cousin, pretty, cute, smile
　作文例：Baby is always smiling.　We have to smile.　Mr.Yamada said, "Bear your burden with a smile." I think so, too.（原文のまま）

（資料）佐賀大学教育学部附属中学校 (1986) p. 115.

生徒の作文は十分内容のある文である。cousin などの未使用語も利用して教師が原文をさらにふくらませてあげることもできよう。なお，日本語の作文指導で連想法の効果を調べた平山（1993）によれば，作文をする前に語彙連想の指導をした群は，特に，下位群で効果的で，文節数の増加率が以前の3倍近くになったという。

## (2) 使いたくても使えない発表語彙とは

生徒に必要な発表語彙の調査として，日本語でよく使うが英語で使えない語彙を調べることも大切である。金谷（1983）は，大学生67名を対象に，政治，経済，社会，生活などの200語（日本語）の使用頻度を7点法で評定させ，それらの英単語の筆記テストを行い，発表語彙の学習必要度を算出している（数式と語彙の例については，表2を参照）。学習必要度の高い語彙は，伝えたいが使えない語彙で，生徒の伝達上の不自由さを示すものなので指導が特に必要である。中学生・高校生のコミュニケーション指導にもこの種の研究は欠かせない。

表2　発表語彙の学習必要度

| |
|---|
| 語彙の学習必要度＝P×(N−C)/N<br>　P：日本語での使用頻度の評定値平均<br>　(N−C)/N：英単語の筆記テストで正解できなかった人の比率（N:生徒数，C:正解した生徒数） |
| 使用頻度の高い語彙：風邪，自動販売機，水道など。<br>学習必要度の高い語彙：water service, vending machine, deficit, stapler など。 |
| （資料）金谷（1983） |

## (3) 教科書語彙でカバーできない未知語の割合はどのくらいか

生徒に必要な理解語彙の選定には，未知語に出会う確率を5％（20語に1語）以下にすることが主要な目標である。「常識」では，未知語の割合が5％以下であれば，文章の意味が文脈からわかるからである。未知語の割合は，変化形も1種類の語彙として扱い，次の式で計算する。

| |
|---|
| 未知語の割合＝テキストの中の未知語の延べ語数／テキスト全体の延べ語数 |

表3　教科書語彙などでカバーできない割合（%）

| 言語素材 | 中学校<br>（992 語） | 高校<br>（3,488 語） | 大学2年<br>（5,800 語） | キーワード<br>（5,000 語） |
|---|---|---|---|---|
| 音声言語 | 21% (5) | 11% (9) | 7% (15) | 5% (20) |
| 　日常会話 | 13　(8) | 6　(17) | 3　(33) | 2　(50) |
| 　FEN ニュース | 24　(4) | 11　(9) | 5　(20) | 6　(17) |
| 文字言語 | 35% (3) | 20% (5) | 14% (7) | 7% (15) |
| 　生活用語 | 78　(1) | 52　(2) | 45　(2) | 21　(5) |
| 　英字新聞 | 19　(5) | 8　(13) | 6　(17) | 5　(20) |
| 　科学読物 | 27　(4) | 12　(8) | 7　(14) | 5　(20) |

（資料）中條・竹蓋（1993），竹蓋・中條（1994）p. 12.
（注）例：高校までで3,488語おぼえた生徒は，日常会話で使用される語彙の6%，17語に1語未知語に出会う。

　まず，教科書語彙の有効度についてみてみよう。表3は，中学校から大学まで教科書の語彙をすべて習得していく場合，日常の言語活動で未知語がどのくらいの割合であらわれるかを示している。（　）内の数値は何語に1語，未知語に出会うかである。なお，教科書は，*New Horizon* 1987 版 3 冊（中学），*Unicorn* I, II, IIB 1987 版（高校），JACET 1979 *Language and Culture* 1, 2（大学）である。日常の言語活動の語彙データ（言語素材）は，音声言語が全体で10分野，文字言語が全体で13分野（「キーワード」は，生活用語が音声言語に分類されているので，音声11分野，文字12分野）で，合計延べ34,500語からなる。なお，「キーワード」は竹蓋・中條（1994）の「現代英語のキーワード5000語」で，未知語に出会う確率をほぼ5%以下にする基本語彙リストである。

　表3をみると，未知語の割合が5%（20語に1語）以下の場合は，大学2年までで5,800語（累積異語数）おぼえて，日常会話，FENニュースを聞く場合のみである。生活語彙は教科書に少ないためか，未知語が高校卒業段階でも約50%もあり，2語に1語の割合で未知語に出会うことになる。

## (4) ま と め

　連想法による語彙指導は，連想語をKJ法のようにして整理していけばま

とまった内容の作文指導にも使えるかもしれない。理解語彙については，テキストで未知語の量は5%以下がよいという「常識」自体を検討する必要もあろう。大学入試やセンター試験などで，「キーワード」のリスト以外の未知語がどのくらいの割合で出てくるかを調べてみるのも興味深い。

第2章 語彙・文法の指導について考える

## 4. コミュニケーションの視点から語彙指導を考える

### (1) 語彙は何語くらい知っていたらよいか

中学校や高等学校ではどのくらい多くの語を教えたらよいだろうか。このことを考える際に役立つのは母語話者の語彙サイズのデータである。

母語話者の語彙サイズについては，ワードファミリー換算で推定で1万7,000語（Aitchison 2003，望月・相澤・投野 2003）や2万語（Schmitt 2000）という語数がある。1万7,000語の場合でも辞書の見出し語換算にすれば，約5万語に相当し，かなり多い。しかしながら，母語話者でも実際に多く使用する語彙数はかなり限られている。British National Corpus（BNC）の話し言葉1,000万語のコーパスから最も頻度の高い1万語を抽出し，その1万語コーパスに対するカバー率をみると，最も頻度の高い500語で約83%，1,000語で89%，2,000語では94%で，3,000語では96%に及ぶという（望月・相澤・投野 2003 p. 26）。また，表1の資料では，テキストの種類を多くして，*Academic Word List*（Coxhead 1998）の570語も加えているが，この結果から最頻出語彙2,000語で少なくとも約80%（例：Academic textでは1st

表1 テキストのタイプと最頻出語彙2,000語などのカバー率

| Levels | Conversation | Fiction | Newspapers | Academic text |
| --- | --- | --- | --- | --- |
| 1st 1000 | 84.3% | 82.3% | 75.6% | 73.5% |
| 2nd 1000 | 6 | 5.1 | 4.7 | 4.6 |
| Academic | 1.9 | 1.7 | 3.9 | 8.5 |
| Other | 7.8 | 10.9 | 15.7 | 13.3 |

（資料）Nation（2001）p. 17.
（注）Academic：*Academic Word List* の語彙（すべての学術分野での共通学術語彙で最頻出語彙2,000語以外の語。例：analyse, approach）。なお，Academic text で 3rd 1000 の語彙を加える場合はカバー率の向上は約4.3%であるので，Academicを加えるほうがカバー率は高い。

表2 実用コミュニケーション（音声英語活動）に必要な語彙の量的習得目標

|  |  | 学習量<br>(words) | 累計<br>(words) |
|---|---|---|---|
| 生活関連用語 | 中学校入学以前 | 500 | 500 |
| EGP: elementary level | 中学校 | 1,000 | 1,500 |
| EGP: intermediate level | 高等学校 | 2,000 | 3,500 |
| EAP: basic level | 大学 | 2,000 | 5,500 |
| EAP: advanced level | 大学院修士課程 | 1,000 | 6,500 |
| ESP: intermediate level | 大学院博士課程 | 1,000 | 7,500 |
| ESP: advanced level | 社会人（生涯学習） | 500 | 8,000 |

（資料）竹蓋・水光（編）(2005) p. 60.
（注）EGP: English for General Purposes（一般目的の英語），EAP: English for Academic Purposes（学術目的の英語），ESP: English for Specific Purposes（特定目的の英語）．

1000 の 73.5% と 2nd 1000 の 4.6% の合計で 78.1%）をカバーでき，*Academic Word List* の語彙も加えると少なくとも約 84% をカバーできることがわかる。中学校や高等学校では，まず，この 2,000 語の習得をめざし，必要に応じて（大学受験などで）*Academic Word List* の語彙も加えた約 2,600 語が習得目標になると考えられる。

大学や社会人まで含めた英語学習ではどのくらいの語彙数を習得目標にしたらよいであろうか。表2は中学校入学以前も含めた語彙の習得目標を英語の学習目的と段階によってみたものである。この表では，実用コミュニケーション（音声英語活動）の観点から必要な語彙数を整理しているが，生涯学習まで含めて 8,000 語の習得を目標として提案している。

## (2) 指導上の重要語とはどのようなものか

では，どのような語をどの段階で指導目標としての重要語として選定したらよいであろうか。これについては，表3のように中学校から英語を専門的に使用する人までを対象にして，いくつかの学習者用語彙リストが提案されていて参考になる。

表3　語彙リスト

- 東京都中学校英語教育研究会研究部
  (http://www.eigo.org/kenkyu/index.htm)
  平成18年度版中学校英語教科書（6種類）における使用語彙
- 大学英語教育学会基本語改訂委員会（編）(2003)
  「大学英語教育学会基本語リスト JACET8000」
  日本人学習者に必要な基本語 8,000語
- 園田勝英 (1996)
  「大学生用英語語彙表のための基礎的研究」北海道大学言語文化部研究報告叢書7
  中学必修語彙772語，高校必修語彙1,780語，大学受験語彙2,042語，大学基本語彙1,532語，大学発展語彙1,303語　合計7,420語
- Coxhead (2000)
  *A New Academic Word List*
  すべての学術分野での共通学術語彙570語

## (3) 本を読むだけで語彙はおぼえられるか

　本を読めば単語も多くおぼえられるというのは「常識」であろう。では，どのくらい多くの英文を読んだらどのくらい多くの単語をおぼえられるだろうか。また，英文を読んでいて繰り返し出てくる単語はよくおぼえるが，出てくる回数が少ない単語はおぼえにくいというのも経験から理解できることである。では，文中に何回くらい出てくると単語はおぼえやすいだろうか。これらのことについて調べたものに表4（次ページ）の調査がある。後者の問題からみていこう。

　表4の調査結果では，辞書を引かずに読み物を読んで新たにおぼえた単語は，被験者全体の平均で30語のうち2.16語（表中のGainの数値を参照）であった。このことは辞書を引かずに読み物を読んで，約14語に1語の割合でしか新語をおぼえられなかったことを意味する。被験者全体の平均では，1週間にこれと同じ量の読み物を1つずつ読んでいく場合，読むだけでは1年間（35週の授業期間）で70語くらいしかおぼえられないことになる。このことは読むだけでなく，何らかのタスクが必要であることを示唆している。

　単語の学習に必要な繰り返しの回数には6回から20回までの説があり，回

数に開きがある（Zahar, Cobb, and Spada 2001 p. 541）。同じ単語が何回出てくるとおぼえられるかについては，表4のr（FL）に示した相関係数が参考になる。テストした30語について，読み物に出てきた回数と読み物を読んでその単語をおぼえた学習者数との相関係数を群別に算出したもので，群ごとにその相関は異なる傾向がみられる。Group 1の相関（.40）が中でも最も高いことから，語彙数の少ない学習者には文中に出てくる単語の回数が多い語ほどおぼえやすい傾向があることがわかる。語彙数の少ない生徒には特に繰り返し単語に接するように指導することが大切である。しかしながら，これは単語の頻度数と習得者数との相関であるので，単語の繰り返し数がどのように単語の習得に関わるのかを具体的にみる必要がある。これについては，表4には示していないが，30語の中で最もよく習得された語（6語）の頻度数は平均7回で，最も習得されなかった語（4語）の頻度数は平均2.75回であったとしている。語彙の必要な繰り返し数は学習者の語彙力によって異なるが，教科書での単語の繰り返し数には限りがあるので，習得させたい語は繰り返し学習できるように指導する必要があろう。

表4 読み物による語彙習得結果および語彙の出現頻度と習得者数との相関

| Group | N | Levels Test | Pre-test (%) | Post-test (%) | Gain (%) | r (FL) (r²%) |
|---|---|---|---|---|---|---|
| 1 | 22 | 38% | 10.77 (36%) | 12.59 (42%) | 1.82 (6%) | .40 (16%) |
| 2 | 27 | 48 | 16.55 (55) | 19.59 (65) | 3.03 (10) | .22 (4.8) |
| 3 | 34 | 60 | 20.02 (67) | 22.38 (74) | 2.36 (7) | .21 (4.4) |
| 4 | 32 | 69 | 24.41 (81) | 26.53 (88) | 2.12 (7) | .24 (5.7) |
| 5 | 29 | 80 | 26.55 (89) | 28.03 (93) | 1.48 (4) | — |

（注）被験者はカナダのESL男子生徒（中学校1年生）144名で，読み物を読む前と後でPre-testとPost-testを行い，読みによる語彙習得の効果を調べた。読み物は中級レベル（機能語と2,000語レベル以内の語で91％を占める）で2,098語の語数。Pre-testとPost-testは同じで読み物の中の単語30語についての認知テスト。Pre-test後に13日間空けて読み物を読み，その2日後にPost-testを実施している。なお，Levels TestはNation（1990）のLevels Test（10,000語レベルまでの認知語彙テスト）で，％は群ごとの平均正答率。r（FL）は読み物におけるテスト語彙の頻度数と習得者数との相関（群別）を示している。

（資料）Zahar, Cobb, and Spada（2001）pp. 541–572.

## (4) 語彙をおぼえるのにはどのようなタスクが有効か

　読み物を辞書も引かずに読むだけで副次的に新語をおぼえることがある。表4の調査のケースである。単語をおぼえるのが直接の目的でなく、意図的な努力もしていないので、このような学習は偶発的学習 (incidental learning) とよばれている。これに対して、辞書を引くなどの意図的な努力をして語彙を習得する場合は意図的学習 (intentional learning) と言われている。しかしながら、辞書なしで読み物を読む場合も後で内容理解のテストがあることを読む前に告げられれば、意図的学習になる場合もある。偶発的学習と意図的学習の区別は難しい。このように考えれば、学習者が動機や認知面でどのくらい深く課題に関わるか、学習者の課題への関わり (involvement) の深さによって語彙学習の結果をとらえたほうがよい。

　課題への学習者の関わりの深さについては Laufer and Hulstijn (2001), Hulstijn and Laufer (2001) の考え方 (involvement load hypothesis) が参考になる。この仮説によれば、学習者の課題への関わりの深さは need, search, evaluation で示すことができる。これらのうちで、need は課題への学習者の動機づけについてみるもので、たとえば、文中の語句の空所補充のように外的な必要性によるもの (moderate: 1) と辞書を引いて作文に必要な語句を探すなどの自発的なもの (strong: 2) がある。後者は前者と比べて自発的で課題への関わりは深い。これに対して search は認知に関するもので、たとえば辞書を引いて未知語の意味を探すことが必要な課題か否か (present: 1, absent: 0) などである。evaluation も認知に関するもので、タスクの実行に際して決定を行うことで、たとえば、複数の語句の意味の違いを理解すること (moderate: 1) や文に適切な語句を当てはめること (strong: 2) などである。いずれも課題への関わりが深いものほど数値は高い。

　表5 (次ページ) の実験は、課題への関わりの深さの異なるタスクが語彙学習にどのような影響を与えるかを熟達度の異なる2群で調べたものである。タスクは3種類で、読解 (学習語彙の語注付で読解の問題がある) (moderate need: 1, no search: 0, no evaluation: 0)、空所補充 (文章の中の空所を選択肢の語句で補充する。選択肢は学習語彙) (moderate need: 1, no search: 0, moderate evaluation: 1)、作文 (与えられた学習語彙を使用しての作文で学習語彙の語義も英語で与えられている) (moderate need: 1, no search: 0, strong

第2章 語彙・文法の指導について考える

表5 タスクの種類と語彙習得との関係

| 英語集中コース (30名) | 関与水準 | 人数 | 回答総数 | 直後・語彙テスト 平均値 (①, ②, ③) | 2週間後・語彙テスト 平均値 (①, ②, ③) |
|---|---|---|---|---|---|
| 読解 | 1 | 10 | 100 | 17.6 (43, 41, 16) | 14.5 (44, 53, 3) |
| 空所補充 | 2 | 10 | 100 | 21.0 (43, 32, 25) | 17.4 (31, 61, 8) |
| 作文 | 3 | 10 | 100 | 26.0 ( 9, 51, 40) | 19.8 (17, 66, 17) |
| 学部学生 (34名) | 関与水準 | 人数 | 回答総数 | 平均値 (①, ②, ③) | 平均値 (①, ②, ③) |
| 読解 | 1 | 12 | 120 | 18.2 (38, 72, 10) | 15.1 (61, 57, 2) |
| 空所補充 | 2 | 12 | 120 | 20.3 (26, 72, 22) | 17.9 (35, 82, 3) |
| 作文 | 3 | 10 | 100 | 27.4 (16, 46, 38) | 22.3 (25, 62, 13) |

(資料) Kim (2008) pp. 302–303.
(注) 被験者は米国で学ぶ学生で言語背景は19言語に及ぶ。したがって，母語への翻訳などの語彙テストはできなかったので，「語知識スケール」(VKS: Vocabulary Knowledge Scale) (Paribakht and Wesche 1993) を採用している。VKSは次の尺度によって語の知識の段階を測る。Ⅰ：この語は見たことがない。Ⅱ：見たことはあるが，意味がわからない。Ⅲ：この語は見たことがある。＿＿＿＿＿（同義語または訳）という意味だと思う。Ⅳ：この語を使って意味がわかる文を作ることができる。＿＿＿＿＿ Ⅴ：この語を使って意味がわかり，文法的にも正しい文を作ることができる。＿＿＿＿＿ ①, ②, ③：VKSのⅠ, Ⅱ, Ⅲ以上 (Ⅲ, Ⅳ, Ⅴ) の回答数（例：読解で直後テストのⅠは43, Ⅱは41, Ⅲ以上は16で合計100の回答総数）．平均値：Ⅰ〜Ⅴを1〜5の数値で計算（得点は10–50の範囲）。なお，VKSのⅢ以上は下線部の回答が正解でないとその段階の回答（得点）にはならない。

evaluation: 2) である。この実験の結果は両群とも直後テストでは作文と空所補充・読解との間に有意差がみられ，2週間後のテストでは，作文，空所補充，読解の間に有意差がみられたことから，学習者の課題への関与の深さによって語彙習得に差がみられたとしている。単語をおぼえる場合でも，ただ読むよりも，空所補充のタスクがあるほうがよくおぼえられ，単語を使って作文してみるほうがさらにおぼえられることを示唆している。

同様に，台湾での高校生50名を対象にして，読み物を読んでから語彙の練習問題（語義の選択問題，語彙の翻訳，文中の語の空所補充，語の並べ替

えによる作文など）をする場合（RV: reading plus vocabulary-enhancement activities）と読み物に加えて関連するテーマの読み物（706語平均で9種類）を読む場合（NR: narrow reading; repeated reading thematically related articles）について，上記のVKSを修正して用いて50語の学習語彙の習得を調べた調査（Min 2008）でも，直後，事後（3ヵ月後）のいずれでも，前者（RV）のほうが平均値が有意に高かったという報告がある。読むこととその他のタスクを組み合わせると語彙の習得が進められることを示唆している。

## (5) まとめ

　語彙を習得するとは何ができることだろうか。Hatch and Brown (1995) によれば，新語の習得には次のことが関わるという。① 新語に出会うこと，② 語形を理解すること，③ 語の意味を理解すること，④語形と意味を統合して記憶すること，⑤ 語を使用することである。新語に出会う際には学習者の興味，動機，必要性が重要で，新語にふれる頻度と機会を増すことも大切である。語形を理解する場合は視覚，聴覚，あるいは両方ではっきりと単語のイメージを理解させるとよい。発音や語形が似ている単語を思い浮かべさせたりすることも必要である。語の意味を理解することは最も大切で英語の母語話者にたずねたり，他の人に語の定義を他の語で説明したりすることが含まれる。語形と意味の統合には，フラッシュカードの利用やクロスワードパズルや語彙の組み合わせ練習などが必要である。語の使用については，使用することによって認知語彙も身につくようになる。語彙リストを活用して指導上重要な語彙の意味を文脈から推測させたり，語彙をタスクの中で使用する機会を増すようにすることが大切であろう。学習者が語彙の習得にどのくらい深く関わることができるかが鍵である。

第2章 語彙・文法の指導について考える

## 5. 文法指導の意味と問題点を考える

### (1) 「文法」は高校で今でも教えられているか

　高校では，文法の検定教科書は昭和57年の1年生からなくなった。しかし，実際には，現在でも「文法」の授業を行っている学校は多いのではないだろうか。少し前のものだが，表1の調査結果では，高校1年で週2時間ほど文法の授業を行っている学校数は全国の2/3近くに及んでいる。

　また，表2の調査結果でも，高校での文法指導については独立した時間を設けて行うべきであるとする見解が多い。中でも，コミュニケーションに役立つ文法指導をすべきとする回答が多い（中学で50%，高校で40%弱）。

### (2) 文法は英語ぎらいの元凶か

　表3のように，中学生や高校生は英語ぎらいの理由に文法が難しいことをあげることが多い。しかし，文法を詳しく教えて欲しいという授業への要望

表1　「文法」の授業を実施している学校の割合(%)

|  | なし | 1単位 | 2単位 | 3単位以上 |
|---|---|---|---|---|
| 高校1年 | 19.3% | 3.2% | 62.6% | 14.9% |
| 高校3年（文系） | 80.5 | 4.6 | 11.3 | 3.6 |

（資料）旧福武書店進研模試編集室による平成3年度調査結果（回答数305校）
　（毛利1994 pp. 65–66）

表2　高校の文法指導についての中学・高校教師の見解

|  | 中学（624名） | 高校（1,395名） |
|---|---|---|
| 独立した時間で教えるべき | 72.4% | 74.4% |

（資料）大学英語教育学会内英語教育実態調査研究会（編著）(1993) p. 124.
（注）調査は1987年に実施。

表3　英語ぎらいの理由と授業への要望

| きらいな主な理由 (%) | | 主な要望 (%) | |
|---|---|---|---|
| 文法が難しい | (51.2) | 文法を詳しく | (52.3) |
| 授業がわからない | (16.3) | 楽しい授業 | (40.0) |
| 単語が難しい | (11.6) | 進度を遅く | (38.5) |

(資料) 瀧本他 (1994) p. 97, p. 100.
(注) 調査対象は高校1年生65名。

も強い。生徒にとって文法は大切であることを示唆している。

### (3) 文法のできる生徒ほどよく話せるか

　教室で学ぶ文法は，英語を聞いたり，話したりするのにほとんど役に立たないという仮説もある。この仮説の正しさを確かめるためには，文法（筆記）テストができれば，リスニングやスピーキングのテストもできるかを調べてみればよい。表4から，文法ができる生徒は，英語を聞くこと，話すこともできる傾向があることがわかる。文法は英語を話したり，聞いたりするときにも役に立つことが推測できる。

表4　文法（筆記）と聞くこと・話すこととの関係

| (A) | 文法と聞くこと (155名) | 相関 (.69) 関係あり |
|---|---|---|
| (B) | 文法と話すこと (39名) | 相関 (.86) 関係あり |

(資料) A: CELT Manual p. 20　B: 佐野・森川 (1987) p. 52.
(注) Bは，Bilingual Syntax Measure の絵を用いた面接テストとの相関。被験者は，A: 学生　B: 中学生。*CELT: Comprehensive English Language Test* (D. P. Harris and L. A. Palmer, 1986, McGraw Hill)

### (4) どのような文法項目が生徒に難しいか

　文法は英語の指導で大切だとすれば，どのような文法項目が生徒に習得が難しいのか知っておく必要がある。これについては，限られた調査ではあるが，表5（次ページ）から特に高校1年まででは分詞，関係詞，完了形，不定詞などが難しいことが推測できる。これらの文法項目は教師にとっても特に教えにくいらしい。高校生に対する文法テストの正答率でも数値は比較的低

表5　難しい項目（生徒）と教えにくい項目（教師）

|  | 生徒 | 教師 |  | 生徒 | 教師 |
|---|---|---|---|---|---|
| 分詞 | 74.2% | 37.3% | 動名詞 | 30.3% | ― |
| 関係詞 | 71.2 | 43.3 | 未来形 | 12.1 | ― |
| 完了形 | 62.1 | 53.9 | 進行形 | 10.6 | 0.9 |
| 助動詞 | 51.5 | ― | 一般動詞 | 9.1 | ― |
| 不定詞 | 45.5 | 38.9 | 過去形 | 6.1 | ― |
| 比較 | 31.8 | 4.4 | be動詞 | 4.5 | ― |

(資料) 生徒：瀧本他 (1994) p. 91，教師：『現代英語教育』（研究社出版）1995年5月号，p. 19.

(注) ―：資料にない項目。なお，分詞は，生徒：分詞構文，教師：現在分詞・過去分詞を示す。

い（たとえば，竹中他 1988）。

### (5) 文法用語は生徒にどのように影響するか

　文法の指導で困ることのひとつは文法用語をどのくらい使うべきかである。文法用語は生徒に難しいものがあるが，すべて不要とも言いきれない。「3人称」を他の用語で説明するのは簡単でない。生徒の立場から用語を検討すべきである。

　表6は，書きかえの指示で，「受動態」と「受け身」という用語を使用した場合の正答率の違いを示している。中学生には「受け身」のほうが正答率が高く，逆に高校生には「受動態」のほうが正答率が高い。生徒の感じる文法用語のやさしさは両者ともほぼ同じである。教師は一般に「受け身」のほうが「受動態」よりも理解しやすいと考えるようであるが，この結果は異なるので，生徒の心理を考慮した文法用語の研究が今後必要になる。また，短大生の正答率の大きさは，中学校で学習する受け身文が高校を卒業してから定着することも示唆している。

### (6) 文法規則の説明と例文はどちらを先にするか

　高等学校で使用される「文法」のテキストは左頁に文法規則の解説があり，右頁に練習問題があることが多い。文法規則の説明から始めるほうがよいだ

表6　文法用語の影響と文法用語自体のわかりやすさ

| 〈指示用語〉 | 中学生<br>(152名) | 高校生<br>(128名) | 短大生<br>(97名) | 全　体<br>(377名) |
|---|---|---|---|---|
| 受動態（正答率） | 27.6% | 22.6% | 96.9% | 44.0% |
| 　　　（易しさ） | 2.6 | 2.1 | 3.1 | 2.6 |
| 受け身（正答率） | 30.2% | 16.1% | 97.9% | 43.2% |
| 　　　（易しさ） | 2.5 | 2.1 | 3.1 | 2.5 |

（資料）片山（1990）pp. 38–39.
（注）例：「受動態に書きかえよ」で中学生の正答率は27.6%。「易しさ」は5
　　点法。数値が大きいほど用語がわかりやすいことを示す。なお，高校の正
　　答率のみ解答者数は124名。

表7　形容詞の配列順序についての提示効果の比較

| 提示順序 | 生　徒 | 伸び | 保持テスト |
|---|---|---|---|
| 規則―例文―規則 | A1群（8名） | 7.3 | 2 |
| | B1群（8名） | 7.8 | 2.3 |
| 例文―規則―例文 | A2群（10名） | 7.5 | 2 |
| | B2群（6名） | 7.1 | 0.6 |

（資料）相原（1983）pp. 16–18.
（注）A群：知能偏差値58–65，B群：知能偏差値49以下。テストの数値は
　　平均値。保持テストは5週間後。

ろうか。それとも例文を与えてから文法規則に気がつかせたほうがよいだろうか。表7は，高校2年生に対して（前位）修飾語句の配列順序（two new yellow toy watches など）の指導を2つの指導順序で比較実験したものである。この実験結果で興味深いのは，このように複雑な文法規則の指導の場合，規則を導くのが困難な生徒にはまず規則の説明から例文へと進めるほうがよいことである。演繹法と帰納法の優劣でなく，どちらの順序が効果的かは生徒の特性によることを示唆しているようにみえる。

(7)　文法指導は技能の指導か

近年，コミュニケーション活動やゲームが中学校では特に行われるように

なってきたが，表 8 の資料のように，文法的知識の正確な理解は必ずしも十分ではない場合もある。久保野（2004）はこの原因として文法が十分技能として身についていないからであるとして十分な口頭練習の必要性を説いている。文法のルールを明示的知識（explicit knowledge）として理解できるだけでなく，意識せずに正しく使えるようになるためには相当量のリハーサルと使用体験が大切である（土屋 2004）。

表 8 語順に関する知識・理解（整序問題）の正答率〈%〉

| | | | | |
|---|---|---|---|---|
| (1) | Which book is mine | 〈21.3%〉 | （中学校 1 年生） |
| (2) | Where does he live | 〈44.1〉 | （中学校 1 年生） |
| (3) | I'm glad to hear that. | 〈18.7〉 | （中学校 2 年生） |
| (4) | Turn left at that shop. | 〈17.9〉 | （中学校 2 年生） |
| (5) | I must make it shorter. | 〈39.6〉 | （中学校 3 年生） |
| (6) | ask my brother to help us | 〈30.0〉 | （中学校 3 年生） |

（資料）久保野（2004）pp. 20–21.
（注）国立教育政策研究所（2003）の調査結果。調査は 2002 年 1 月～2 月に全国の中学校各学年 1 万 6,000 人を対象にして実施。上記の (1)～(6) は特に平均値が予想を下回ったものである。問題形式は文脈を与えた整序問題で，たとえば，(1) は次のようである。
　　A: Where is my book? （　　　　）?
　　B: This one.
　　（is　which　mine　book）

### (8) コミュニケーションのための文法指導とは

　文法は知識として知っているだけでなく，実際の場面でどのように使われるかを理解し，実際に活用できるようにすることが大切である。すでにみたように，気づき，理解，内在化，統合を介してアウトプットに至る認知プロセスが必要である。では，どのように指導したらよいであろうか。
　萩野（2000）は，たとえば，下記のような Communication Practice を提唱している。英文法とコミュニケーションを結ぶ指導である。高等学校では文法指導については文法事項の解説と練習問題の実施を主とした授業が多いと聞くが，このような指導はまさにコミュニケーションのための文法指導であ

る。

表9 Communication Practice: "must" と "have/has (got) to" の指導例

| ① 使い分けの習熟 |
| --- |
| must は話し手の「主観的」な判断，あるいは，主語に据えられる人物の内発的な動機によって「〜しなければならない」と感じるときに用いる。一方，have/ has (got) to は外的な要因によって生じる「客観的」な必要性を述べるときに用いる。 |
| ② 会話文の（　　）内の適切な語句を選択（正解：have (got) to）。<br>Son: I've heard you're going to Japan, Dad. Is that right?<br>Father: Yes.<br>Son: So, may I go with you?<br>Father: No, you (must, have (got) to) stay here.<br>Son: Why?<br>Father: Because I'm going to Japan on business. Besides, you have a lot of homework, don't you, Son? |
| ③ ペアで会話文の続きを考えて書き，音読練習後に発表など。 |
| （資料）萩野（2000）pp. 59–65.<br>（参考）Murphy（1989）pp. 62–63. |

## (9) ま　と　め

　文法は，指導の仕方によっては，生徒に英語ぎらいを生む原因にもなりかねない。しかし，文法能力は伝達能力の基礎でもあり，今後，伝達能力の育成をめざす文法指導がいっそう必要になろう。

第2章 語彙・文法の指導について考える

## 6. 第二言語習得の視点から文法指導を考える

### (1) 早くから学ぶ文法項目ほどよくおぼえられるか

　文法項目の指導順序はよく問題になる。一般動詞が先か，be 動詞が先かなどである。しかし，表1では指導順序は習得順序にそれほど関係しない。教室での学習 (Instruct)，自然なコミュニケーションによる習得 (Natural)，両者の併用 (Mixed) の3群では，形態素の習得順序に大きな相違はみられない。3群とも順序は Krashen の natural order に関係がある。文法項目の指導順序は，あまり細かく気にする必要はないかもしれない。

　また，表1は，中学校1年で指導する3人称単数現在の -s については，正

表1　学習条件の相違と形態素の習得順序の関係

|  | Krashen | Instruct | | Natural | | Mixed | |
|---|---|---|---|---|---|---|---|
|  | Rank | % | Rank | % | Rank | % | Rank |
| Progressive -ing | 1 | 97 | 1 | 94 | 1 | 98 | 1 |
| Plural -s | 2 | 93 | 3 | 74 | 5 | 74 | 4 |
| Singular copula | 3 | 95 | 2 | 92 | 2 | 97 | 2 |
| Progressive aux. | 4 | 85 | 5 | 76 | 4 | 66 | 6 |
| Article | 5 | 92 | 4 | 91 | 3 | 86 | 3 |
| Past irregular | 6 | 75 | 6 | 68 | 6 | 73 | 5 |
| Past regular | 7 | 51 | 8 | 58 | 7 | 44 | 7 |
| 3rd person sing. | 8 | 63 | 7 | 25 | 8 | 22 | 8 |

(資料) Pica (1983) p. 479.
(注) 被験者：Instruct (メキシコ市の英語学校生徒), Natural (米国在住者), Mixed (米国の大学での英語集中コース参加者) の3群。各群6名。被験者は 18–50 歳のスペイン語話者。英語力は群間で統制。データ収集法：対話の録音。採点法：各発話を2点法で採点 (例：spoke に対して，speaked は1点，speak は0点)。各形態素ごとに，個人の平均正答率を算出し，さらに群ごとの平均を算出したものが表中の数値 (%)。順位相関はすべて有意。

答率が低いので，気長に指導する必要があることも示している．さらに，3人称単数現在の -s と複数名詞の -s については，教室での指導群のほうが成績が特に高いので，教室での意識的な文法指導がより効果的であることも予測できる．

## (2) 聞くことだけで文法は自然に身につくか

英語は多く聞けば聞くほど力がつくということも「常識」である．理解可能なインプットの役割は外国語習得では確かに大きい．しかし，表2では，7年間フランス語の immersion program を受けた児童（英語話者）でも同じ学年のフランス語話者の児童には文法能力，談話能力，社会言語学的能力のいずれでも及ばないことがわかる．聞く力のテスト得点は両群とも同じであったので，理解可能なインプットが不足していたわけでもない．必要なのは，意味を正しく，適切に伝えようとする際に，自分の文法仮説をチェックし，必要があれば発話を修正する機会である．相手が理解できるアウトプットを生徒に発話させることである．コミュニケーションをする中で文法指導が必要になろう．

表2 第6学年児童のフランス語発話能力の比較（正答率）

|  | Grammar | Discourse | Sociolinguistic |
|---|---|---|---|
| Immersion （69名） | 73.2% | 62.0% | 19.5% |
| Native （10名） | 96.9 | 72.0 | 43.3 |

（資料）Swain (1985) pp. 238–245.
（注）テスト方法 Grammar: Structured interview, Discourse: Film retelling and argumentation, Sociolinguistic: Request, Suggestions などの発話．

## (3) コミュニケーション活動は文法の習得にも有効か

コミュニケーション活動は授業を表面的に活発にするだけで実際は生徒の力はつかないのではという心配もある．次ページの表3によれば，教師中心の授業よりも，生徒が相互に情報を交換しあってタスクを完成させる two-way information gap activity が最も効果的である．グループによる双方向のタスクでは，相手にわからないことを聞き返したり，確認したり，相手の理解を確かめたりすることなどの意味交渉の頻度が最も高く，これが習得を促

表3 タスクの型と意味交渉の総頻度数(クラス平均)

|  | Teacher-fronted | Group |
|---|---|---|
| One-way task | 48.2 | 40.1 |
| Two-way task | 45.3 | 63.7 |

(資料) Doughty and Pica (1986) p. 315.

表4 意識化タスクと文法授業の効果の比較(正答率)

|  |  | Pretest | Posttest | Final test |
|---|---|---|---|---|
| Grammar task | (18名) | 72% | 95% | 82% |
| Grammar lesson | (18名) | 75 | 93 | 89 |
| Control | (20名) | 71 | 71 | 73 |

(資料) Fotos and Ellis (1991) p. 615.
(注) 被験者は日本の女子短大1年生56名(英語専攻)。Final test は処遇の2週間後に実施。テスト問題はいずれも同一。20個の文の文法性判断テスト。文法規則は、与格動詞の型とその間接(直接)目的語の位置についてである。タスクは、グループで、例文の文法性について検討した後、誤文訂正をし、目的語の語順についての規則を確認・発見するもの。なお、Control(統制群)は別の教室でリーディングの課題を行っていた。

進するらしい。授業では、生徒相互の情報伝達活動を工夫し、意味のやりとりを活発にさせることが大切になる。

### (4) 意識化タスクによる文法指導法とは何か

文法指導では、規則を生徒に教えてから、コミュニケーション活動を行い、使えるようにすることが一般的であろう。表4は、これに対して、two-way information gap activity によって生徒たちがグループやペアで文法規則を自ら発見、確認していく方法の効果を示している。2週間後の Final test では、従来の教師中心の文法指導 (Grammar lesson) より得点はいくぶん劣るものの Pretest と比べれば、Posttest で23%、Final test でも10%の向上がみられる。この方法は、コミュニケーションをしながら文法規則を生徒たちが意識化していくので、従来の説明中心の文法授業と異なり、コミュニケーション能力の育成により有効であろう。

## (5) 会話の中で文法指導はできないか

　会話の流れを中断しないようにして，文法指導をする方法の1つに focused communication tasks がある。"Sorry?" などと言って，生徒の発話で理解できないところをはっきりさせるようにしながら，文法的誤りを自発的に訂正させるものである。理解可能なアウトプットを導く指導である。この方法は高校の「オーラル・コミュニケーション」の指導で中学校の基礎的な文法項目の指導に利用できないだろうか。次のような指導で，Nobuyoshi and Ellis (1993) は過去形（一般動詞）の正しい使用率が31%から89%に向上した学生もいたとしている。

---
・Focused communication task
　Learner: He pass his house.
　Teacher: Uh?
　Learner: He passed, he passed, ah, his sign.

---

## (6) フォーカス・オン・フォームの指導とは

　表5は，フォーカス・オン・フォームの指導の特質と関連する外国語教授法を示したものである。フォーカス・オン・フォームは意味中心の言語活動

表5　フォーカス・オン・フォームと指導法

---
・focus on form（意味中心の言語活動を行い，コンテクストの中で特定の言語形式の習得を促す）
　○タスク中心教授法，内容中心教授法，プロセス・シラバス
・focus on forms（コンテクストから切り離して文法項目をひとつずつ学習していく文法偏重の指導・学習）
　○文法訳読教授法，オーディオ・リンガル・メソッド，サイレント・ウェイ，TPR，言語構造シラバス，概念・機能シラバス
・focus on meaning（意味のやり取りのみを重視。文法にまったく注意を払わない）
　○ナチュラル・アプローチ，イマージョン，手順シラバス

（資料）村野井 (2006) p. 106.

---

第2章　語彙・文法の指導について考える

を行いながら，同時にコンテクストの中で言語形式の習得を促進するものである。タスク（task）や内容中心の指導法（content-based instruction）などがこれに相当する。意味と形式のバランスのとれた習得をめざす活動である。これに対して，focus on forms では正確さはある程度身につくが流暢さに欠け，focus on meaning では流暢さは身につくが，正確さが身につかない（小柳 2004）と言われている。

　フォーカス・オン・フォームの指導技術・指導理念を具体的に示したもの

表6　フォーカス・オン・フォームの指導技術と指導理念

| | |
|---|---|
| ・インプット洪水（input flood） | 目標言語形式が含まれたインプットを大量に学習者に与える。 |
| ・タスク必須言語（task-essential language） | 特定の言語形式を必ず使うような言語活動を行う。 |
| ・インプット補強（input enhancement） | 特定の言語形式を視覚的に目立たせ学習者の注意を言語形式に向けさせる。 |
| ・意味交渉（negotiation of meaning） | 対話者同士が意思の疎通を目標として意味の明確化を求めていく。 |
| ・リキャスト（recast） | 学習者が特定の文法項目について誤りを犯したときに学習者の発話を生かしながら修正した発話を学習者に返す。 |
| ・アウトプット補強（output enhancement） | 学習者に誤りを含んだ文をもう一度アウトプットさせ，仮説修正を促す。 |
| ・インタラクション補強（interaction enhancement） | インタラクションにおいて教師が言語形式に焦点を当てたフィードバックを学習者に与える。 |
| ・ディクトグロス（dictogloss） | メモを取りながら長めの文章を聞き，メモを見ながらペア，グループで話し合い，元の文章を復元させる。 |
| ・意識高揚（consciousness-raising） | 文法問題を目標言語で話し合わせたりして学習者の文法についての意識を高める。 |
| ・インプット処理（input processing） | インプットを意味のある形で配列して学習者に与え，形式と意味の両方を深く理解させる。 |
| ・ガーディン・パス（garden path） | 過剰般化の誤りをさせた後で，正しい形式を提示して指導する。 |

（資料）村野井（2006）pp. 106–109.

が表6である。この表はフォーカス・オン・フォームで学習者にどのような指導をしたらよいのかを具体的に示している。これらの指導技術は学習者のコミュニケーションの流れを妨げる度合が低いものから高いものへと順に配列している。

## (7) 文法の誤りとフィードバックについて知る

　生徒の発話に文法的誤りがあった場合，教師が誤りを訂正すると対話が続かなくなることがある。そのような場合に，生徒の発話をそのまま生かしながら，コミュニケーションが滞らないように，言語形式に焦点をあてたフィードバックを行う方法が次に示すリキャストである。暗示的なフィードバック（implicit feedback）のひとつである。リキャストによる方法は，誤りを直接訂正したり，文法的説明を行う明示的なフィードバック（explicit feedback）よりもフォーカス・オン・フォームにより近く，特に目標文などの事前に選択していた言語形式に対する誤りへの指導に効果的であると言われている（Elllis 2006, Muranoi 2000, 村野井 2006）。

Implicit feedback の例： リキャスト

```
NNS: Why he is very unhappy?
NS: Why is he very unhappy?
NNS: Yeah why is very unhappy? (Philp 2003)

NNS: Why he is very unhappy?
NS: Sorry?
NNS: Why is he very unhappy?
```
（資料）Ellis (2006) p. 99.

## (8) タスクによる文法指導とはどのようなものか

　高島（編著）(2005) は，次ページのように目標文の文法構造の習得に焦点を当てた言語活動を提案している。「タスクを志向した活動」から「タスク」まで生徒の言語使用の選択範囲が段階的に広くなる言語活動を工夫し，これらのコミュニケーション活動によって生徒が目標文の文法を身につけていくように計画している。

表7　文法項目別のタスクとタスク活動

| |
|---|
| コミュニケーション活動<br>・タスクを志向した活動（Task-Oriented Activity）<br>　与えられたモデル・ダイアローグや指定された文法構造を使用<br>　（例：会話例を用いて have to や must を使用する）<br>・タスク活動（Task Activity）<br>　2つ以上の文法構造を比較し，より適切な言語形式を選択して使用<br>　（例：have to や must を用いて旅行の行き方を伝え，確認する）<br>・タスク（Focused Task）<br>　特定の文法構造を使用して課題解決をする言語活動<br>　（例：have to, must, must not などを使ってアルバイト先の決まりを相手に<br>　伝え合い，2人でどちらかのアルバイト先に決定する） |
| （資料）高島（編著）（2005） |

## (9)　内容中心指導法（CBI：Content-Based Instruction）とは

　地理や歴史など他教科の内容を第二言語で教え，必要に応じてフォーカス・オン・フォームの指導を加える内容中心指導法について指導の例とその効果の一例をみたのが表8である。第二言語だけでなく，他教科の内容まで学び，4技能を総合的に習得でき，学習者に第二言語学習へのよい動機づけを与える可能性がある。表に示した指導は内容だけでなく，言語形式の習得にも効果的であったことがわかる。基本的な文法の指導を終えた段階での実施に限られるかもしれないが，タスクによる指導法のひとつとして検討に値する指導法である。

表8　内容中心指導法とその効果

| |
|---|
| ○米国の大学でイタリア語（第二言語）で地理の授業を実施。教師はネイティブも含めて3名。イタリア語での地理の教科書を使用。 |
| ・参加者：43名（イタリア語の授業は3期目。イタリア語専攻学生は少ない）。イタリア語の授業は大半が1年時から履修している。1年次の授業はCBIではないが，イタリア語で授業を行い，4技能を総合的に指導。 |

- 授業: 学習内容についての討論，タスク等を実施。毎週，125語のエッセイを2つ書くことなどの課題。1年次の授業と違い，文法の形式指導はない。問題が生じた時のみ文法の指導を実施（フォーカス・オン・フォームでの指導）。
- タスクなど: 全部で16課で各課に10–30分のタスク。グループで実施（例: イタリアの都市と郊外での生活の違い）。都市などの位置関係の把握と同時に英語の前置詞 "in / at" に相当するイタリア語の前置詞を復習。ワークブック: 約22頁（全83頁）は言語学習。テストでの点数は5%以下。
- ○テスト方法 3種類のタスク（第2週と第12週に実施）: 作文（イタリア社会について150語まで），クローズ・テスト（教科書から作成），オーラル・インタビュー（イタリア社会について4問: 上位，下位の計6名に実施）（採点基準: 作文は内容と文法の正確さ，クローズ・テストは時制や語形の誤りなどで部分点。インタビュー: 文法的正確さ）
- ○結果 2週目と12週目の平均値（すべてに有意差がみられた）

| | 2週 | 12週 |
|---|---|---|
| 作文（内容） | 21.98 | 49.42 |
| 作文（文法的正確さ） | 77.67 | 81.67 |
| クローズ | 53.14 | 60.34 |
| オーラル・インタビュー | 67.79 | 77.50 |

（資料）Rodgers (2006) pp. 373–386.
（参考）Nunan (2004), Van den Branden (ed.) (2006)

## (10) まとめ

　意味をおおまかに理解するためには文法はあまり必要ないかもしれないが，意味を正確に理解し，適切に伝えるためには文法力は欠かせない。文法指導を伝達能力の育成にどのように関係づけるかは今後も重要な課題である。フォーカス・オン・フォームの考え方を取り入れた指導を授業で行うようにしたいものである。文法指導は会話や例文の中で言語構造を理解させ，タスクを通した言語活動の実施が望まれる。言語形式の指導も含む内容中心の指導 (CBI) も今後その成果が期待される。

第2章 語彙・文法の指導について考える

## 7. コーパスは指導に何を示唆するか

### (1) 自然な英文の長さはどのくらいか

　英語の文はふつう何語くらいでできているだろうか。これがわかれば，生徒に難しい文を事前に知って，指導に役立てることができるだろう。表1の資料では，1文の語数（平均値）はだいたい20語近くである。テキストの型ごとにみれば，評論や論文などの情報文ではだいたい20語くらい，小説や文学などの想像文では10数語である。また，表2から，生徒は中学でだいたい6語くらいの文に接し，高校で12語くらいの文を多く学ぶことが予想される。これらの数値は，文の難しさの基準になるし，生徒がこれからどのくらいの英文を目標に学習していけばよいかについて参考になろう。

表1　テキストの型と文の長さ（平均）

| コーパス | 情報文 | 想像文 | 全体 |
|---|---|---|---|
| Brown* | 21語 | 14語 | 18語 |
| LOB** | 22 | 13 | 19 |

（資料）Johansson and Hofland (1989) p. 17.
（注）*: Brown Corpus（米語）/ **: The Lancaster-Oslo / Bergen Corpus（イギリス英語）。両コーパスとも語彙数は約100万語（書き言葉），総テキスト数は500.

表2　中学・高校の教科書などの文の長さ（平均）

| 中学* | 1 | 2 | 3 | 高校** | I | II | IIB | OMS<sup>+</sup> | TIME |
|---|---|---|---|---|---|---|---|---|---|
| | 4 | 6 | 8 | | 11 | 12 | 13 | 14 | 19 |

（資料）永原・君羅 (1990) p. 13.
（注）*: *Horizon*（1987年版）/ **: *Unicorn*（1988年版）/ <sup>+</sup>: *The Old Man and the Sea*（Ernest Hemingway）

## (2) 品詞の使用頻度はいつも同じか

　表3から，英文では名詞と動詞が使用語彙の40％以上を占めることがわかる。名詞と動詞は確かに大切である。しかし，テキストの型ごとにみると，情報文では名詞が多用され，想像文では動詞のほうが多い。また，代名詞も比較的多い。評論や科学記事などを読む場合には名詞により注目し，小説では動詞により注目した読み方が必要かもしれない。また，代名詞も想像文ではより重要になる。

表3　品詞ごとの語彙の割合（LOB Corpus）

|  | 名詞 | 動詞 | 限定辞 | 前置詞 | 形容詞 | 代名詞 |
|---|---|---|---|---|---|---|
| 情報文 | 27％ | 16％ | 13％ | 13％ | 8％ | 5％ |
| 想像文 | 20 | 22 | 11 | 10 | 6 | 13 |

（資料）Johansson and Hofland (1989) p. 15.

## (3) 受け身文はよく使われるか

　英語を書くときに，受動態と能動態のどちらで表現したらよいか，あるいは，受け身文をどのくらい多く使ってよいのか考えることがある。表4によれば，テキストの種類によって受け身文の使われ方は異なるようである。科学分野では1,000語で23回の割合であるが，1文を20語平均と推定すれば，50個の文で23回，46％の確率（だいたい2文で1回）で各文に受動態が使用されることになる。しかし，小説の場合は，1文の語数を13語平均とすれば，平均して約10％の文にしか受動態はみられない。

表4　受動態の出現頻度（1,000語における平均）

| 科学 | ニュース | 芸術 | スピーチ | スポーツ | 小説 | 劇 | 広告 |
|---|---|---|---|---|---|---|---|
| 23回 | 16 | 13 | 9 | 9 | 8 | 5 | 3 |

（資料）J. Svartvikの調査結果［Aijmer and Altenberg (eds.) (1991) p. 42］
（注）各テキストの語数：20,000語〜80,000語。

## （4）関係詞はどのように使用されるか

表5では，関係代名詞は一般に which, who, that, whose, whom の順に多く使われる。しかし，使用頻度が最も多い which でも 1,000 語につき 4 語程度でしかない。また，that は米語でよく使われ，which と whom は逆にイギリス英語でより多く使われる傾向がみられる。書き言葉では頻度の高い which や who の指導がより重要かもしれない。

表6では，関係節は全体的には情報文で多用されるが，非制限節については小説で，接触節は手紙文でいくぶん多く使用される傾向がある。接触節に

表5　コーパスと関係代名詞の頻度の相違（母数：約 100 万語）

| コーパス | which | who | that | whose | whom |
|---|---|---|---|---|---|
| Brown | 3,560 | 2,252* | 1,810 | 252* | 146* |
| LOB | 4,405 | 2,096 | 1,352 | 293 | 214 |

（資料）*：Kučera and Francis (1967) p. 260 / *以外：Johansson and Hofland (1989) p. 23, pp. 373–374.
（注）Brown: that 以外はすべて疑問詞の用法も含む。

表6　テキストと関係節の頻度（1,000 語ごと）

|  | that (R)* | wh (R)* | wh (NR) | no rel | Total |
|---|---|---|---|---|---|
| 社説 | 1.8 | 5.4 | 1.9 | 0.1 | 9.2 |
| 小説 | 0.7 | 2.1 | 2.2 | 0.1 | 5.1 |
| 手紙 | 0.5 | 1.1 | 0.3 | 0.2 | 2.1 |

（資料）Biber et al. (1994) p. 173.
（注）R：制限節，NR：非制限節，no rel：接触節。*：前置詞句（例：his seat *at the breakfast table*）のほうが頻度は高い（社説：38.2，小説：15.2，手紙：16.8）。

表7　関係節の文の数（『エデンの東』の場合）

| no rel | that | what | who | which |
|---|---|---|---|---|
| 34 | 13 | 9 | 5 | 0 |

（資料）小山内（1981）pp. 157–158.
（注）1,822 文中の関係節を含む文の数。

については,表7のように,特に,映画のシナリオで多くみられる。話し言葉では関係代名詞を省略する傾向が強いらしい。会話や日常表現の指導では接触節の指導がより大切になる。

### (5) コロケーションをコーパスでみる

たとえば,中学校でtoo～toの構文を指導する場合,表8のようなよく使われる語句と頻度がわかっていれば指導しやすい。生徒に適切な例文を提示したり,生徒の作った例文に新しい例文を加えてあげることもできる。

表8 too～to で最も多く使われる語

| late | 67 | much | 65 | young | 40 | easy | 38 | small | 27 |
|---|---|---|---|---|---|---|---|---|---|
| close | 26 | tired | 25 | weak | 22 | good | 21 | old | 18 |
| early | 17 | hard | 16 | busy | 15 | ready | 15 | dark | 14 |
| big | 13 | long | 12 | poor | 12 | proud | 12 | far | 11 |

(資料) Aijmer and Altenberg (eds.) (1991) p. 132.
(注) 例: too late to の頻度は1,000万語に67回(イギリス英語・書き言葉)。

### (6) 最もよく使用される句動詞 (phrasal verbs) について知る

句動詞は統語と語彙の両方に関わり言語習得で大切であるが,外国語としての英語学習者には習得が難しいものである。初級や中級の英語学習者は句動詞を使用することを特に控える傾向が強い。句動詞は英語らしい表現をする際にも大切であるが,どのような句動詞が最もよく使用されるであろうか。このような情報を知っておけば,生徒に重要な句動詞を教えることができる。次ページの表9はBNC (British National Corpus) で最も頻度の高い25の句動詞をその頻度数とカバー率とともに示したものである。この25の句動詞だけでBNCのすべて (12,508種類) の句動詞の総使用頻度数 (518,923) の30.4%を占めている。続く50位までで約43%,同じく100位までで約51%のカバー率であるという。表9に示した句動詞の指導が最も重要になる。

### (7) 品詞や書き言葉・話し言葉などで使用頻度の違う語はあるか

同じ語でも品詞によってはよく出会うものもあればあまり出会わない語も

第 2 章　語彙・文法の指導について考える

表 9　頻度数の最も高い句動詞と頻度数（BNC）

| Rank | Verb | AVP | # | Cum % | Rank | Verb | AVP | # | Cum % |
|---|---|---|---|---|---|---|---|---|---|
| 1 | GO | on | 14,903 | 2.9 | 14 | COME | on | 4,830 | 21.0 |
| 2 | CARRY | out | 10,798 | 5.0 | 15 | COME | in | 4,814 | 21.9 |
| 3 | SET | up | 10,360 | 6.9 | 16 | GO | down | 4,781 | 22.8 |
| 4 | PICK | up | 9,037 | 8.7 | 17 | WORK | out | 4,703 | 23.7 |
| 5 | GO | back | 8,065 | 10.2 | 18 | SET | out | 4,633 | 24.6 |
| 6 | COME | back | 8,029 | 11.8 | 19 | TAKE | up | 4,608 | 25.5 |
| 7 | GO | out | 7,688 | 13.3 | 20 | GET | back | 4,552 | 26.4 |
| 8 | POINT | out | 6,984 | 14.6 | 21 | SIT | down | 4,478 | 27.2 |
| 9 | FIND | out | 6,619 | 15.9 | 22 | TURN | out | 4,284 | 28.1 |
| 10 | COME | up | 5,523 | 17.0 | 23 | TAKE | on | 4,199 | 28.9 |
| 11 | MAKE | up | 5,469 | 18.0 | 24 | GIVE | up | 4,186 | 29.7 |
| 12 | TAKE | over | 5,420 | 19.1 | 25 | GET | up | 3,936 | 30.4 |
| 13 | COME | out | 5,022 | 20.0 | 100 | TURN | around | 423 | 51.4 |

（資料）Gardner and Davies (2007) pp. 358–359.
（注）Verb: 動詞の屈折形も含む（例 GO: go, goes, going, went, gone），AVP = adverbial particle, #: token frequency, Cum %: cumulative frequency percentage（累積頻度数の %）。

表 10　fine / minute の品詞別頻度

|  | 名詞 | 形容詞 |
|---|---|---|
| fine | 472<br>(3.7%) | 12,392<br>(96.3%) |
| minute | 7,840<br>(91.4%) | 739<br>(8.6%) |

（資料）石川 (2008) p. 29.
（注）BNC による。

表 11　would / might の頻度（100 万語あたり）

|  | 書き言葉 | 話し言葉 |
|---|---|---|
| would | 2,128<br>(1) | 2,892<br>(1.36) |
| might | 513<br>(1) | 715<br>(1.39) |

（資料）石川 (2008) p. 29.
（注）BNC による。

ある。たとえば，表 10 の fine と minute がその例である。fine の名詞としての使用頻度と minute の形容詞としての使用頻度は，順にそれぞれの語の全体の使用頻度の約 3.7% と約 8.6% であるという。

表11は婉曲助動詞のwouldとmightの使用頻度を書き言葉と話し言葉でみたものである。ともに，話し言葉での使用のほうが書き言葉での使用の場合よりも約40%近く多いことがわかる。このようなことを，指導に役立てることも必要であるが，「英語」の時間に生徒に話してあげるのも生徒にとっては英語学習へのよい動機づけになるかもしれない。

## (8) 学習者コーパスをどのように利用するか

コーパスというと母語話者の言語データと考えがちであるが，学習者の英語データによるコーパスもある。学習者コーパス (learner corpus) である。学習者コーパスはコーパス言語学の手法を用いて学習者の発話・作文データを大量に収集して，分析するものである（投野2003）。これらのコーパスで日本人のデータを主に扱ったものとして下記の学習者コーパスがある。これらのコーパスを使用し，分析することによって，日本人英語学習者の英語の特質が推測できる。たとえば，日本人英語学習者が英語の母語話者と比べて過少使用する語句や過剰使用する語句，あるいは回避方略などの言語使用方略の使用状況についても特徴を調べることが可能である。

JEFLL Corpus (Japanese EFL Learner Corpus)

- 投野（編著）(2007)
- 日本人中学生・高校生約1万人の自由英作文。
  中学校・高等学校の授業中に事前準備なしで，辞書も使用せずに，20分の時間制限で書かせた英作文。
- 総語数67万語。
- 初級・中級の学習者コーパスとして世界最大。英文中の日本語から独自の研究ができる。

NICT JLE Corpus (The National Institute of Informational and Communication Technology Japanese Learner English Corpus)

- 日本人英語学習者の話し言葉データ。
- SST (Standard Speaking Test) 全米外国語教育協会 American Council on the Teaching of Foreign Languages (ACTFL) が開発した口頭言語能力測定のインタビュー (Oral Proficiency Interview: OPI) に基づくテスト。
- SSTにおける試験官と1,300人の日本人受験者の発話データ（文字に書き

起こしたもの)。
・SST を実施するアルク社と独立行政法人情報通信研究機構で共同作成。
・和泉他 (2004) の書籍に付属の CD-ROM で入手可能。

　これらの他に，日本人大学生の学習者コーパスとして NICE (http://sugi-ura5.gsid.nagoya-u.ac.jp/~sakaue/nice/download.html) がある。総語数約 7 万語で，2008 年 10 月に無償で公開されている。
　なお，学習者コーパスについては，齊藤・中村・赤野 (編) (2005) の第 12 章「コーパスと英語教育」(pp. 250–265)，グレンジャー (編著) 船城・望月 (監訳) (2008)，Salsbury and Crummer (2008) などの具体例が豊富で参考になる。

### (9)　コーパスを生徒の英語学習に使わせることはできないか

　コーパスを利用した学習は Data-Driven Learning (DDL) (「データ駆動型学習」) と呼ばれている。次の例は "liable *in* something" と "liable *for* something" の用法の違いをコンコーダンスを用いて学生たちがグループで調べたものである。学生はルクセンブルク (Luxembourg) 大学の法学部の学部生約 20 名である。学生たちは解答結果のように両者の語法の違いを自分たちで発見している。語法に限らず，また，中学生に対してもたとえば 3 人称単数現在の文法事項について例文から規則を見いださせるようにすれば導入のよい例になると考えられる。

(課題)

| | |
|---|---|
| pany, the plaintiffs were | liable for losses sustained under a contract negotiated |
| ss. For the council to be | liable in negligence for the death of Una, it must first b |
| w that Dudtools plc are | liable for the defective rake. One should first look to t |
| A defendant will not be | liable in tort unless it can be shown that his tortious cc |
| phne or Freda could be | liable for the torts relating to unlawful interference wit |
| use of force. Max will be | liable for the full extent of Neil's injuries - it is immate |
| loyer will be vicariously | liable for the torts of his or her employees committed |
| g, employers will not be | liable for torts of their independent contractors, In Me |
| ms, he may find himself | liable in damages if he subsequently breaches the cont |

(資料) Weber (2001) p. 19.

(学生たちの解答)

> [O]ne is liable *in* an area of law under which one might be accused (liable in tort, in negligence) or *in* something that one may have to do in future (like paying damages), but one is liable *for* something that has taken place in the past (like committing a tortious act).

(資料) Weber (2001) p. 19.

　日本の大学では，たとえば中條・西垣・内山・山﨑 (2006) が CALL 授業に日本語訳のついた日英パラレルコーパスを活用する DDL を取り入れた報告をしている。シートにある英単語の意味や用法を調べることなどが主なタスクを構成している。学生の授業に対する感想の中には，「自分で調べて学習するから頭にしっかりはいる」「集中的に英語を学習できた」などの授業に対しての肯定的な見解が多い。

## (10) ま と め

　コーパスを利用した研究は，現代英語のさまざまな側面について興味深いデータを示してくれる。コーパスから英語の自然な用例と語法や頻度を知ることができる。話し言葉や書き言葉の文法に焦点を当て，例文から文法規則を気づかせる指導も必要になろう。また，中学校，高等学校，大学で生徒や学生が学ぶ英語の語彙や文法をコーパスでみていくことも教室での指導には有益であろう。

第3章
# 4技能の指導について考える

中学校や高等学校では，聞くこと，話すこと，読むこと，書くことのバランスのとれた指導が必要になっている。そのためには，個々の技能とその指導方法について理解を深めておく必要がある。たとえば，聞く力はどのような能力から成り立っているのか。そのような能力の指導はどのようにするのか。聞くこと，話すこと，読むこと，書くことの順に教室での具体的なデータをみて，指導内容・方法について考えてみたい。音読やシャドーイングなどの研究成果や脳科学の知見も加えて指導を多面的にとらえたい。

第3章　4技能の指導について考える

## 1. リスニング活動を活発にする条件は何か

### (1)　4技能の中で最も多く用いられる技能は何か

　表1では，リスニングが成人の日常の言語使用で最も多くの時間 (45%) なされている (テレビの視聴時間は含まれていない)。聞くことに半分近くの時間をかけていることになる。リスニングは最も重要な技能である。

　しかし，リスニング指導はこれまであまり重視されてこなかった。たとえば，「オーラル・コミュニケーションB」の実施以前，「英語ⅡA」(聞くこと・話すこと) は，1988年では全国の高校の 2.3% しか実施されていない。現在では，大学入試センター試験の「外国語 (英語)」にリスニングが導入されたこともあり，高等学校でリスニング指導を行う学校はかなり多くなったようである。

### (2)　聞くことは読むことよりどのくらい難しいか

　英語を読むことはできるが聞くことは難しいとよく言われる。実際，聞くことは読むことと比べてどのくらい難しいのであろうか。表2はこれを調べたデータである。生徒は読んで完全に理解できるものでも聞くとだいたい 65% ぐらいしか理解できないことがわかる。したがって，聞いて半分以上わかる教材を与えるためには，読んで 80% 以上わかるものを選ぶ必要がある。また，聴覚語彙 (聞いてわかる語) 数をふやして，表2の比率を同じくらいにすることも課題である。

### (3)　聞く力はどのような能力から成っているか

　聞くことは読むことより難しいとすれば，聞くことにはどのような能力が関わっているだろうか。リスニング力の構成要素がわかれば，指導の際に参考になる。表3はこの問題を調べようとした調査結果である。結果は聞く力の複雑さを示している。リスニングは，語彙，文法，音韻などの知識を同時に活用して，瞬時に言語処理を行うきわめて能動的な力である。中でも，状

表1　使用される4技能の割合

| 聞くこと | 話すこと | 読むこと | 書くこと |
|---|---|---|---|
| 45% | 30% | 16% | 9% |

(資料) P. T. Rankin の資料 (Zappolo 1981 p. 31)。

表2　読むことと聞くことの正答率（平均）の比較

|  | 読むこと | 聞くこと | 比　率 |
|---|---|---|---|
| (A) 単語　(119 語) | 66% | 43% | 1 : 0.65 |
| (B) 文　　(16 個) | 95 | 61 | 1 : 0.64 |

(資料) A: 岩本 (1993) p. 98,　B: 田鍋 (1986) p. 2.
(注) A: 被験者 中学3年40名，材料: 1, 2年の既習語。
　　 B: 被験者 中学3年50名，材料: 2年の文 (170 wpm)。

表3　聞く力とその構成要素との共通性 (%)

|  | 音素 | 文法 | 弱形 | 語彙 | メモ | 予測 | 記憶 | 推理 |
|---|---|---|---|---|---|---|---|---|
| 共通性 | 6% | 8% | 26% | 29% | 29% | 32% | 34% | 34% |
| 項目数 | 50 | 25 | 25 | 77 | 21 | 41 | 61 | 26 |

(資料) 高梨 (1982) pp. 7–11.
(注) 共通性: リスニングテスト (30問) と各構成要素のテスト間の相関係数の2乗 (%)。テスト: すべて音声テスト。音素: 音素識別テスト。語彙: 意味を日本語で書く形式。被験者: 大学生62名。1981年の調査結果。

況などの推理，前後の語句の予測，重要語の抽出（メモ）が内容理解との共通性が多く，リスニング指導で大切である。文の短期記憶の役割も大きく，音声変化（弱形）の識別も共通性が比較的高い。これらの情報は，個々の生徒の苦手なところを見つけて重点的に指導したり，共通性の大きな構成要素を中心に練習させる際に基礎資料として利用できるかもしれない。

### (4)　スピードとポーズはどちらがより影響するか

表4では，ポーズは理解を促進するが，スピードは影響しない。Normalと Slow のスピード差が小さいし，生徒の聞く力や背景的知識の度合を考慮

表4　スピードとポーズの効果（平均正答率）

|  | Normal (200 wpm) | Slow (185 wpm) | Pauses |
|---|---|---|---|
| A群（36名） | 59% | 55% | 71% |
| B群（70名） | 58 | 55 | 69 |

（資料）Blau (1990) p. 749.
（注）A群：ポーランド人学生，B群：プエルトリコ人学生

表5　文の長さ（語数）と書き取りの成績（正解率）

|  | 5語 | 6語 | 7語 | 8語 | 10語 | 13語 |
|---|---|---|---|---|---|---|
| 上位群（11名） | 67% | 61% | 59% | 49% | 34% | 27% |
| 下位群（11名） | 64 | 33 | 40 | 34 | 26 | 17 |

（資料）高橋他 (1988) p. 6.
（注）被験者：5語，6語，13語の場合は合計10名（学生）。文の数は，各長さで2〜10個。

していないので，一般化はできないが，河野（1984 p. 12）も言うように，適切なポーズの頻度はスピードを遅くするよりも理解を促進するかもしれない。最も効果的なのは，句などの意味のまとまり（chunk）ごとにポーズを置くことであり，文や語の切れ目ごとにポーズを置くのは聞き取りにくい。句ごとにまとめて聞いたり，音読する練習が有効になる。

## (5)　長い文ほど聞き取りにくいか

　表5から，文の長さ（語数）が聞き取りやすさにかなり影響することが推測できる。大学生でも，5–7語文以上だと正解率は，50%以下である（10語文では平均30%の正解率）。中学校の英語教科書（昭和55年版5社15種）の文の長さは，平均4.4–7.6語（中山1988 p. 54）で，『セサミストリート』の場合は6.5語（竹蓋1989 p. 20）である。音声変化などを別にすれば，聞いてすぐに頭に入る語のまとまり（文）はこのくらいの語数であろうか。

## (6)　視覚情報は本当にリスニングに有効か

　映像や絵などの視覚情報は，生徒の聞き取りを容易にする場合に限って有

表6　視覚情報の提示順序（事前・事後）と効果

|  | Visual Before | Visual After | No Visual |
|---|---|---|---|
| 上位群 | 14.37（25名） | 11.67（24名） | 11.50（27名） |
| 下位群 | 9.78（44名） | 7.96（40名） | 5.25（39名） |

（資料）Mueller（1980）p. 338.
（注）被験者：米国空軍士官学校のドイツ語学習者。Visual：略画による文脈情報（場面，登場人物，人間関係など）。方法：録音（約300語のインタビュー）テープの聞き取りと内容の要約（筆記）。

効である。表6の実験では，文脈が理解しにくいインタビューの概要理解を扱っている。この場合，理解に必要なスキーマを，略画で適度に与えている。事前に与えたほうが効果的で，特に下位の学生に有効である。理解をすすめるための枠組みを視覚情報によって得ることができたためかもしれない。

　視覚情報の有効性は，生徒の能力，テキストの種類や難易度，提示方法，タスクの種類などによって異なる可能性がある（Rubin 1994 pp. 204–205）。ビデオや絵の利用が常に有効であるとするよりも，どのような種類のものをどのような目的でどのように活用するかを考える必要があろう。

## (7) ま と め

　リスニングを容易にするためには，50%程度あると言われる英語の余剰性を活用して，大切な内容の部分をよく注意して聞き，前後の内容をできる限り予測・推理していくことであると言われる。しかし，予測・推理を円滑にするためには，リスニングを指導する際には視覚情報の適切な提示やポーズの置き方にも工夫が必要である。学習意欲の喚起や学び方の指導についても課題である。

第3章 4技能の指導について考える

## 2. リスニング指導で大切なことは何か

### (1) 音声にふれる機会を多くする

英語を聞くことは話すことより難しいと言われることがある。聞く場合は，相手のペースに合わせて，内容を短時間に理解しなければならない。表1は，英語を聞き取る場合に，どのような力が関与するかを示唆している。聞き取りには，音声の識別，文法関係などの把握，背景的知識にもとづく内容理解などが必要になる。聞くことの指導では，より多く音声にふれる機会を生徒に与え，これらの力をバランスよく指導することが大切であろう。

表1　Listening Ability の構成要因

| |
|---|
| ・Perception（音声の識別・語の認知）<br>・Analysis（文法，語句のまとまりの同定）<br>・Synthesis（スキーマの利用。言語的手がかりと非言語的手がかりを関係づけること） |
| （資料）Rost（1991）p. 4. |

### (2) 聞き方の指導をする

聞く機会を多くすることに加えて，聞き方の指導を行うことも大切である。表2は，5分間のビデオ視聴を4日間行い，聞き方の指導をした結果である。A群とB群には差はみられなく，これら両群とC群の間には daily tests で2度差がみられたのみであったが，聞き方の学習には実験期間が4日間で短く，テストの問題数も少なかったことを考慮すれば，全体的には指導効果がうかがえるであろう。聞き方の指導をすることも課題である。

### (3) 映像の活用を工夫する

表3では，音声だけで，中位群・下位群は約50％，上位群は70％理解している。映像がこれに加わると，中位・下位で約10％理解度が増すが，上位

表2 聞き方（ビデオ視聴）の指導とその効果

|  | selective attention* | note-taking | cooperation+ | tests post | daily |
|---|---|---|---|---|---|
| A群 | ○ | ○ | ○ | 63% | 71% |
| B群 |  | ○ | ○ | 63 | 72 |
| C群 |  |  |  | 56 | 63 |

（資料）O'Malley (1987) p. 140.
（注）実験群：A (27名), B (26名), 統制群：C (22名)。*：内容・構造上の重要表現（例：first, second, ...）に注目させる。+：生徒同士でメモの正しさを確認させる。○：指導あり。post tests：13項目, daily tests（4回：8項目と9項目を各2回, いずれも聞き取りテスト）（数値は正答率の平均）。被験者：アメリカのESL高校生。

表3 群ごとの視聴条件別の理解度（平均）

| 視聴条件 | | | 被験者群 | | |
|---|---|---|---|---|---|
| 音声 | 映像 | 字幕 | 下位群 | 中位群 | 上位群 |
| ○ |  |  | 50% | 52% | 69% |
| ○ | ○ |  | 62% | 60% | 69% |
|  | ○ | ○ | 67% | 78% | 82% |
| ○ | ○ | ○ | 70% | 75% | 80% |

（資料）亀井・広瀬 (1994) p. 6.
（注）被験者：大学生464名（等質12群）。理解度テスト：合計40問（3形式）（平均正答率で表示）。

群では変わらない。映像と字幕では，特に，中位，上位群で10%以上理解度が増している。これは，音声，映像，字幕を併用した場合と差がない。特に下位の学生には映像が効果的で，文字情報は上位，中位の学生に効果的であるかもしれない。

(4) 聞きやすいスピードを考える

　リスニングの理解度はスピードにも依存する。表4はスピードが異なる録音を聞いて被験者が聞きやすさを評価した結果である。この調査結果では，

第3章 4技能の指導について考える

表4 スピード（WPM）の範囲と聞きやすさ（1〜5）

|   |   | 1 | 2 | 3 | 4 | 5 |
|---|---|---|---|---|---|---|
| NS | (A) | 46–83 | 106–128 | 160–200 | 229–241 | 266–349 |
|    | (B) |       | (93–121) | (122–213) | (206–248) | (421) |
| JP | (A) | 46–83 | 106–128 | 160–200 | 229–241 | 266–349 |
|    | (B) |       | (93–135) | (122–169) | (140–228) | (206–421) |

（資料）Taniguchi (1990) p. 103.
（注）1〜5: 1 (the slowest, uncomfortable to listen), 3 (normal speed, comfortable), 5 (the fastest, uncomfortable)（平均値を四捨五入）。評価者：NS（ネイティブ23名），JP（英語専攻の日本人短大生176名）。
A：同じ文章をネイティブ14名が読んだ場合（平均 WPM 179）。
B：17の映画などの録音の場合（平均 WPM 167）。

許容できる（聞きやすい）スピードの範囲（2〜4）は，書かれたものを読んだ場合（A）でも，生の録音結果の場合（B）でも，ネイティブの判断も日本人学生の判断もだいたい同じ（100 WPM〜240 WPM）数値である。しかし，日本人学生にとっての聞きやすい範囲（3）は，生の録音結果については，122 WPM〜169 WPMの範囲であるので，この数値が一般的であれば，この程度の教材のスピードが日本人学生には理想的であろう。

(5) ま と め

聞くことは，内面的には能動的な活動であるとよく言われる。しかし，「聞く」ことが能動的な活動になるためには，聞く動機を生徒に与える必要がある。聞き方の指導やタスクの与え方，映像や文字の提示条件，教材の適切な音声スピードなど聞くことの指導についての研究課題は多い。

第3章　4技能の指導について考える

## 3. 音声指導の基礎を考える

### (1) 聞き間違いやすい音はどのようなものか

　英語のリスニングでは，文脈や場面から内容を予測できれば，個々の音の識別は概要把握にはそれほど関係がない（音素識別とリスニング得点の相関は.30くらいである）。しかしながら，音の識別練習は個々の音の発音指導の基礎になろう。表1（日本の大学生62名を対象に実施した著者の調査結果）の正答率の低い組み合わせは子音の識別が比較的多い。識別と発音はいくぶん異なるが，これらの数値は発音指導の参考資料になろう。

表1　聞き間違いやすい語の組み合わせ

| 母音（正答率） | | 子音（正答率） | |
|---|---|---|---|
| send-sand | (29%) | some-sung | (6%) |
| boat-bought | (31) | seeds-sees | (15) |
| heard-hard | (71) | clothing-closing | (26) |
| till-tell | (74) | run-rung | (31) |
| luck-lock | (74) | lead-read | (35) |
| pool-pull | (76) | path-pass | (35) |
| cut-caught | (84) | year-ear | (39) |
| hat-hot | (90) | vase-base | (44) |
| leave-live | (92) | putting-pulling | (60) |
| burn-born | (98) | chain-Jane | (61) |
| cup-cap | (100) | cat-cats | (66) |
| （平均） | (74.5%) | them-then | (71) |
| | | hall-fall | (76) |
| | | seat-sheet | (92) |
| | | （平均） | (46.9%) |

## (2) 発音の個人差はどのように生じるか

表2は，よい発音の獲得に関わる要因を整理したものである。よい発音を身につけるためには，よい話し言葉により多く接すること，よい発音への動機・関心を高めることが特に必要になろう。

## (3) 発音指導の方法を考える

表3では，発音指導の方法として，個々の音の発音練習のほかに，コミュニケーション活動，個別学習も含めている。発音指導では，個々の音の正確

表2 よい発音の獲得と個人差の要因

| |
|---|
| 母語（語彙，文法への影響より大で，持続的） |
| 年齢（若いほどよいが，15歳以降でも可能） |
| 接触時間（話し言葉の質，接触頻度も影響） |
| 音声への適性（音声の模倣，発音への適性） |
| 英語（国民）への態度（好意的態度，性格も関係） |
| よい発音への動機・関心（発音指導で最も重要） |
| （資料）Celce-Murcia and Goodwin (1991) p. 137.<br>（参考）Swan and Smith (eds.) (1987) pp. 213–215 には，日本人の誤りやすい発音などが整理されている。 |

表3 発音指導の方法

| |
|---|
| ・Contextualized exercises and drills<br>　（例）hair, elbow, lips, finger, shoulder, arms, legs, heel, throat... (/r/ と /l/ の練習)<br>・Communicative activities<br>　(a) interviews, (b) speeches, (c) role-playing and dramatization<br>・Individualized practice<br>　(a) audiotaped dialog journals, (b) LL, (c) tutoring |
| （例）(a) 教師や ALT との tape 録音による対話（生徒の英語力の伸びや問題点の記録にもなる）。<br>（資料）Celce-Murcia and Goodwin (1991) p. 139–146. |

な発音練習を基礎にしながら，伝達可能性を基本的な指導目標において，継続的な指導を行う必要があろう。

## (4) Dictation の仕方を工夫する

　Dictation は，音声と文字を同時に学習させる利点がある。表4のように，記憶範囲をいくぶん超える10語前後の文（文節）をまとめて聞いて書かせる方法は，書く前に文全体の内容理解が必要になるのでリスニングの指導にも有益であろう。聞き取った語句を手がかりに英文を組み立てる作業はスピーキングとも関係があるようである。内容理解を基礎にしたこのようなdictationの活用は文字を離れた音声理解への橋渡しになろう。

## (5) 教科書の対話文を活用する

　表5（次ページ）は，生徒（中学1年）が教科書の対話文を自分たちで補い，発表した結果を部分的に示したものである。生徒が対話の台詞を付け加えていく箇所を教師が示して台詞を作りやすくしている工夫のほかに，既出の繰り返し使うことのできる語句，場面（表現）（R）を生徒にさがさせ台詞に付け

表4　Dictation の実施例と他技能との関係

| |
|---|
| 〈対象: 短大英語科学生2年生25名*〉 |
| 〈実施方法: dictation〉 |
| ・文: 8–15語の単文（計20題） |
| ・方法: 文または文節単位での書き取り |
| ・発話速度: 140 wpm |
| ・聞く回数: 各文1回 |
| 〈結果: 他の技能との関係（相関）〉 |
| ・Listening Test（JACET作成 Form A, B）　　.703 |
| ・Speaking Test（Interview）　　.692 |
| ・Cloze Test（7語ごとの空所補充）　　.631 |

（資料）板倉・大里・宮原（1985）pp. 10–13.
（注）*: 355名より無作為抽出。学生はLL，英会話を履修している。採点は，各文0, 3, 5点で採点。
（参考）dictation の豊富な活用例には，Davis and Rinvolucri（1988）がある。

### 第3章　4技能の指導について考える

**表5　生徒が教科書に加えて作った対話文**

| |
|---|
| Junko: What's this?（アルバムをみながら）<br>Mike: It's a tree.<br>Junko: A tree?<br>Mike: Yes. It's a big tree.<br>Junko: A big tree? (R) It's like a tunnel.<br>Mike: It's a very, very big tree. (R)<br>Junko: How big!<br>Mike: Well, look at this, Junko. (F) This is my father. This is my mother.<br>Junko: Who's this! Your grandfather?<br>Mike: No. It's my uncle. He is a high school teacher. |
| （資料）伊藤（1991）pp. 24–26.<br>（注）下線部：生徒が加えた文，(R)：繰り返しの表現，(F)：つなぎ言葉（Well）を使った文，教科書：*New Horizon English Course* 1（東京書籍）。 |

加えさせている点が特に興味深い。同じ言葉を繰り返して言いたいことを強調したり，相手の言った言葉を繰り返して，相手に話させる repetition の伝達方略がみられる。また，つなぎ言葉（F）も加えさせて，実際の対話に近い形にしている点も興味深い。このような指導は話すこととともに聞くことの練習にも関わり，コミュニケーションにつながる音声指導と言えよう。

### (6) ま と め

音声指導は，文字指導とくらべて，生徒ひとりひとりの到達度がみえにくいので，指導がより困難である。発音指導，音声と文字の両面からの指導，会話の指導など，具体的な指導法，評価の工夫がより必要になる。

第3章 4技能の指導について考える

## 4. リスニングのプロセスをどのように指導するか

### (1) リスニングでは実際に何が問題になるか

　リスニングではどのような困難点があるのだろうか。表1はリスニングで実際に生じた問題点について整理したものである。
　聞いて内容を理解するためには，まず音の知覚（perception）が基礎になる。文字でみれば意味がわかる単語や語句でもリスニングでは認知が難しいことがある。聞いてわかる聴覚語彙が不足していること，音声変化に対応できないことなどが原因である。意味を考えていて後に続く部分の聞き取りができなくなることもよくあることである。未知語や理解できないところについて

表1　EFL学習者のリスニングの問題点

| |
|---|
| 知覚（perception） |
| ・知っている単語でも識別できない。（22名）* |
| ・意味を考えていて次の部分を聞き逃す。（17名）# |
| ・発話の流れをまとまりとしてとらえられない。 |
| ・テキストの最初の部分を聞き逃す。 |
| ・集中しすぎか集中できない。 |
| 分析（parsing） |
| ・聞いたことをすぐに忘れる。（26名）* |
| ・聞いた単語から内容をイメージできない。（11名） |
| ・前の部分がわからないので後に続く部分もわからなくなる。 |
| 利用（utilization） |
| ・単語がわかっても発話の意図がわからない。（21名）+ |
| ・何が重要なことなのかがわからない。 |

（資料）Goh (2000) p. 59.
（注）被験者：中国人EFL学習者40名（平均年齢19歳）。資料：リスニング授業における毎週の自己報告（weekly diary）など。*：上位群・下位群（各8名）の共通の問題点。+：上位群特有の問題点，#：下位群特有の問題点。

考えているうちに次の部分を聞き逃すことである。

　音の流れを認知できる語に分けて，まとまりとしてとらえることも大切である。入力情報の分析（parsing）である。単語や文を聞いて理解しても，聞いた内容をすぐに忘れてしまうことがある。新しい入力情報の処理に追われて，理解した内容を長期記憶に貯蔵できない場合である。発話の流れをまとまりとして分析し，有意味な深い処理を行う必要がある。また，聞き取った単語から，文や内容についてまとめることも大切である。キーワードや内容語の聞き取りが不十分で自分の知っている単語や聞き取れた単語しかわかっていない場合は問題である。

　背景的知識や理解した単語の意味や文脈などの利用（utilization）によって発話の意図を推測することは重要である。単語がほとんどわかっても聞いた内容が理解できない場合がある。上級者の聞き取りでの問題である。語や文がわかっても内容が理解できないのは内容自体がわからない場合や文化になじみがないことにもよる。

　音声知覚能力が十分自動化されていない場合，入力情報の分析が浅く，意味をまとまりとしてとらえられない。聞いた内容を長期記憶に送ることも難しく，新しい入力情報が次々に入り，短期記憶も限界で，背景的知識や文脈や得られた情報の活用も困難である。リスニングでの言語処理はこのような困難点を含んでいる。

(2)　リスニングの方略とはどのようなものか

　リスニングでどのような方略がより多く採用されているだろうか。この問題を think aloud 法で調べたのが次の研究である。被験者はカナダの中学生で，メタ認知方略と認知方略の使用についてリスニング・テストの上位群と下位群での比較を行っている。結果は表に示したように，リスニングが得意な生徒は苦手な生徒と比べて，特に内容理解のためのモニタリングでメタ認知方略をより多く使用している。また，認知方略の使用については全体で差はみられなかったが，上位群においては内容について問いかける認知方略の使用がより多い。逆に，母語への翻訳を行う方略についてはリスニングが苦手な生徒のほうがずっと多い。母語への翻訳によるリスニングでは入力情報の処理が追いつかず，言語処理も浅くなり，短期記憶も過多になり，聞いた内容は長期記憶に残らない。これに対して，内容について問いかけ，理解を

確認・評価していく方略はリスニング・タスクをより活性化し，より深い言語処理につながる可能性がある。生徒がリスニングの目的を十分理解し，自分のリスニングについてモニターし，評価していく指導が必要であることを示唆している。

表2　リスニングにおけるメタ認知方略と認知方略の使用

- 被験者：カナダでフランス語（第二言語）を学ぶ中学生（12–13歳）36名
- 教材：実際の聞き取りの中での聞き取りの方略を調べるために，3種類の短い（45–60秒）生のテキストを聞かせた。
- データ収集法：think-aloud法（訓練を行い実施）。
- 事前テスト：多肢選択式のリスニング・テスト（結果によって被験者を上位群：18名，下位群：18名の2群に分割）
- 実験内容：所定の自然な区切りでテープを止めて，考えていたことについて報告し，テキスト，報告内容，調査者からの指示を録音。
- リスニング方略の分類
　メタ認知方略：リスニング・タスクを遂行するための計画・評価
　認知方略：語彙・内容の推測，背景的知識の利用，イメージ化，要約，翻訳，反復を行うこと。
　社会的・情意的方略：相互作用活動・情意面での統制
- 結果：① 上位群・下位群ともにメタ認知方略と認知方略を広範囲に使用していた。② 上位群のほうが特に理解のためのモニタリング（comprehension monitoring）（理解内容のチェック，確認，評価）を主にしてメタ認知方略の使用により積極的であった。③ 上位群のほうが聞いている内容について自ら問いかける認知方略（questioning elaboration）をより多く使用していた。④ 下位群のほうが母語への翻訳による内容理解の方略を採用する傾向が顕著にみられた。

（資料）Vandergrift (2003) pp. 463–496.

なお，Vandergrift, Goh, Mareschal, and Tafaghodtari (2006) では，カナダなどの大学生（512名）にリスニングのメタ認知方略の知識と使用について質問紙調査を行い，その結果を因子分析し，問題解決（problem-solving），計画（planning），翻訳（translation），学習者関係（person knowledge），注意（attention）の5因子を抽出し，これらの5因子でリスニング・テストの得点（分散）を約13%説明できることを示している。このことはリスニングにおけ

るメタ認知方略の役割が重要であることを示唆している。

表3　リスニングに関するメタ認知方略の例

| Type scale | Strategy or belief / perception |
| --- | --- |
| problem solving | I use my experience and knowledge to help me understand. |
| planning | Before I start to listen, I have a plan in my head for how I am going to listen. |
| translation | I translate in my head as I listen. |
| person knowledge | I don't feel nervous when I listen to French. |
| attention | I focus harder on the text when I have trouble understanding. |

（資料）Vandergrift, Goh, Mareschal, and Tafaghodtari (2006) p. 462.
（注）person knowledge: 自分のリスニング学習の能力などについての見方。

## (3) Bottom-up Primacy のリスニング・タスクはどのようなものか

　リスニングでは文脈からの推測によるトップダウン処理の指導も大切であるが，実際に音声をどのように聞き取るかというボトムアップ処理の指導も欠かせない。内容についての推測でも音声の正確な聞き取りが基礎になるからである。語句の正確な聞き取りの練習にはディクテーションが有効であるが，リスニングでは聞き取る内容の意味理解も大切である。そのためには聞いたテキストを理解して復元する dictogloss が効果的であるが，表4に示したように，復元したテキストと元のテキストを比較し，その相違に注意（noticing）させ，聞き取りの困難点を発見させるタスク形式の指導法が考えられる。ボトムアップ処理能力を向上させ，トップダウン処理につながる適切な方法である。タスク形式で意味も大切にするところが従来のボトムアップ処理に軸を置いた指導と異なる点が興味深い。

　リスニングの指導はテストをするだけで終わることが多いので，プロセスの指導が大切である。リスニングの難しさは自分の聞き取れた少数の単語で聞いた内容のイメージをふくらませてしまうことである。たとえば，"went to assist a passenger." から "sister" を聞き取り，誰かの sister について想像

表4　Discovery Listening の方法

| |
|---|
| 1. テキストのリスニング（listening）<br>① ノーマルスピードで短いテキストをメモをとらずに聞く。<br>② 理解度を自己評価する。<br>③ メモをとりながら，さらに2回聞く。<br>2. テキストの再生（reconstructing）<br>④ 小グループで各自のメモをもとにテキストを復元する。<br>3. リスニングの問題点の発見（discovering）<br>⑤ 復元したテキストと元のテキストを比べてリスニングの問題点の原因を分類する。<br>　・What problems did you have?（Circle the problem words above, and write a, b, c, d, e, or f beside them）<br>　　［a］I couldn't hear which sound it was.　［b］I couldn't separate the sounds into words. …． ［f］Other problems.（write on the back）<br>⑥ 内容理解を最も困難にさせた語句を選び，その重要度について整理する。<br>　・Which of these words or phrases caused you most difficulty in understanding the general or overall meaning?）（Write here）<br>　・When you read it, do you have any trouble understanding it? No / Yes（If yes, write the problem on the back of the page）<br>⑦ テキストを見ずに再度聞く。自分たちの自己評価をする。<br>　・Can you hear and understand clearly now?（Almost nothing / Less than 40% / About 50% / More than 60% / Almost all.） |

（資料）Wilson（2003）pp. 335–343.
（注）1, 2 のワークシートの指示は省略し，3 の指示のみ示した。

して，その後を聞いていくことなどである。このようなリスニングの問題点については，次ページの表5の Lexical Segmentation に示すように，ディクテーションを行い，音の流れの中で類似した音声をより明確に対比し，語の境界の認知の大切さを意識させることである。日常のリスニングと同じように，不自然なポーズのない英語の短文を聞かせ，書き取らせる作業である。そうすることによって生徒のリスニングの困難点が鮮明になり，指導がしやすくなる。また，Native Segmentation Strategy の練習は強勢の置かれた音節の識別によってネイティブが語の境界を認知していくことに基づく方法である。これは，自然な流れの発話で強勢の置かれた音節を書き取らせ，その

語を考えさせることやボリュームを落としてよく聞こえる音節のみ書かせ，語の境界の意識化をはかる練習である。これらのほかに音声変化に関わる問題点についての練習があるが，いずれも知覚と内容理解に注意した語の識別練習で，聞き手の視点から音の特徴に意識を向けたディクテーションである。

表5 Lexical Segmentation とリスニング指導(例)

- **Lexical Segmentation**
  ○"an ice cream" の dictation の直後，"a nice cream dress" のように文脈を与えた dictation を行い，segmentation を意識化させる。
- **Native Segmentation Strategy**
  ○"porter", "portable" の PORT, PORTER を聞いて，それぞれ "porter", "portable" と聞き取れるように（強音節の部分から語を聞き取れるように）指導していく。
- **音声変化に対する指導**
  ○assimilation: e.g. *ten people* → *tem people* など。

(資料) Field (2003) pp. 325–333.

## (4) ま と め

　リスニングの指導はリスニング・テストであることが多い。適切なリスニングの指導を行うにはリスニングのプロセスについて指導する必要がある。音声による入力情報を自動化し，内容理解を容易にするためには自然な状況での音声知覚の練習を十分行うことである。また，リスニングのメタ認知方略の指導も加えるとよい。ボトムアップ処理の十分な指導に基づくトップダウン処理の指導がリスニング指導の課題である。

第3章　4技能の指導について考える

## 5. スピーキング指導の背景を探る

### (1) リスニングができればスピーキングもできるか

　英語をたくさん聞けば話せるようになるとよく言われる。表1は，フランス語学習の場合であるが，リスニングができればスピーキングもできる傾向がだいたいあることを示唆している。しかし，両者の共通性（46%）は意外に少ない。ライティングとスピーキングとの共通性（42%）とほぼ同じくらいである。スピーキング指導では，リスニングやライティングなどの指導と関連させながら，スピーキング独自の指導が必要になる。

### (2) どのくらい練習すれば話せるようになるか

　話す力をつけるのは時間がかかる。どのくらい時間をかけて練習をすればよいだろうか。表2は，初級，中級，上級の各レベルにゼロから到達するま

表1　スピーキングと他の技能との関係（N=1,170）

|  | Listening | Writing | Reading |
|---|---|---|---|
| 相　関 | .68 | .65 | .58 |
| 共通性 | 46% | 42% | 34% |

（資料）Carroll (1972) p. 91.
（注）共通性：相関の2乗（%），被験者：米国人学生。

表2　スピーキング力のレベルと到達所要時間平均

| レベル | 初　級 | 中　級 | 上　級 |
|---|---|---|---|
| （説明） | 文の発話 | よく話せる | 議論できる |
| 語彙数 | 約1,000語 | 約2,500語 | 約4,000語 |
| 所要時間 | 約250時間 | 約800時間 | 約5,000時間 |

（資料）白川 (1979) pp. 13–14.
（注）語彙：発表語彙，文の発話：12–13語文を200文。

での平均時間を経験的に推定したものである。初級，中級は，だいたい，それぞれ中学校，高校卒業までの学習語彙を口頭で使用できる力である。中級から上級までにはかなりの時間が必要である。教室でコミュニケーション活動やタスクが実施されている現在，表2の目標と所要時間はどのように変わるだろうか。

### (3) スピーキング力は授業で伸ばせるか

スピーキングの練習には場面と相手がいるが，授業で実際スピーキング力は伸ばせるだろうか。表3はこの課題を実際に行った結果である。この結果では授業でのディスカッションによってスピーキング力の伸びがみられる。任意のトピックでグループの1人が書いた作文についてグループ内でディスカッションして，改善していく試みである。個人差は10回目でもかなりみられたとしているが（例：10回目で発言数は最高68，最低5），発言数，発話総語数，発言語数のいずれも5回目から10回目にかけてかなり伸びている点が興味深い。アンケート調査では，作文力も向上したという報告もなされている。

### (4) 生徒はどのように伝達しようとするか

会話で英語を話したり，聞いたりする際にいろいろな手だてをすることがある。いわゆる伝達方略である。生徒は実際にどのような方略を使用するのであろうか。表4は，英語での面接で理解の方略をみた結果と絵をみせて発話させた際の方略を調べた結果である。生徒は，中学校2年生70名である。繰り返しの要求やつなぎ言葉などの積極的な方略の使用が全体の20％程度みられる。このような方略をより多く使用できるような指導が課題である。

### (5) 海外留学で英語力はどのように変わるか

大学生の海外留学（1990–91年）によるリスニング力の伸びについては，JACETの聴解力テストの得点が7名で平均28.3点向上した（非留学生4名：平均2点の伸び）という報告もある（金谷他1992 p. 39）。TOEIC運営委員会発行のDATA AND ANALYSISによれば，同テストの初回から第46回（1979–1994年5月）までの受験者得点平均は，留学（6ヵ月以上）経験者（約8.9万人）710で，非経験者（約56.9万人）525であった（リスニングは，387

表3 ディスカッションによる発話の変容

|  | 1回目 | 5回目 | 10回目 |
|---|---|---|---|
| 発言数 | 28.0 | 27.7 | 30.8 |
| 発話総語数 | 305.6 | 311.3 | 377.0 |
| 1発言当たり語数 | 10.05 | 10.46 | 12.17 |

(資料) 大下 (1993) p. 227.
(注) 最初の30分間の記録。数値は学生1人当たりの平均数。被験者：大学生26名。期間：1993年4–7月。

表4 生徒が使用した主な伝達方略

| 理解のための方略 | | 発話のための方略 | |
|---|---|---|---|
| 視線をそらす | 38% | 何もしない | 26% |
| 繰り返しの要求* | 23 | つなぎ言葉** | 25 |
| 困った顔 | 16 | 首をかしげる | 18 |
| 首をかしげる | 13 | 困った顔 | 17 |

(資料) 松畑・石田 (1994) pp. 16–17.
(注) ％：個々の使用回数×100 / 合計使用回数
　＊：Pardon? (17%)　＊＊：Eh など (12%)，And (10%)

表5 1年間の留学による高校生の英語力の変容 (N=8)

|  | 使用語数 | 発話速度 | 談話標識 | ポーズ | 評価 |
|---|---|---|---|---|---|
| 留学前 | 161語 | 128 WPM | 1/17 語 | 1,112 msec | 16/30 点 |
| 留学後 | 369 | 177 | 1/11 | 792 | 21/30 |

(資料) 八島他 (1994) pp. 34–37.
(注) データ：10–15分間の面接試験結果の平均 (発話速度，ポーズのデータは4名分)。談話標識：接続語の使用 (例 1/17：17語に1回)。ポーズ：silent pause の量。評価：ネイティブ8名による全体評価 (30点満点：6観点×5点法)。

と277)。海外留学と英語力の向上の因果関係は断定できないが，表5は留学 (1990–91年, 1991–92年) によるオーラル・コミュニケーション能力の変化の要因を示唆している。文法の正確さ，この当時の中学校必修語507語以外

の語彙の占める割合（約 20%）には変化はほとんどみられないが，簡単な語句・構文をより多くつないで，より長く速く話す傾向がみられたのが留学後の特徴であるとしている。

## (6) まとめ

スピーキングは生徒が最も身につけたい技能であるが，最も不得意な技能でもある。このギャップをうめるためには，授業の効率を細かく考えるよりも比較的長期にわたる継続的な英語使用の体験を与えることであろう。

第3章　4技能の指導について考える

## 6. スピーキング指導では何が大切か

### (1) 話せる語彙の数をふやすようにする

　話すことの指導で最も基礎的なことの1つは，話すときに使える語彙（口頭語彙）の数をふやすことであろう。読んで理解できる語でも聞いて理解できるとはかぎらない。話す場合はさらに使うことが難しい。図のように，話せる語彙の数は，聞いて意味がわかる語彙（聴覚語彙）とともに，読んで意味がわかる語彙（視覚語彙）よりもかなり少ないと予想できる。視覚語彙数とのアンバランスを少なくする方向で，口頭語彙数をふやす指導が必要になる。

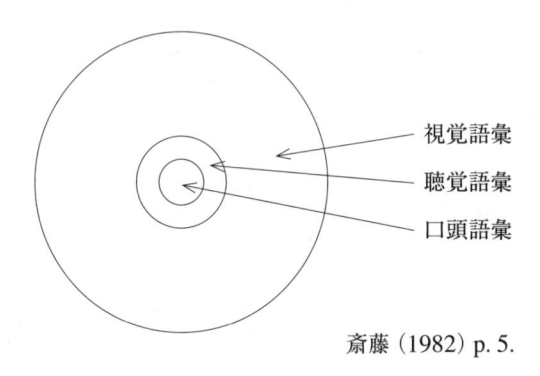

視覚語彙
聴覚語彙
口頭語彙

斎藤（1982）p. 5.

### (2) 自己表現に必要な表現を指導する

　表1（次ページ）では，中学校教科書でも，「好き」，「感謝」，「欲求・必要」などさまざまな感情表現が出てくることがわかる。動詞 like を用いた「好き」をあらわす表現は最も多く，1つの教科書に3年間で平均22回ほど現れている。しかし，これらの教科書では，「きらい」，「興奮・怒り」，「恐れ・心配」，「驚き」などの表現が比較的少ない。現行の教科書でもこの傾向がみられれば，これらの表現の指導を必要に応じて，授業でおぎなっておく必要があろう。また，表1の表現の整理の仕方は，発想別の表現指導をする際にも役立

表1 中学校教科書（3社）の感情表現の典型例と頻度数

| | | | | | |
|---|---|---|---|---|---|
| 1. 好き (like) | 22 | 7. 喜び (happy) | 5 |
| 2. 感謝 (Thank you) | 15 | 8. 悲しみ (sad) | 5 |
| 3. 欲求・必要 (want to) | 15 | 9. きらい (not like) | 4 |
| 4. 意図 (be going to) | 7 | 10. 興奮・怒り (angry) | 2 |
| 5. 興味 (interesting) | 6 | 11. 恐れ・心配 (afraid) | 1 |
| 6. 希望・願望 (hope) | 6 | 12. 驚き (surprised) | 1 |

（資料）豊田（1992）pp. 305–310.
（注）数値：（ ）内の典型的な表現の頻度数［1教科書当たりの3学年間の平均総数］，教科書：平成2年度版。

つかもしれない。

### (3) コミュニケーション活動を工夫する

ドリルも含めて，広い意味でのコミュニケーション活動の試みは数多く紹介されている。これらの活動例を下図のように整理することもできる。表2は，ゲームの場合の例である。楽しむためのゲームでもよいが，どのような力を生徒につけようとしているのか活動の目的を問いかけてみたい。Byrne (1987) は例が理論とともに，よく整理されていて参考になろう。

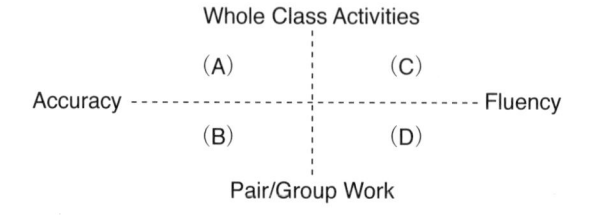

```
              Whole Class Activities
                 (A)      |    (C)
  Accuracy ---------------+--------------- Fluency
                 (B)      |    (D)
              Pair/Group Work
```

Byrne (1987) p. 106.

### (4) 会話の構成やルールに気づかせる

会話にも始まりから終わりまでの構成やルールがあることは案外気がつかないことである。実際に指導することも大切であるが，その前に生徒に自然な会話を聞かせ，表3のような会話の構成や表現（ルール）に気づかせるこ

## 6. スピーキング指導では何が大切か

表2 活動例（ゲーム）〈A～D は 90 ページの分類に同じ〉

(A) Sentence building (e.g. Teacher: I went to the market and I bought some apples.  Team A: I went to the market and I bought some apples and six oranges.  Team B: I went to ...)（チーム対抗で文を長くしていくクラス全体での活動である）
(B) Memory Game（見た絵の内容を絵を見ずに正確に英語で言うペアでのゲームである。例：There is a ... in this picture.）
(C) Who am I?（教師がクラスである人について話し，Are you ...? などの質問を生徒にさせ，誰かを当てさせる）
(D) Find the difference.（相手の絵を見ないで，自分の絵との違いを質問しながら見つけるペアでのゲーム。絵の内容が複雑な場合なので Fluency に関係する）

（資料）Byrne (1987) p. 22, p. 45, p. 67, p. 94.

表3 会話の構成と特有な表現

1. Openings (e.g. Excuse me, do you know ...?)
2. Turn-taking (e.g. to determine who talks, when ...)
3. Interrupting (e.g. Sorry to interrupt, but ...)
4. Topic-shift (e.g. Oh, by the way ...)
5. Adjacency pairs (e.g. invitation, accepting ...)
6. Closings (e.g. It's been nice talking to you.)

（資料）Dörnyei and Thurrell (1994) pp. 42–43.

とも有益であろう。

### (5) 表現の適切性を必要に応じて教えておく

　物を借りる場合，英語では Can (Could) I borrow ～? の言い方が最も一般的である。しかし，日本人の場合，表4（次ページ）のように，命令文や平叙文や助動詞を用いた表現が多い。これらは，ネイティブの判断では，英語として適切さを欠く。特に，Please ～（命令文）は，生徒がよく使う傾向があるので，相手に失礼にならないような言葉遣いをめざす段階では指導上注意する必要があろう。

第3章　4技能の指導について考える

表4　物を借りる場合の表現例と頻度，不適切性

| A: sister—sister (sweater) 主な表現例 | 頻度 | 評定 | B: father—son ($10) 主な表現例 | 頻度 | 評定 |
|---|---|---|---|---|---|
| I want | 97 | 2.50 | Please give | 84 | 3.00 |
| Can I | 28 | 1.25 | Give | 28 | 3.75 |
| Please lend | 23 | 3.00 | Will you give | 25 | 4.00 |
| May I | 22 | 1.75 | I want | 18 | 2.25 |
| Will you lend | 13 | 2.75 | Please lend | 14 | 2.75 |

（資料）Tajika and Niki (1991) pp. 125–130.
（注）頻度：日本人学生303名の表現数。評定：4名のネイティブによる不適切性の評定（3.00以上は不適切）。A, Bの内容は対人関係と借りる物を示す。

表5　話し言葉で頻出するコロケーション

| Rank | Collocations | FRE | Rank | Collocations | FRE |
|---|---|---|---|---|---|
| 1 | you know | 27,348 | 11 | very much | 2,818 |
| 2 | I think (that) | 25,862 | 12 | {No.} pound | 2,719 |
| 3 | a bit | 7,766 | 13 | talking about {sth} | 2,489 |
| 4 | always, never, used to | 7,663 | 14 | (about) {No.} percent of ... | 2,312 |
| 5 | as well | 5,754 | 15 | I suppose (that) | 2,281 |
| 6 | a lot of {N} | 5,750 | 16 | at the moment | 2,176 |
| 7 | {No.} pounds | 5,598 | 17 | a little bit | 1,935 |
| 8 | thank you | 4,789 | 18 | looking at {sth} | 1,849 |
| 9 | {No.} years | 4,237 | 19 | this morning | 1,846 |
| 10 | in fact | 3,009 | 20 | (not) any more | 1,793 |

（資料）Shin and Nation (2007) pp. 339–348.
（注）FRE: Frequencyで，数値は1,000万語（延べ語数）における出現頻度数。この表では上位20位までの高頻度の表現を示した。原論文では100の高頻度コロケーションが示されている。( )：optional, { }：obligatory, No.: Number, sth: something. なお，コーパスはBNC（British National Corpus）の話し言葉のデータ。

## (6) 話し言葉でよく使われる表現を指導する

　話し言葉で使用する頻度が高い表現を特に指導することも大切である。表5 はコロケーションについて高頻度順に 20 位までみたものである。最も頻度の高い "you know" は延べ語数 1,000 万語で約 2 万 7,000 回使用されている。母語話者の話し言葉で使用頻度の高いコロケーションをおぼえれば, 会話の理解や表現に効果的であろう。たとえば, この表には示していないが, "halt the car" は文法的に正しい表現であるものの, 母語話者は "let me off here" を使用する。"artificial teeth" は "false teeth", "thick tea" は "strong tea" がより一般的である。コロケーションの中心となる語 (pivot words: "high street", "so high", "too high" の "high" などで, 名詞, 動詞, 形容詞, 副詞のいずれかで, 最も高頻度の 1,000 語に入る語) の上位 100 語によるコロケーションの頻度数の合計は 38 万 7,634 で総頻度数 73 万 6,144 の約 53% に及ぶという。これらのコロケーションの指導は教室でのスピーキングやリスニングで大切であろう。

## (7) 誤りの指導を長期的にする

　生徒のスピーキング能力について継続的にみていくことはスピーキング指導で大切であるが, 発話をどのように引き出し, 記録するかが難しい。表6 は中学校 3 年間を通して生徒の発話を記録し, 誤りについて分析した貴重な記録である。これによれば, ALT による約 2 分間のインタビューテストで平均 94 語を発話し, 1 つの「発話」のまとまり (AS-Unit: 注を参照) は, 1 年生の 3 学期で 4 語近くまで伸び, 2 年で 4 語を超え, 3 年の 2 学期で 5 語程度まで伸びる傾向がみられる。また, 誤りの特徴については,「冠詞」「前置詞」「代名詞」は特に 3 学年を通して特に多く,「名詞の単複」,「動詞の時制」などもあまり減少していないことがわかる。小菅 (2006) も言うように,「自発的な発話を行わせる時には, 教師はそれらの『誤り』に神経質になる必要はない」のかもしれない。また, 話すことが苦手な生徒には定型表現を必要な場面で使えるように指導するほうがよいであろう。対象は国立大学の附属中学校の生徒であるので, 一般化には慎重になるべきであるが, スピーキング能力の発達について傾向を示してくれて興味深い。

　また, Ota (2003) と Kosuge (2003) の研究では, 1 年 2 学期や 3 学期に

第 3 章　4 技能の指導について考える

表6　日本人中学生のスピーキングについての 3 年間のデータ

| |
|---|
| （目的）<br>・誤りの種類の分類と習得の推移などを調べる。<br>（調査対象など）<br>・ALT との約 2 分間の即興的な会話（インタビューテスト）の録音データ<br>・国立大学附属中学校 1 年生～3 年生（合計 90 名：男子 48 名・女子 42 名）<br>・時期：中学校 1 年 3 学期～3 年 2 学期の各学期末<br>（結果） |
| ・繰り返し語を含めない平均発話語数：94 語（最少 22 語–最大 223 語） |
| ・1 AS-Unit における群別平均語数（下位–上位）<br>　　　　1 学期　　　　2 学期　　　　3 学期<br>　1 年　　　—　　　　　—　　　　3.53–4.02<br>　2 年　3.02–3.71　　3.32–4.31　　3.27–4.20<br>　3 年　3.77–4.33　　4.07–5.47　　　— |
| ・「誤り」上位 10 項目（（　）内は上位・中位・下位群）<br>　① 冠詞（脱落）　　　　　　　　⑥（代名詞, 日本語, 副詞）<br>　② 前置詞　　　　　　　　　　⑦（その他, 形容詞, 動詞の時制）<br>　③ 名詞の単複　　　　　　　　⑧（動詞なし, 名詞, 主語・動詞なし）<br>　④（副詞, 動詞の時制, 代名詞）　⑨（別の表現, その他, 動詞なし）<br>　⑤（動詞の時制, 代名詞, 日本語）⑩（接続詞など, 接続詞など, その他） |
| （資料）小菅（2006）pp. 25–36.<br>（注）AS-Unit：「t-unit のように文になっていない 1 語または数語の発話」。<br>　　　「誤り」の中の「日本語」：日本語で話してしまうこと。<br>（参考）Kosuge（2004）：「つなぎ言葉」の習得についての調査。 |

おいて Wh 疑問文の定型表現を使って発話をしていた生徒が次第に定型表現を分析し始め，自分で文を作り始め誤りをするようになるが，また次第に正答率が上昇する，いわゆる U 字型の発達の変化（U-shaped behavior）(Kellerman 1985) がみられたことを報告している。

### (8) ま と め

スピーキング力は，生徒が最も身につけたい技能であるが，教室で指導が

最も困難な技能でもある。指導法の工夫と同時に，生徒に必要な口頭語彙，表現，スピーキング力の習得過程，コミュニケーション活動の評価など，指導の基礎となる研究を積み重ねていく必要があろう。

第3章 4技能の指導について考える

## 7. リーディング活動を活性化する条件は何か

### (1) リーディングでは単語や文法のほかに何が大切か

　英文を読む際に単語や文法がわかれば読めると思うのは「常識」である。表1はこれを調べたもので、リーディングには語彙力や単文のレベルでの文法力のほかに照応関係や文関係をとらえる力も関係していることがわかる。この結果では文法はリーディング力との共通性が意外に少ない。大意の把握には、文脈から語彙の意味を推測したり、単文のレベルを超えた照応関係や文関係の把握力などの指導がより大切になる。

### (2) 内容理解に大切な未知語の意味を予測する

　リーディングでは内容理解に関わる未知語の意味を推測することも大切である。表2では、未知語の意味を正しく予測できる学生はパラグラフの整序問題もできる傾向がみられる。大学1年生の場合、未知語の意味を正しく予測できた者は8名で、そのうちの6名は整序問題もできている。大意を把握するためには、多少の未知語があっても意味を予測しながら読む習慣が必要になる。しかし、すべての未知語の意味を予測する必要はない。大意の把握に必要な未知語の意味が予測できればよい。また、未知語の意味の予測は、

表1　リーディング・テストと構成要因との関係

|  | 語彙 | 文法 | 照応関係* | 文関係+ |
| --- | --- | --- | --- | --- |
| 関係（相関） | .88 | .65 | .84 | .88 |
| 共通性（%） | 77 | 42 | 71 | 77 |
| 問題数 | 20 | 26 | 28 | 20 |

（資料）Cooper (1984) pp. 126–132.
（注）テスト：多肢選択式。リーディング・テスト：内容理解度のテスト。被験者：マレー人学生。*：短いテキスト内での照応表現などの空所補充。+：後続する文の選択。

表2　未知語の意味の予測と整序問題（正答者数）

|  | 未知語の予測* | 整序問題** |
|---|---|---|
| 大学1年生（33名） | 8名（24%） | 6名（18%） |
| 高校1年生（43名） | 7名（16） | 6名（14） |

（資料）佐藤（1993）p. 176.
（注）*: grouse, grouch など2語の意味の予測。**: 7つのパラグラフの整序問題。整序問題での正答者数は未知語の予測で2問とも正解した者の中での正答者数。

表3　Cohesive Ties と読解力との関係

|  | 正答率 | 相関 | 群間の差* |
|---|---|---|---|
| Conjunction | 76.7% | .48 | 28% |
| Lexical Cohesion | 68.7 | .74 | 40 |
| Ellipsis | 74.3 | .52 | 17 |
| Substitution | 69.3 | .46 | 33 |
| Reference | 72.3 | .50 | 27 |

（資料）野呂（1992）pp. 56–57.
（注）被験者：60名（高校3年生）。*：上位群（20名）と下位群（20名）の正答率の差。問題：多肢選択形式（読解：25問，Cohesive Ties: 30問）。

大学生でも難しいので（表2では24%の正答率），予測に必要な背景的知識を与えたり，未知語と意味内容の関連する語をさがさせたりして，予測の手がかりを与えることが必要であろう。

### (3) テキストの構成を理解する

表3の調査結果では，特に語彙の意味関係を把握することがリーディングに関係が深い。省略，置換，指示などの表現の理解も内容理解に関わる傾向がみられるが，読みの得意な生徒と不得意な生徒の最も大きな違いは，意味内容の関連する語を整理して全体の内容理解ができるかどうかにあるようである。大意把握に必要なキーワードがどのような語で表され，どの語とどの語が意味的に関連するのかを理解させる指導が必要になろう。

## (4) 後に続く語句や内容を予測しながら読む

　おもしろい読み物を読んでいると続きが気になるものである。英文の場合も気になる部分を先に読みたくなる。読みも慣れてくると後に続く大切な語句を予測しながら読むようになる。しかしながら，そのような語句の予測はなかなか難しい。表4の調査結果では，日本語でも英語でも語彙の適切な予測は必要な文脈が増すにつれて困難になる傾向がみられる。また，日本語で語句の予測がよくできる学生は英語でも語句の予測がよくできる傾向がうかがえる。日本語クローズの下位群は英語クローズの場合，いずれの型の項目もだいたい5語に1語以下しか正しく予測できない。日本語クローズの正答（適語）の許容範囲が問題であるが，日本語を読む際に予測しながら読む習慣をつけておくことは大切であろう。また，文レベルを超えた予測が必要な語句（項目D）については，適切な予測が困難であるので，キーワードを読む前に提示しておく工夫なども必要になろう。

表4　クローズ・テスト結果（A〜D: 項目の型）（75名）

|   | A〈5項目〉 | B〈5項目〉 | C〈5項目〉 | D〈5項目〉 |
|---|---|---|---|---|
| 日本語 | 4.04 (81%) | 3.33 (67%) | 3.71 (74%) | 2.13 (43%) |
| 英　語 | 1.91 (38) | 1.20 (24) | 1.49 (30) | 0.73 (15) |
| 上位* | 2.80 (56) | 2.05 (41) | 1.75 (35) | 1.00 (20) |
| 下位* | 1.05 (21) | 0.75 (15) | 1.05 (21) | 0.60 (12) |

（資料）島田（1994）p. 15.
（注）空所補充の手がかり ［A: 節の内（統語）〈例：British (and) Italian〉，B: 節の内（語彙）〈例：(from) human to human〉，C: 節以上で文の範囲内〈例：(and) that 〜〉，D: 文の範囲以上でテキスト内〈例：the (insect) becomes〉］。
　（　）内の%: 正答率。*: 日本語クローズ上位群，下位群別の英語クローズの平均値。

## (5) ま と め

　リーディング活動を活性化するためには，語彙や文レベルの文法だけでなく，語句や文の関係を理解しながら読ませる活動が必要である。内容理解に関わる未知語の意味を推測させたり，後続の文やパラグラフの内容を考えさせて読ませる活動も工夫したい。

第3章 4技能の指導について考える

## 8. リーディング指導で大切なことは何か

### (1) 読めるとは何ができることか

英文を読めることはどういうことであろうか。次の資料は，読めることは何ができることかを簡潔にまとめて教えてくれる。リーディングの教材作成や授業をする際に，生徒にどのような力をつけたらよいかを教えてくれる。

・直読直解式に読む。
・知らない単語の意味を推測する。
・概要を考えながら読む。
・重要部分の拾い読みをする。
・自分で疑問を持ち，その答をさがす。
・パラグラフの仕組みに目をつける。
・多くの英文を読む。

（資料）羽鳥（1991）pp. 1–11.

### (2) プレリーディング活動を工夫して読みを活性化する

読ませる前にプレリーディング（prereading）の指導を行うようになってきている。英文の内容について生徒に背景的知識を与えて内容理解を容易にさせること，内容に関心をもたせて内容理解を深め，読んだ後のコミュニカティブな活動につなげることが主なねらいである。プレリーディングはどのように行えばどのくらい効果が期待できるだろうか。この問題を調査したのが表1の結果である。表1の結果では，one-sentence oral summary を与えた後で内容についての質問を書かせる方法（Q）が最も成績がよい。次は，内容について絵を見せた後で内容について討論させ，推理させる方法（P）である。これに対して，内容理解に重要な key words（未知語）を含む文を与えて，その語の意味を推測させる方法（V）は成績は比較的低い。しかしながら，これらの3つの方法は，プレリーディング活動をしない方法（C）よりもいずれも優

表1　Prereading Activities の型と読解テスト（平均）

| | |
|---|---|
| Prequestioning（Q） | 6.35 |
| Pictorial Context（P） | 6.05 |
| Vocabulary Preteaching（V） | 4.90 |
| Control（C） | 4.08 |
| （資料）Taglieber et al.（1988）p. 465. | |
| （注）被験者：ブラジルの EFL 学生 40 名。読解テスト：多肢選択式 10 問（点）。 | |

れている。

　生徒が持っている背景的知識（スキーマ）を有効に活用させ，内容に関心をもたせるには，読む内容について事前に，質問を作らせたり，内容を状況から推測させたりする活動が効果的かもしれない。内容について疑問をもって読むことについてはその有効性が Think-aloud 式の読みの方略研究でも示唆されている（Block 1986，松原 1991）。

## (3)　内容について考えさせる発問を与える

　プレリーディング活動の次は本文の概要把握が行われることが多い。While-reading の指導である。内容に関心がある読み物は読んでいるときに自分で知りたいことを探して読んでいることが多い。自分で問題を出しながら読むようなものである。読みの深さは読み手がテキストについて何を知りたいのかという質問の深さに関係する。そのような質問は教師が授業を進める際に発問の形で提示するものである。深い読みができるようにするためには，表2のように，テキストに質問の解答がそのまま出ているものから読み手の見解が必要なものまでさまざまな型の質問を生徒に与えて，考えながら読ませ

表2　発問の型と例

| 〈発問の型〉 | 〈手がかり〉 | 〈発問の事例〉 |
|---|---|---|
| Microprocesses | 文の意味構造 | 何をしたか |
| Integrative | 文脈 | どうするつもりか |
| Elaborative（A） | 文脈と背景知識 | どんな乗り物か |
| Elaborative（B） | 文脈と推測 | どんな人だと思うか |
| （資料）山下（1996）pp. 63–64［参考：Irwin（1991）］ | | |

る工夫をすることであろう。時には，生徒に（あるいはグループで）内容理解に関する問題を作らせて，お互いに解かせて読みを深めさせるのもよい。

### (4) 読んで伝える活動を工夫する

　読んだ内容について伝える活動は大切である。リーディングもコミュニケーションのひとつである。ポストリーディング (postreading) の指導では，読んだ内容について，概要や感想をまとめて書き，発表することも行われている。たとえば，本課の読みが終わった後で，ALTの感想文を参考にして，生徒が感想を書く活動なども考えられる（例: *Sunshine Readings*, 開隆堂出版, 1998）。読んだ内容をさらに深めるために，同じような内容についてさらに読み物を読んだり，聞いたりして内容理解をより深めることもできる。

　表3の結果では，日本語でも英語でも，読むこと（クローズ・テスト）ができれば作文もできることが推測できる。読むことと書くことに関係がみられる。読みとった内容について整理して自分なりの見解を加えて書く活動も読みをいっそう深めることになろう。

表3　リーディングとライティングの関係（相関）

| | |
|---|---|
| 読むこと（英語）と書くこと（英語） | .27* |
| 読むこと（日本語）と書くこと（日本語） | .49* |
| （資料）Carson et al. (1990) p. 256. | |
| （注）被験者: 日本人学生57名。*: $p < .05$ | |

### (5) 教材の読み易さを事前に知るにはどうするか

　新しい課の指導に入る前に英文の読みやすさを知っておくと指導の参考になる。また，高校などで課外の読み物を生徒に与える場合は生徒に難しすぎる読み物を与えないように読み物の難しさを事前に知っておいたほうがよい。読書教材を選択する場合，生徒の知的興味のほかに，教材の読み易さ（難易度）を考慮することが大切である。リーダビリティ公式は読み物の難易度を数値で示してくれるので参考になる。表4（次ページ）は，Fryのグラフによる調査結果で，米国における相当学年で読み易さが示されている。少し以前の資料だが，中学・高校の教科書と入試問題・英字新聞との読み易さのギャ

第3章　4技能の指導について考える

表4　Fry のグラフによるリーダビリティの比較

| | |
|---|---|
| 中学校教科書（1987 年版 Book Ⅲ 6 種） | 3.7 学年 |
| 高校教科書（1988 年版 英語Ⅱ B 8 冊） | 6.8 学年 |
| 入試問題（1988 年度共通一次・読解） | 小6－高2 |
| 英字新聞（*The Daily Yomiuri* '88.8.23 社説） | 大学 |

（資料）塩沢・駒場（1990）p. 13, p. 15.
（注）Fry のグラフ・計算方法は，清川（1992）を参照。

プは大きい。これを埋める指導が課題である。
　次に，2つのリーダビリティ公式を示しておく。Lix は，ドイツ語の読み物を対象にした公式であるが，煩雑な音節数の計算はする必要もなく，多用される Flesch の結果と関係が深い（Schulz 1981）。これらの公式を利用して，読解テストの難易度も予測できるかもしれない。

- Flesch の公式（難度）：206.835 － 0.846x（100 語あたりの音節総数）－ 1.015x（1 文あたりの平均語数）
- Lix（易しさ）：1 文あたりの平均語数＋7 文字以上の単語の含有率（パーセント）
- 解釈

| | very easy | easy | average | difficult |
|---|---|---|---|---|
| Flesch | 90 | 80 | 60 | 50 |
| Lix | 25 | 35 | 45 | 55 |

## (6)　速読指導は中学校でも可能か

　表5では，教材の難度，理解度テストの形式も異なるのでAとBの伸びを比較できないが（Aの理解度テストはTFテスト。Bは Flesch の公式で60前後の難度の教材で，テストは多肢選択式），両者とも速読指導の効果がみられる。また，中学生でも3年生くらいでは指導の仕方によって速読指導が可能であることもわかる。中学生を対象にしたAの実践では，衝動型，概要把握型，聴覚型の学習スタイルの生徒には速読指導は効果的であるが，熟慮型で細部把握型で視覚型の生徒には合わず，特に指導が必要であるとしている。速読指導の適合性を調べる必要もある。

表5 速読指導の試みとその結果

| 対象 | 期間 | 回数 | 伸び (WPM: 平均) |
|---|---|---|---|
| (A) 中3 (146名) | 4ヵ月 | 20回 | 65.9 → 177.2 |
| (B) 学生 (約470名) | 半期 | 6–15 | 78 → 128 |

(資料) A: 山内 (1985),B: 藤枝 (1986)。
(注) A 教材: 100–250 語,伸び: 中位群 58 名のデータ。
　　B 教材: 150–500 語,伸び: 5 年間のデータ。

## (7) 生徒を楽しませる多読指導とはどのようなものか

　表6から表8までは,山梨英和高校での'89年度の試みの報告(金谷他1991)の一部である。1回の実施期間は4週間で,高校1年生の希望者を対象にしている。フルマラソン42.195 km(1 km: 400語の読み)の読破をめざして全員が努力し,参加者の約6割が8冊以上(4日に1冊以上)読破したという。各自が好きな本を借り出して(レベルは問わない),自分のペースで読み,要約感想を書いておく方法である。辞書は使わず,要旨を理解するようにさせている。絵本程度のものから名作まで本を用意して,楽しく気軽に読めるようにすれば,高校生でもかなり多くの英文を読むことができるようである。また,参加者の読みの成績が,多読プログラム終了後約6ヵ月経過してあらわれている点も興味深い。

表6 用意した本

| レベル | 総語数(語) | 冊数 |
|---|---|---|
| A | 80–1,080 語 | 121 冊 |
| B | 1,200–3,200 | 75 |
| C | 2,600–13,040 | 103 |

表7 生徒が読んだ冊数

| 16 冊以上 | 13 名 / 82 名 |
|---|---|
| 10 | 20 |
| 8 | 17 |
| 6 | 18 |

表8 主なアンケート結果

| 「辞書にたよらず英文が読めるようになった」 | (42%) |
|---|---|
| 「教科書を読むのがあまり苦でなくなった」 | (32) |

## (8) まとめ

　リーディング指導を活性化するためには，読む前の指導から読んだ後の指導まで読みを活性化する活動を工夫したい。リーディングには概要を把握するための読み，内容を正確に理解するための読みがあるが，書くことや話すことなどのほかの活動と関連させて読みを深める活動なども必要である。また，発問を工夫して，深い読み方ができるように指導することも工夫のひとつである。速読や多読の指導も方法によっては中学生や高校生でもその効果が期待できるようである。生徒が読んでみたくなる楽しい読み物を教室に置くことも課題であろう。なお，理論と実践の両面からリーディング指導で役に立つ研究としては高梨・卯城（編著）(2000) などがある。

第3章　4技能の指導について考える

## 9. リーディング指導について再考する

### (1) 母語話者の言語処理速度はどのくらいの速さか

　英語の母語話者の読む速度はどのくらいであろうか。表1によれば，読む速度は1分間に200語から300語程度である。話す速度，聞く速度と比べても意外に速い。読む速度は読み方によっても異なる。Hulstijn (2001) は，母語話者の大学生の場合，scanning 600語，skimming 450語，rauding（理解が十分伴う読み）300語，learning 200語，memorizing 138語（いずれも1分間）の速さを紹介している (p. 264)。

表1　母語話者の言語処理速度

| |
| --- |
| ・話す速度　1秒で6音節（1秒間3語以上：1分間180語以上） |
| ・聞く速度　1語　200ミリ秒（1分間300語） |
| ・読む速度　1秒で4〜5語（1分間240〜300語） |
| （資料）Aitchison (2003)，望月・相澤・投野 (2003)，Schmitt (2000) <br> （注）ミリ秒：1,000分の1秒。 |

### (2) 読むときに眼はどのように動くか

　英語の母語話者が読む場合に眼球はどのように動くのであろうか。表2（次ページ）はこのことを整理したものである。母語話者は表1に示したように非常に速い速度で言語処理を行うが，表2からほぼすべての語が眼球停留を受けていることがわかる。このことは，英語の母語話者が読む場合には背景的知識を利用して必要最小限の入力情報をもとに文全体の意味を予測するトップダウン処理 (top-down processing) を優先すると考えてきた従来の考え方では説明がつかない。必要最小限の語を知覚・処理するのではなく，ほぼすべての語を知覚・処理するからである。

表2-1　眼球停留と語彙

| 眼球停留（eye fixation）……　ほとんどの語が対象 |
| --- |
| ・眼球停留を受ける語彙<br>　内容語 80%（うち 5〜20%：後戻りによる 2 度以上の注視）<br>　機能語 40%<br>・速読……語の認知速度に依存<br>　視認語彙（sight vocabulary）の増加が大切。 |
| （資料）Schmitt (2000)，望月・相澤・投野 (2003)<br>（注）Hulstijn (2001)：1 分間に平均 300 語での rauding では，文の理解には文中のすべての語が認知と理解の対象になる (p. 264)。 |

表2-2　眼球停留の時間と文字数

| 1 回あたりの停留時間 | 平均 200〜250 ミリ秒 |
| --- | --- |
| 眼球移動の時間 | 平均 30〜40 ミリ秒 |
| 1 回の停留で知覚する文字数 | ほぼ 8 文字分 |
| 逆戻りの割合 | 全体の眼球運動の約 10% から 15% 程度 |

（資料）門田 (2007) p. 23.

### (3) 読みの認知プロセスはどのようなものか

　では，母語話者はどのようにしてそのような速い速度で個々の語を読むことができるのだろうか。門田 (2007) は表3のような図（一部簡略化）を用いて読みの認知プロセスを簡潔に説明している。読みの情報処理はディコーディングと理解から成り，初期の読みでは語彙処理に関わるディコーディングに多くの認知資源をとられ，英文の内容を並行して理解できないのでディコーディングと理解を切り替えながら処理が行われる。図で注意がディコーディングと理解の両方に向けられていることになる。これに対して，優れた読み手は点線で示したディコーディングが自動化されているので注意は理解にもっぱら向けることができる。この図から，ボトムアップ処理の自動化がトップダウン処理の前提になることが理解できる。さらにディコーディングで大切なことは音韻符号化を行っていることである。すべての語を知覚・処理するだけでなく，音声化がなされているのである。このことは外国語の読みでは

表3 読みのディコーディングと理解のプロセス（優れた読み手の場合）

| ディコーディング（decoding：下位プロセス） | |
|---|---|
| (1) 眼球停留（eye fixation）による文字認知<br>(2) 語彙処理（lexical processing：単語認知，語彙アクセス）<br>(3) 音韻符号化（phonological coding） | （自動化） |

| 理解（comprehension：上位プロセス） | |
|---|---|
| (4) 統語解析（syntactic parsing）<br>(5) 意味処理（semantic processing：命題形成など）<br>(6) スキーマ処理（schema processing：背景知識の利用，推論）<br>(7) 談話処理（discourse processing：テキストのメンタルモデルの構築など） | ← 注意 |

（資料）門田（2007）pp. 86–87.

特に音読が重要な役割を果たすことを示している。

### (4) 音読について再考する

音読の役割についての見方は，門田（2007）によれば表4のように第1期から第3期までの流れに整理できる。現在は，第2期のスキーマ理論が特に重視された時代から第3期のボトムアップの自動化を重視する時代にきていることがわかる。音読の役割を再考する必要がある。

表4 音読の扱われ方

| |
|---|
| ①第1期：音読による「文字—音」の関連づけを重視<br>　・音と文字の対応関係を習得する<br>②第2期：読みのトップダウン処理を重視<br>　・必要最小限の一部の情報をもとに文全体の意味を予測する<br>③第3期：トップダウン処理の前提としてのボトムアッププロセスの自動化を重視<br>　・英語母語話者の優れた読み手でもほぼすべての語を知覚・処理している。<br>　・個々の語の意味理解に際して，その語を音韻符号化する。<br>　・ワーキングメモリ内の音韻ループで音韻符号化された個々の語の音韻情報を内語反復して保持しつつ，処理に活用する。 |
| （資料）門田（2007）pp. 15–26. |

## (5) シャドーイングと音読の効果について考える

　シャドーイングと音読はともにワーキングメモリ内の音韻ループにおける内語反復プロセスを効率化・顕在化することで，新たな語彙・構文などの学習項目を内在化し，定着させ，長期記憶に転送・格納する働きがある（門田2007, pp. 35–36）。また，シャドーイングと音読はそれぞれ音声知覚の自動化，単語認知の自動化に効果もあるという。そこで，図のようにシャドーイングはリスニング力の向上に効用があり，音読はリーディング能力の向上に効用があると推測できる。

```
    シャドーイング              音読
         ↓                      ↓
   音声知覚の自動化        単語認知の自動化
         ↓        ↓        ↓
         内語反復（音韻ループ）の
           効率化・顕在化
         ↓        ↓        ↓
   リスニング   語彙・構文など    リーディング
   スキルの向上  学習項目の内在化  スキルの向上
```

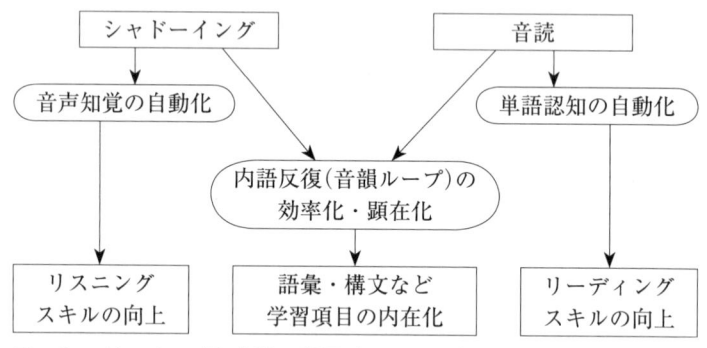

　図　シャドーイングと音読の効用（門田2007）p. 34.

## (6) シャドーイングと音読の効果は実際にみられるか

　玉井（2005a）の実験では，シャドーイングは中位・下位群のリスニング力向上に特に効果がみられ，上位群では効果が認められなかった。これは，シャドーイングではリスニングに必要な音声知覚の自動化に関わる音声知覚能力の向上に効果的である（玉井2005b）と考えられるので，音声知覚能力がすでに身についている上位群には効果的ではなく，その能力が十分身についていない中位・下位群に効果的であったと推測できる。一方，鈴木（2005）の実験では，大量の音読練習を行うと理解を伴うリーディングの速度とリスニング力が向上することが読みとれる。

　ただし，表6–3のシャドーイングとリスニング，音読とリーディングの各技能の相関はそれほど高くはないし，シャドーイングと読解力の相関はみら

## 9. リーディング指導について再考する

表6-1 シャドーイングとディクテーションの効果

| リスニングへの効果：シャドーイングとディクテーションの比較 |
| --- |
| ・上位群は差はみられなかった。 |
| ・中位群・下位群でシャドーイングは特に有効であった。 |
| （資料）玉井（2005a） |
| （注）高校2年生90名を対象にして，リスニング力で等質な実験群（45名：シャドーイング），統制群（45名：ディクテーション）に分けて週1回50分授業を13回実施。両群を上位・中位・下位の3群に分けて効果を分析した。 |

表6-2 音読の効果

| 大量の音読練習（実験群）と形式的な音読（統制群）の効果 | | | | |
| --- | --- | --- | --- | --- |
| | 実験群 | | 統制群 | |
| | 6月 | 11月 | 6月 | 11月 |
| ・リスニング力 | 13.6 | 23.4 | 13.3 | 21.2 |
| ・読解スピード（wpm） | 70.1 | 129.5 | 68.5 | 110.1 |
| （資料）鈴木（2005）（門田 2007, p. 212 より引用） | | | | |

表6-3 シャドーイングとリスニング，音読とリーディングとの相関関係

| ・高山（2008） | 大学生53名 |
| --- | --- |
| | シャドーイング・スキルとリスニング力との相関　　.299 |
| | シャドーイング・スキルと読解力との相関　　.153 |
| ・宮迫（2003） | 高校生33名 |
| | 音読力と英語能力・リーディング力などとの相関　.41–.55 |

れない。このことは，シャドーイングや音読はそれぞれリスニング力，リーディング力に直接関与するのではなく，音声知覚の自動化，単語認知の自動化に関与し，リスニング力やリーディング力には関与しても間接的に関与することが予測できる。共分散構造分析を使用して，これらの直接効果，間接効果を検証するとよいかもしれない。

## (7) 脳科学からのアプローチ

　光トポグラフィ，fMRI（機能的磁気共鳴画像法），PET（陽電子放射断層法）を用いて人間の脳内の活性化状態を観測することが可能になってきた。英語教育の分野でもこのような方法で英語学習時の脳内の活性化状態を観測する研究が行われている。大石（2006, 2008）の研究では，頭皮上から大脳皮質内を流れる血液中のヘモグロビン量を測定することで脳血流量を測定することができる簡易脳機能測定装置である光トポグラフィを用いて，英語のリスニングとリーディングの内容理解時における初級学習者，中級学習者，上級学習者の脳血流量の相違を調べている。それによれば，脳血流量は，初級学習者から上級学習者になるにつれて増え，ある地点を境に減少する結果が見られたという。課題が中級学習者に適度であれば，次のように血流量の変化の型を示すことができるとしている（大石 2008 p. 11）。

図　脳活性度のモデル

| 初級学習者 | 中級学習者 | | 上級学習者 |
|---|---|---|---|
| 難　← | 教材 | | →　易 |
| 無活性型 | 過剰活性型 | 選択的活性型 | 自動活性型 |
| 血流量少 | 血流量多 | | 血流量少 |

　学習者にとって難しすぎる課題には脳は反応せず，易しすぎる課題には脳は自動的に反応する。最適活性化状態は課題の難易度がいわゆる i＋1 の状態である。さきにみたボトムアップ処理の自動化にもつながる考え方である。

## (8) ま　と　め

　リーディングもリスニングと同様にボトムアップ処理の自動化がトップダウン処理の前提になる。このような考え方によれば，ボトムアップ処理の指導がリーディング指導の基礎になる。リーディングで大切なことはディコーディングは音韻符号化を行っていることである。読む場合，すべての語を知覚・処理するだけでなく，音声化がなされているのである。外国語の読みでは特に音読が重要な役割を果たすことを示している。

第3章　4技能の指導について考える

## 10. ライティング指導のあり方を考える

### (1) 語彙力や文法力があればライティングはできるか

　語彙力や文法力さえあればライティングはできると案外考えがちである。しかし，図1では，英語力で説明できるライティング力の割合は56.7%で意外に少ない。このことは，ライティングには，語彙や文法など以外で指導上大切な要因があることを示唆している。図1の17.8%の部分はこの要因の1つで，日本語の作文と英語の作文に共通する力で英語力と関わりがない能力である。内容のよい作文を書ける力などである。英語のライティングが上手になるためには，英語の語彙力や文法力をつけることも大切であるが，日本語で内容のよい作文を書く練習も有益であることを示唆している。

図1　英語力，英作文力，日本語作文力の関係

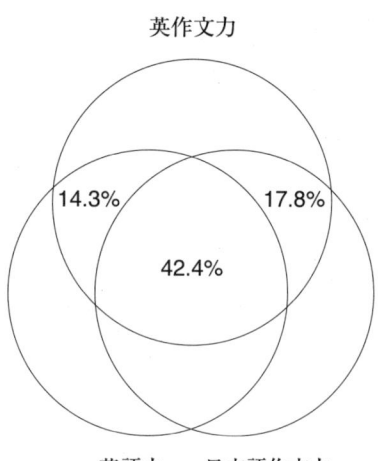

英作文力

14.3%　　17.8%

42.4%

英語力　日本語作文力

Hirose and Sasaki (1994) p. 213.

## (2) パラグラフ・ライティングをどのように始めるか

作文の内容とともにパラグラフの構成も大切である。英語で説明文などを書く場合，トピック・センテンスと例証文を書くようにすればわかりやすい英文になる。しかし，トピック・センテンスを書くことは生徒には結構難しい。たとえば，大学3年生の書いた英作文でも，143例のうちでトピック・センテンスのみられたのは42例(29%)しかないという報告もある(佐藤1988 p.73)。中学校や高校などのライティング指導では，トピック・センテンスを書かせる前の段階の指導として，トピック・センテンスを与えて，それに例証文を書かせる指導も考えられる。表1は，高校1年生に対するこの指導結果で，5～6回目でDの数値が1回目の2倍になり，成果がみえる。なお，パラグラフ・ライティングの指導については，橋内(1995)，大井(編著)・田畑・松井(著)(2008)が参考になる。

## (3) 複雑な英文も書けるようにする練習方法はあるか

表2では，T-unit 当たりの語数平均は学年の進行に伴い増加している。T-

表1　生徒の作文の変容 (137名：2学期～学年末)

|  | 1回 | 2回 | 3回 | 4回 | 5回 | 6回 |
|---|---|---|---|---|---|---|
| A (文以前) | 8% | 7% | 8% | 4% | 4% | 2% |
| B (理解不可能) | 33 | 9 | 7 | 16 | 13 | 20 |
| C (理解可能・1文) | 29 | 40 | 33 | 32 | 19 | 20 |
| D (同上・2文以上) | 30 | 44 | 53 | 48 | 64 | 58 |

(資料) 和田 (1991) p. 48.
(注) 例 D: I don't like dogs, because dogs are bite and masterless dog come into my garden.

表2　英文のT-unit当たりの語数平均と学年

| 学年 | 3 | 4 | 5 | 7 | 8 | 12 |
|---|---|---|---|---|---|---|
| 語数 | 7.7 | 8.5 | 9.3 | 10.0 | 11.3 | 14.4 |

(資料) 三浦 (1991) p. 5.
(注) ネイティブの作文の場合。

unitとは分割できる文の最小単位である。たとえば，I bought the book, and I read it. は2つのT-unitで，After I bought the book, I read it. は1つのT-unitから成る。T-unit当たりの語数が多いほど言語的に複雑な文である可能性が強い。

このことを指導に生かせば，従属接続や埋め込みなどによって複数の単文を1つのT-unitにまとめるセンテンス・コンバイニングの練習になろう。三浦（1995）は，中，高，大で使用する教材を作成し，6ヵ月にわたる中3への指導でアメリカの2学年の下から3学年へ，同様に，高2は4～5学年から9学年へレベルをあげることができたとしている。

### (4) ライティング指導で必要なフィードバックとは

表3では，作文の文法的誤りの減少については，誤りに下線を引くフィードバックの仕方（Grammar Feedback）が最も効果的である。内容面での向上については，作文内容に全体的なコメントをする仕方（Content Feedback）だけでなく，どのようなフィードバックでも効果がみられる。内容については，rewriteすること自体が大切で，これがライティング力をつけることになるらしい。作文の総語数の伸びについては，フィードバックをしないのが最もよい。生徒のレベルや意欲の強さや指導目的によってフィードバックの仕方を調整する必要があろうが，フィードバックなしでも作文の内容と量は向上する点が興味深い。指導方法をあれこれ考えるよりも生徒に作文の機会を与えることが大切である。

表3 作文のFeedbackの仕方とその効果の相違

| Feedback | 誤り数 | | 内　容 | | 総語数 | | |
|---|---|---|---|---|---|---|---|
| | 原文 | 書換 | 原文 | 書換 | 原文 | 書換 | 差 |
| なし | 11.3 | 10.7 | 13.6 | 16.6 | 241 | 292 | 21% |
| Grammar (G) | 11.0 | 4.2 | 13.3 | 14.1 | 222 | 255 | 15 |
| Content (C) | 18.1 | 18.5 | 9.5 | 12.1 | 220 | 255 | 16 |
| G&C | 21.1 | 11.1 | 10.0 | 12.0 | 220 | 242 | 10 |

（資料）Fathman and Whalley (1990) p. 183, p. 185.
（注）被験者：計72名（ESL学生）。内容は，評定法で20点満点。原文：original composition.

## (5) ま と め

　ライティング指導は，単文の和文英訳から一定量のまとまりのある英文を書く指導へと移行しつつある。生徒の作文は細かく誤りを訂正するよりも誤り箇所の指摘や内容についてのコメントだけで伸びるとすればライティング指導をもっと気軽にたくさんする必要があろう。

第3章　4技能の指導について考える

## 11. ライティング指導では何が大切か

### (1) よく出てくる誤りを長期的に指導する

　ライティング指導で，最も基礎的な課題は生徒の文法の誤りの指導であろう。表1では，量的な面からみれば，中学から大学まで，冠詞，動詞，代名詞などの誤りが多い。これらの品詞は使用頻度が高いためかもしれないが，このような量的に多い誤りを適切に指導しておけば，文法的誤りの数はかなり減少するだろう。特に，中学生には冠詞の脱落が多いので，この面での指導が大切である。

表1　課題英作文の誤りの分析結果

| (A) 文法の誤りと誤り総数に対する割合 (%) | | | |
|---|---|---|---|
| 順位 | 中学2年 | 高校2年 | 短大2年 |
| 1 | 冠詞　　（18%） | 冠詞　　　　　（17%） | 前置詞　（18%） |
| 2 | 一致*　 （16） | 複数　　　　　（11） | 代名詞　（15） |
| 3 | 代名詞　（14） | 動詞　　　　　（11） | 冠詞　　（14） |
| 4 | 動詞　　（14） | 一致　　　　　（10） | 動詞　　（9） |
| 5 | 名詞　　（7） | 前置詞・代名詞（10） | 修飾語　（8） |
| (B) 冠詞の誤りの型と誤りの割合 (%) | | | |
| | 中学2年 | 高校2年 | 短大2年 |
| 正答 | 54% | 68% | 85% |
| 誤答 | 46 | 32 | 15 |
| 脱落 | 32 | 17 | 8 |
| 混同** | 3 | 6 | 4 |
| 過多+ | 11 | 9 | 3 |

(資料) 平野 (1981) pp. 29–31.
(注) *：主語と動詞の数の一致，**：a と an, the の混同など，+：(例) She is (a) beautiful. の a など。被験者：中2 (33名)，高2 (33名)，短大生 (30名)。

## (2) 誤りを生徒に自己訂正させる

表2では，生徒の誤りに何らかの指示（ヒント）を与えて自己訂正をさせれば，文法面での正確さがかなり増す場合（矢印の部分）があることがわかる。3人称単数現在の-sと複数形の誤りについては，簡単な指示だけでも10%くらい正確さが増している。ヒントを与えて，生徒自身に作文の見直しをさせることも効果的であろう。

## (3) 談話の視点から内容を整理させる

まとまった内容の文章を書く場合，個々の文と文との関係に目を向ける必要がある。表3の指導例は，時制のまとまりと変化という視点から内容のま

表2 誤りの指示の仕方と3回の自己訂正結果

|  | C0 | C1 |  | C2 |  | C3 |
|---|---|---|---|---|---|---|
| 3rd pers. sing. | 54% | 56% | → | 66% | → | 76% |
| Plural | 62 | 64 | → | 76 | → | 82 |
| Possessive | 63 | 66 |  | 68 | → | 76 |
| Regular past | 58 | 62 |  | 64 | → | 78 |
| Irregular past | 51 | 55 |  | 61 | → | 70 |

（資料）Makino (1993) p. 339.
（注）C0: 最初の結果，C1: 教師からの指示・ヒントなしで自己訂正，C2: 誤文の前にX印をつけて返却し，自己訂正，C3: 誤りに下線をつけて自己訂正。被験者：大学1年生（62名）。

表3 時制の軸を意識させた作文の指導と結果

| 1時間目 | VTRを視聴後，感想文を英語で書かせる。 |
|---|---|
| 2時間目 | ・モデルの英文の書き手の時制の軸を検討させる。 |
|  | ・時制の軸とtime markerの機能の説明。 |
|  | ・作文を返却し時制のばらつきを確認させ，10分間でrewriteさせる。 |
| 指導効果 | 2回の作文の採点結果: 52.8% → 61.8%（44名） |
|  | 〈外国人教師が内容，構成，語法，文法などの観点から採点〉 |

（資料）玉井（1993）pp. 64–65.

とまりを考えさせる方法である。たとえば，過去と現在のことがらを対比的に描く場合，過去時制から現在時制へと時間の軸を変化させ，その変わり目に，"in recent years" などの time marker を用いる。生徒に自分の書いた作文を時制のまとまりの視点から整理させると，内容にまとまりが出てよい英文になるようである。

## (4) 日本人の作文の特徴を知らせる

日本人の書いた文章は，英米人に理解しにくいと言われる。その理由の1つは，日本人の書いた英文は，言いたいことが後のほうに出てくるからであるという。表4 (A) では，確かに，その傾向がみられる。アメリカに滞在中の日本人学生の英文は英米人の文章構成の型に近い。逆に，英語専攻でも日本にいる学生は，英語専攻以外の学生の日本語での作文の文章構成に近い。しかし，表4 (B) では，文章構成のスタイルの好みは日本人学生でも，general-to-specific を好む傾向がある。これが事実であれば，日本人学生に general-to-specific の文章構成を指導するのはそれほど困難ではないのかもしれない。

## (5) コーパス・データを作文の指導に利用する

to 不定詞は中学校2年で指導することが多い。この to の後にはどの動詞がよく来るのだろうか。よく使われる動詞を選んで練習すれば，効率的な学習ができるに違いない。コーパス・データによれば，使用頻度の最も高い動詞は表5のようである。投野 (2006) では，「これらのリストを拡張し，10〜20

表4　Rhetorical Pattern の特徴と好み

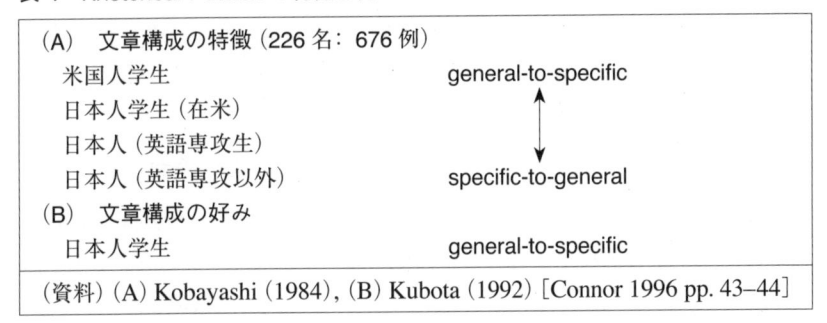

| (A)　文章構成の特徴 (226名：676例) | |
| --- | --- |
| 米国人学生 | general-to-specific |
| 日本人学生 (在米) | ↕ |
| 日本人 (英語専攻生) | |
| 日本人 (英語専攻以外) | specific-to-general |
| (B)　文章構成の好み | |
| 日本人学生 | general-to-specific |
| (資料) (A) Kobayashi (1984), (B) Kubota (1992) [Connor 1996 pp. 43–44] | |

第3章　4技能の指導について考える

表5　to 不定詞の使用頻度とコーパス・データ

| to＋動詞の原形　TOP 5 |
| --- |
| 1　be　　2　do　　3　get　　4　go　　5　have |
| （資料）投野（2006）p. 38. |

表6　日本人学習者が好む表現（母語話者との比較）

| ・1人称構文（I, We）<br>・it is 構文（it, is, for）<br>・接続詞（so）<br>・should 構文（should）<br>・縮約形（'t, 's, don't）<br>・基本動詞構文（get, do, want） |
| --- |
| （資料）石川（2008）p. 219 |

くらいの動詞を選んで，それに簡単な使用例を添えて文を書くように指導するだけで，to 不定詞を用いた表現の幅が広がるかもしれない」(p. 38) としている。このようなコーパス・データの情報を高校生や中学生に話してあげることでも生徒は英語の語法にさらに興味をもつようになるかもしれない。

　コーパス・データは日本人学習者に特有な英文エッセイの特徴も示唆してくれる。表6のデータは母語話者に比べて日本人学習者が好む表現を示している。日本人は，特に，エッセイに"I", "We"を多用する傾向があり，"I think", "We can", "It is＋形容詞構文"を特に好むという。これらのデータは日本人が英作文を書く際に，どこに気をつけたらよいかを示唆してくれる。教師が生徒に英作文の指導をする際に，母語話者の英語らしい表現にする際の参考になるに違いない。

## (6)　自由英作文でフィードバックをどのようにすべきか

　生徒の英作文に対してどのようなフィードバックを与えればよいだろうか。表7は，中学生と高校生に対して，作文へのフィードバックの与え方と書き直しの効果を調べたものである。フィードバックと書き直しの効果は2つの

表7　英作文におけるフィードバックの影響

| | 田畑・大井（2006） | 及川・高山（2000） |
|---|---|---|
| 目　的 | フィードバックと書き直し効果の検証 | エラーフィードバックと書き直しの組み合わせ効果（2×2群）の検証 |
| 参加者 | 国立大学附属中学校3年生27名 | 都内私立高校男子生徒60名 |
| 指導結果 | ・フィードバックの効果→総語数が増加した（文の数，正確さなどは有意差がなかった）。<br>・修正率（フィードバック）→73％（修正），65％（ヒント） | ・エラーフィードバックの有無→ライティング力の向上に大きな差はなかった。<br>・書き直しありの効果→文法の正確さが増した。/書き直しなしの効果→文章の流暢さが増した。 |

（資料）田畑・大井（2006）pp. 13–24.
（注）修正率：修正，ヒントの各フィードバックを与えたことによって修正につながった箇所の割合。田畑・大井（2006）の実施期間は約2ヵ月間。
（参考）大井（2005）pp. 28–31.

調査結果で必ずしも一定していないが，生徒は書き直しによっては自分の作文を振り返り，「気づき」を通して文法の正確さを身につけていくようである。また，教師が生徒の作文を修正する際に修正のヒントを与えることは直接修正するよりも生徒による修正率はいくぶん低い傾向がみられるが，生徒が理解して修正可能なコメントであればよいし，書くことへのよい動機づけを与えるに違いない。

### (7)　自由英作文では添削以外に何ができるか

　自由英作文では教師が添削をしても生徒のライティング力の伸びに関係がないという研究報告もある。また，スタンプを押すだけでも添削をする方法と効果は大差がないという見解もある。添削をしても生徒が次に同じ誤りをしないという保証もない。それならば，生徒自身に自分の書いた英文を分析させ，誤りに気づかせるようにしていけば，ライティング力の向上に寄与するに違いない。訂正すべき箇所に下線を引き，表8のように記号を示して生

第3章　4技能の指導について考える

表8　添削の記号（一例）

| NOS | Nonsensical | 意味をなさない |
|---|---|---|
| UJP | Use of Japanese word | 日本語語句の使用 |
| WWS | Wrong Word Selection | 語彙選択の誤り |
| WLK | Word Lacks | 必要な語句がない |
| DTJ | Direct Translation of Japanese | 日本語の直訳 |
| TNS | Tense | 時制の誤り |
| JMP | Jump | 論理の飛躍 |
| PUD | Pragmatic Universe of Discourse | 書き手と読み手の共有知識の相違 |
| ORD | Wrong Word Order | 語順の誤り |
| ART | Wrong Article | 冠詞の誤り |
| SPL | Spelling Mistake | 綴りの誤り |
| MTP | Mixed Topics | 話題の混在・内容が一貫しない |

（資料）井ノ森（2005）p. 21.

徒に誤りに気づかせて自己訂正させる方法である。井ノ森（2005）では，さらに，グループで作品を交換してお互いにコメントしあう「ノート交換活動」について報告している。書く前の brainstorm，情報交換とともに実施している点も興味深い。

### (8) ま と め

　ライティング指導には，英語を書くことの指導と英語で書くことの指導という2つの側面がある。英語を書くことの指導には，文法や誤りの基礎的な指導も含まれる。英語で書くことの活動には，談話や文章構成の視点も取り入れる必要があろう。生徒の書く意欲を引き出す教材，タスクを工夫することが大切である。

第 4 章
# 学習者要因について考える

　外国語活動や英語の指導では児童や生徒などの学習意欲を高めることが課題である。同時に，学習者の学習不安を軽減することも欠かせない。また，視覚型や聴覚型などの学習スタイルや学習の仕方などの学習方略によっても学習成果が違うこともある。これらの要因には案外気がつかないことが多い。この章では，学習意欲，学習不安，学習スタイル，学習方略などの生徒の心理的要因について取りあげる。さらに，学習者の認知面の発達も視点に加えて，教室での学習者要因のデータをみて，それらをふまえた指導について考えていきたい。

第4章　学習者要因について考える

## 1. 英語学習を学習動機の視点からみる

### (1) 生徒の要因には何があるか

　英語を教えていて，案外気がつかないのは生徒の特性である。生徒の成績があがらない場合，指導法がよく問題にされるが，指導法と生徒の相性についても考えてみる必要もある。次の資料は，やや古典的なものであるが，学校での英語学習の効率を考える基本的な枠組みをわかりやすく示してくれる。指導法に関する授業の質以外にも，いくつかの要因が学習成果に関わることがわかる。

---

環境要因
・学習する機会 (opportunity to learn)
・授業の質 (quality of instruction)
生徒の要因
・言語適性 (aptitude)
・動機 (motivation)
・知力 (ability to understand instruction)

(資料) Carroll (1972) pp. 96-100.
(注) 学習する機会：週3時間 (中学生) など。言語適性：音の記憶力，文法的感覚，機械的記憶力など。

---

### (2) 学習意欲は成績にどのように関係するか

　次の資料によれば，動機づけは適性と同じく，外国語学習 (成績) に関わる割合が知能よりも多い。
　生徒の知能や適性は簡単に変えられないが，動機づけは教師の力で変えられる可能性がある。動機づけはこの意味でも重要である。
　動機づけと英語の学習成績との関係については，日本でのいくつかの研究で，数値は低いが両者に相関関係がみられたことが報告されている。表1-1

1. 英語学習を学習動機の視点からみる

は中学生を対象にした日本での初期の調査結果の例である。英語学習の動機づけと成績との間に相関関係があることが推測できる。学習動機が強ければ学習成績もよい傾向がみられることがわかる。

| Foreign Language Aptitude | 33% |
|---|---|
| Motivation | 33 |
| Intelligence | 20 |
| Others | 14 |
| Total | 100% |

（資料）Jakobovits and Nelson (eds.)（1970）p. 63.（三浦編 1983 p. 12）

表1-1　学習動機と学習成績との関係

| | | 相関 | 被験者 |
|---|---|---|---|
| (A) | Yoneyama (1979) | .20* | 123名 |
| (B) | 神山 (1984) | .25* | 76 |
| (B) | 橋口他 (1993) | .31* | 82 |

（注）(A)：道具的動機づけ (instrumental motivation)
　　　(B)：統合的動機づけ (integrative motivation)
　　　*：$p < .05$

次ページの表1-2はこれらの研究の基礎になった instrumental orientation と integrative orientation の考え方を調査項目とともに示したものである。ここで"orientation"は「志向」の意味で，"motivation"のひとつと考えてよい。前者の「道具的志向」は「学校を卒業するため」，「社会から認められるため」，「よい仕事を得るため」などの実利的な理由で外国語学習を行う場合の動機づけである。一方，「統合的志向」は「目標言語を話す人たちの文化・社会への理解を深めるため」，「その人たちとの交流や同化を願うため」などの理由で外国語学習をする場合の動機づけである。外国語を学習する理由には，「よい成績を得るため」という理由もあれば「英語を話す人たちの文化について知りたい」という理由もある。特に，学校での外国語学習では，「道具的志向」と「統合的志向」は個人の中に混在すると考えたほうがよい。

表 1-2　Instrumental Orientation と Integrative Orientation

・**instrumental orientation** ... to learn the L2 to achieve some practical goal
　a. I think it will some day be useful in getting a good job.
　b. One needs a good knowledge of at least one foreign language to merit social recognition.
　c. I feel that no one is really educated unless he is fluent in the French language.
　d. I need it in order to finish high school.
・**integrative orientation** ... to learn the L2 to have contact with, and perhaps to identify with, members from the L2 community.
　a. It will help me to understand better the French people and their way of life.
　b. It will enable me to gain good friends more easily among French-speaking people.
　c. It should enable me to begin to think and behave as the French do.
　d. It will allow me to meet and converse with more and varied people.

（資料）Gardner and Lambert（1972）p. 148.
（注）松山（1973）p. 152 に上記項目の邦訳がある。

## (3)　内発的動機と外発的動機は英語学習にどのように関わるか

　外国語学習は強制されて行う場合もあれば楽しみのために行う場合もある。強制されて行う場合は学習理由についての自己決定の度合は低い。逆に，楽しみのために行う場合は学習理由への自己決定の度合は高い。学習理由について自己決定の度合から動機づけの型を分類したのが表 2-1 で，自己決定理論（self-determination theory）による動機づけの型を示している。これらの動機づけの型には，何かの手段や外的理由のために外国語学習を行う「外発的動機づけ（extrinsic motivation）」，学習自体に興味や喜びを見いだし，学習を行う「内発的動機づけ（intrinsic motivation）」，動機がみられない「無動機（amotivation）」がある。外発的動機づけは，さらに，社会環境からの圧迫や報酬による external regulation，恥や罪悪感などの内的な理由による introjected regulation，自分の成長のためなど個人的に決めた理由による identified regulation の 3 つの型がある。外発的動機づけの場合，自己決定の度合は external regulation が最も低く，identified regulation が最も高い。

## 1. 英語学習を学習動機の視点からみる

表 2-1　Self-Determination Theory による動機の型と特質

| |
|---|
| ・amotivation — a learner has no goals for learning a language<br>　（e.g. I cannot come to see why I study [French], and I don't give a damn.） |
| ・**extrinsic motivation** — to achieve some instrumental end<br>　external regulation — some pressure or reward that comes from the social environment<br>　　（e.g. In order to get a more prestigious job later on）<br>　introjected regulation — more internalized reasons, such as guilt or shame<br>　　（e.g. Because I would feel guilty if I didn't know [French].）<br>　identified regulation — has personally decided, ... activity has value...<br>　　（e.g. Because I think it is important for my personal development.） |
| ・**intrinsic motivation** — inherent pleasure in doing so<br>　（e.g. For the "high" I feel with hearing foreign languages spoken.） |
| （資料）Noels, Clément, and Pelletier（2001）pp. 424–442. |

　これらの型の動機づけは実際どのように外国語学習に関わるのだろうか。表 2–2（次ページ）は，これらの動機づけと perceived autonomy（学習環境での自律性の援助），perceived competence（自己の英語力の判断），motivational intensity（動機の強さ），persistence in English study（英語学習の継続意志）（以上はすべて質問紙調査），final grades（コースの最終成績）との相関をみたものである。

　表 2–2 から，identified regulation，intrinsic motivation，integrative motivation は，ほぼすべての Antecedents, Consequences の項目と有意な相関関係がみられる。このことから，内発的動機づけ，統合的動機づけ，identified regulation は英語学習に同様な関わりをもつことが推測できる。このことは，表 2–2 には示していないが，この調査結果では統合的動機づけが他の動機づけとの相関の中で内発的動機づけ，identified regulation とそれぞれ，.70, .42 の最も高い相関を示したことからも理解できる。また，amotivation，外発的動機づけの external regulation と introjected regulation は perceived autonomy などの英語学習のいくつかの変数と負相関を示している。これらのことは，英語学習において統合的動機づけと内発的動機づけの役割が重要であることを示している。

表2-2 Self-Determination Theoryによる動機と成績等との相関関係

|  | Antecedents | | Consequences | | |
|---|---|---|---|---|---|
|  | perceived autonomy | perceived competence | motivational intensity | persistence in English study | final grades# |
| amotivation | −.26* | −.15 | −.49** | −.44** | −.13 |
| extrinsic motivation | | | | | |
| external regulation | −.34** | −.28* | −.07 | .05 | .00 |
| introjected regulation | −.31* | .08 | −.06 | .01 | .01 |
| identified regulation | .37** | .30* | .45** | .31* | .17 |
| intrinsic motivation | .25* | .30* | .38** | .28* | .29* |
| integrative motivation | .44** | .34* | .38** | .24 | .43** |

(資料) Noels, Clément, and Pelletier (2001) p. 431.
(注) 被験者：59名（#：37名）（カナダの大学生。第一言語はフランス語），年齢：18–47歳（平均年齢21.34歳）。英語学習歴：数週間～20年，平均6.59年。英語のレベル：初級から上級。結果：*：$p < .05$, **：$p < .01$，動機の強さの順位：integrative orientation (5.35) / identified regulation (5.07) / external regulation (4.96) > intrinsic motivation (3.82) > introjected regulation (2.29) > amotivation (1.12)（（　）内：平均値，/：有意差なし，>：有意差あり）（7点法）。
(参考) Noels, Pelletier, Clément, and Vallerand (2000)

## (4) 統合的動機づけについて再検討する

外国語学習の動機づけの構造はどのようになっているのであろうか。動機づけの型と関連する要因の相関関係を個別にみていっても動機づけの構造は全体的には把握できない。次の図1は，ハンガリーの13歳から14歳の生徒

1. 英語学習を学習動機の視点からみる

8,593名を対象にして注に示した内容の質問紙調査を実施し，その結果を構造方程式モデリング（structural equation modelling）（共分散構造分析）によって分析し，変数間の因果関係と影響度をモデル化したものである。図中の矢印は有意な影響とその方向を示し，矢印が双方向の場合は相互に影響しあう

**図1　動機づけと関係要因**

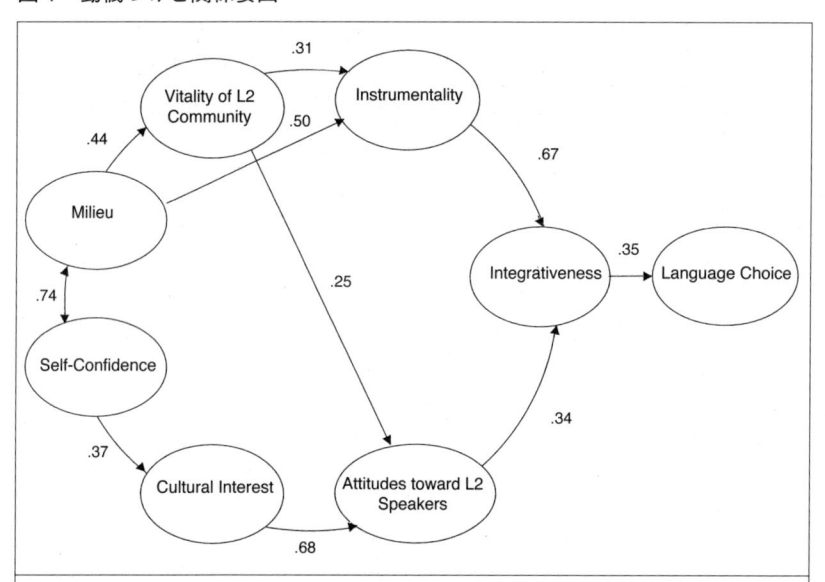

[図：動機づけと関係要因の構造方程式モデル。Milieu → Vitality of L2 Community (.44), Milieu ↔ Self-Confidence (.74), Vitality of L2 Community → Instrumentality (.31), Vitality of L2 Community → Attitudes toward L2 Speakers (.50), Instrumentality ↔ Integrativeness (.67), Integrativeness → Language Choice (.35), Self-Confidence → Cultural Interest (.37), Cultural Interest ↔ Attitudes toward L2 Speakers (.68), Attitudes toward L2 Speakers → Integrativeness (.34), .25]

（資料）Csizér and Dörnyei (2005) p. 27.
（注）変数の説明
Milieu：L2学習の大切さ，重要科目としての認識度，L2学習の大切さについての両親の認識。
Self-confidence：L2学習への成功の自信，話すことへの不安，課題の困難度の認識。
Vitality of the L2 Community; Country: developed / Country: important.
Cultural Interest：映画，テレビ番組，雑誌，音楽への嗜好。
Instrumentality：知識の獲得目的，世界での重要性，旅行・仕事での有用性。
Attitudes toward Speakers：外国への旅行，話者に会うこと，話者への好意。
Integrativeness：L2の好感度，L2文化の認識，L2話者への同化。
Language Choice：次年度に最も学習したい外国語の選択。

ことを意味している。また，矢印の部分の数値は影響力の強さを表わしている。この分析結果で特に興味深いのは統合的動機に関する integrativeness の役割と解釈である。language choice に直接影響するのは integrativeness のみで，この integrativeness にその他のすべての変数が直接的，間接的に影響しているからである。このことから integrativeness は動機づけの中心的な役割を果たすことがわかる。この図では integrativeness に直接影響する変数は instrumentality と attitudes toward L2 speakers で，instrumentality からの影響のほうが大である。では instrumentality は integrativeness にどのように関わるのであろうか。instrumentality は外発的動機ではあるが，義務的な学習や罰を回避するための学習に関わる ought self と仕事での有用性などに関わる ideal self を含み，integrativeness は「目標言語の文化・社会への同化」を理想にした学習者の外国語学習におけるさまざまな願望を表わす Ideal L2 Self で instrumentality の ideal self に深く関係するからである。このことは先にみた Noels, Clément, and Pelletier（2001）での integrative motivation と extrinsic motivation のひとつである identified regulation との相関関係の大きさからも理解できることである。

(5) 動機づけのプロセス・モデルとはどのようなものか

　これまでの動機づけ理論では動機づけの型とそれに関わる要因との関係を説明することに主眼が置かれてきたが，動機づけがどのように変化していくかについては扱われてこなかった。このような中で，動機づけモデルを動的な視点からとらえたのが，図2に示す動機づけのプロセス・モデルである。このモデルでは，行動前の段階から行動段階を経て行動後の段階までのプロセスで動機づけを説明するものである。たとえば，行動前の段階では目標設定を行い，学習を開始する意思をもち，実際に学習を開始する。次の行動段階では課題の設定と具体化を行い，行動をコントロールしたり，調整したりして，自己評価を行う。最後の行動後の段階では，自己の動機づけについての振り返りや方略の修正や放棄を行い，次の計画を立てることに進む。なお，動機づけの諸理論については Dörnyei（2001a）pp. 18–100 が詳しい。

(6) 授業中の教師と生徒の動機づけ方略について知る

　動機づけの研究は学習者に対する質問紙調査によるものが多く，実際の授

図2 動機づけのプロセス・モデル

| Preactional Stage → | Actional Stage → | Postactional Stage |
|---|---|---|
| **Choice Motivation** | **Executive Motivation** | **Motivational Retrospection** |
| *Motivational functions:*<br>・Setting goals<br>・Forming intentions<br>・Launching action | *Motivational functions:*<br>・Generating and carrying out subtasks<br>・Ongoing appraisal<br>・Action control | *Motivational functions:*<br>・Forming causal attributions<br>・Elaborating standards and strategies<br>・Dismissing intention & further planning |
| *Main motivational influences:*<br>・Various goal properties<br>・Values associated with the learning process itself, as well as with its outcomes and consequences<br>・Attitudes towards the L2 and its speakers<br>・Expectancy of success and perceived coping potential<br>・Learner beliefs and strategies<br>・Environmental support or hindrance | *Main motivational Influences:*<br>・Quality of the learning experience<br>・Sense of autonomy<br>・Teachers' and parents' influence<br>・Classroom reward- and goal structure<br>・Influence of the learner group<br>・Knowledge and use of self-regulatory strategies | *Main motivational influences:*<br>・Attributional factors<br>・Self-concept beliefs<br>・Received feedback, praise, grades |

（資料）Dörnyei (2001b) p. 22, (2003) p. 19.

業中に教師や生徒の動機づけ方略を観察した研究はほとんどない。実際に教師がどのような動機で指導し，生徒がどのような動機で学習しているかを観察することは授業の改善にも有益である。次のページの表3は韓国の中学校20校で27名の教師と1,381名の生徒が参加して行われた合計40件の授業

第4章 学習者要因について考える

表3 教師・生徒の授業中の動機づけ行動，生徒の自己評価の相関関係

|  | (B) Learner's motivated behavior | (C) Self-reported student motivation |
|---|---|---|
| (A) Teacher's motivational practice | .61*** | .31* |
| (C) Self-reported student motivation | .35* | — |

(資料) Guilloteaux and Dörnyei (2008) p. 69.
(注) ***: $p < .001$, *: $p < .05$

における教師・生徒の動機づけ方略（行動）の相関関係を分析した結果である。

表3の (A) Teacher's motivational practice の尺度は，①観察者による授業中の教師の行動観察結果（観測度数）と②授業後の授業評定値の和である。①の行動観察結果は1人の観察者が45分間の授業時間について1分ごとに，Teacher discourse (11項目)（例：referential question），Participation structure (2項目)（例：group work），Activity design (7項目)（例：＋team competition），Encouraging positive retrospective self-evaluation (5項目)（例：class applause) の合計25項目について該当する教師の行動をチェックし，該当する行動の観測度数の合計を記述したものである。一方，②の教師の授業評定値は同じ観察者が，授業後6点法で9項目（項目例：clear instructions and explanations）について教師の授業評価を行った結果である。なお，両者の満点などが異なるのでz値（平均値：0，標準偏差：1）に数値を変換後，①と②の和を (A) の尺度値としている。これに対して，(B) Learner's motivated behavior は3項目（例：attention）について授業中での1分ごとの生徒の行動が該当する場合（例：クラスの2/3以上に attention の現象が観察される場合）についてチェックした観測度数の和である。一方，(C) Self-reported student motivation は20項目からなる質問紙による生徒の自己評定結果を因子分析し，第1因子（寄与率：60%）の因子得点を尺度にしたものである。

表3の結果から，観察された教師の動機づけ行動 (A) と生徒の動機づけ行動 (B) との相関は .61 で生徒の動機づけ行動の得点分散の約 37% が教師の動機づけ行動から説明できることがわかる。また，生徒の動機づけ行動 (B)

と質問紙調査結果 (C) との相関は .35 で，両者に関連性があることが示唆された。なお，表3には示していないが，教師の動機づけ行動 (A) と生徒の自己評価 (C) の結果についての情報を同時に利用すれば，生徒の動機づけ行動 (B) の得点分散を約40%（重相関：.63）説明できるとしている。

## (7) ま と め

生徒の個人差は，とかく成績だけで判断してしまいがちである。しかし，生徒に適した指導を行うためには生徒の学習動機の質や強さなどについて知る必要があろう。指導法の善し悪しは結局生徒の個人差にどのように指導法が適合するかということになろう。学習は生徒が行うものである。指導に際して，今一度生徒の特性に目を向けたいものである。

第4章 学習者要因について考える

## 2. 生徒の学習方略と学習スタイルについて知る

### (1) 学習方略にはどのようなものがあるか

　学習方略は，生徒の学習を活発にし，学習の方向づけをするものである。学習方略には，表1のように，記憶を効率的にする方法や言語処理を活性化する認知活動や限られた英語力で伝達を図る方法などがある。また，自己の学習を統制したり，学習不安を除去したり，社会的場面で使用する方法も含まれる。これらの学習の仕方を習得すれば，生徒は学習を積極的に進めることができよう。

### (2) 生徒の学習方略について知る

　生徒がどのような学習方略を採用して英語を学習しているかを知ることは大切である。英語が苦手な場合，能力はあっても学習の仕方が効率的でない

表1　学習方略の型と活動例

| 学習方略の型 | 具体例（活動例） |
| --- | --- |
| 記憶 (memory) | 分類，イメージの想像，反復，動作 |
| 認知 (cognitive) | 練習機会，資料の活用，分析・総合 |
| 補償 (compensation) | 意味の推測，言い換え，身振りの利用 |
| メタ認知 (metacognitive) | 学習方法・計画の考案，学習評価 |
| 情意 (affective) | 不安の除去，激励，精神面の評価 |
| 社会的 (social) | 質問，共同での学習，異文化理解 |

（資料）Oxford (1990) pp. 18–21.
（注）方略研究の最も初期の研究には Rubin (1975)，Stern (1975) などの研究がある。これらは，優れた学習者の言語学習の特性を記述することが目的で，これらを発展させて学習方略の分類をしたのが O'Malley and Chamot (1990) の研究であった。この学習方略の型はメタ認知方略，認知方略，社会・情意的方略であった。

表2 学習方略の型（Oxford 1990）と使用頻度（N＝78）

| 型（事例） | 平均値 |
|---|---|
| 記憶（使用場面を想像して語彙を覚える） | 2.56 |
| 認知（英語を理解するとき，概要をとらえる） | 2.48 |
| 補償（未知語の意味を推測する） | 2.98 |
| メタ認知（計画をたてて評価する） | 2.46 |
| 情意（英語を話すとき，気を落ち着かせる） | 2.46 |
| 社会的（他の人と英語を練習する） | 2.12 |
| （資料）平均値：Takeuchi (1993) p. 23 の調査結果（5点法）。 | |

生徒もいる。たとえば，単語を覚える場合，ただ何回も機械的に書いて覚えるよりも，例文を自分で作って覚えるほうが定着がよい。

表2は，大学生が個々の型の学習方略をどのくらいよく使用しているかを質問紙により自己評価した結果である。50項目の学習方略を6つの型に分類して示した学習方略の型についての使用の実態を示している。大学生の報告では平均値が高いものほど使用頻度が高い。この結果では，補償方略は比較的よく使用されているが，社会的方略はあまり採用されていない。

指導上特に大切な学習方略を知るために，どのような型の学習方略が英語力に関わるかについて調べることも今後の課題である。Oxford (1990) には，利用できる質問紙（Strategy Inventory for Language Learning: SILL）と学習方略の指導例も豊富で参考になる。

### (3) 学習方略の使用は学力によって異なるか

表3（次ページ）では，記憶や情意面の学習方略は英語力に関係がみられないが，その他の学習方略は英語力に関係がある。

特に，認知については，英語力と使用頻度が比例している。認知面の学習方略は最も基礎的なもので，どの群でも指導上特に大切であろう。その他の3つの学習方略は，いずれもA群とB群との間に差がみられるので，基礎的な英語力がつく段階で指導目標になろう。

### (4) 学習方略をどのように調査し，授業に役立てるか

表4では，記録法は自己の学習方略についておおまかに認識するのに最も

第 4 章　学習者要因について考える

表 3　英語力と学習方略の使用頻度（各群の平均値：5 点法）の関係

|  | A 群 | B 群 | C 群 | 群間の差 |
|---|---|---|---|---|
| 記憶 | 2.81 | 2.95 | 2.93 | なし |
| 認知 | 2.79 | 3.08 | 3.28 | A < B < C |
| 補償 | 2.69 | 3.02 | 2.99 | A < B/C |
| メタ認知 | 3.16 | 3.42 | 3.45 | A < B/C |
| 情意 | 2.91 | 3.05 | 2.89 | なし |
| 社会的 | 2.91 | 3.17 | 3.21 | A < B/C |

（資料）Green and Oxford (1995) p. 274.
（注）A: Prebasic (121 名), B: Basic (129 名), C: Intermediate (124 名)，A < B < C: A, B, C 群の間で有意差，A < B/C: A,B 間，A, C 間で有意差。調査項目：50 項目（Oxford 1990）。

表 4　調査方法の有効性（日本人女子学生：108 名）

(A)　タスクの型と実施方法
記録（diary-keeping）と分析——教室での学習経験を学生が各自記録。週ごとに整理，分析。10 週間実施。10 週間後に教師に報告書を提出（36 名）。
質問紙（questionnaires）調査とクラスでの討論——授業中に配布された質問紙（日本語）に自宅で回答。結果をもとに自分の好みの学習方略についてクラスで報告，討論（37 名）。
面接（interviews）とグループ討論——各自の学習方略，態度，学習観（learner beliefs）についての面接とグループ討論（いずれも日本語で実施）（35 名）。

(B)　学生の評価結果〈学習への有効度〉*

|  | 2 | 3 | 4 | 5 |
|---|---|---|---|---|
| 記録と分析 |  |  | 19% | 81% |
| 質問紙調査とクラス討論 |  |  | 32 | 68 |
| 面接とグループ討論 | 9% | 68% | 23 |  |

（資料）Matsumoto (1996) pp. 143–148.
（注）*：5 点法で学生が評定（5:「最も効果的」）。
（参考）このほかに，生徒の過去の学習体験を整理させ，記述させる方法もある（Oxford and Green 1996）。

よい。しかし，記録法だけでは，他人のよい学習方略について知ることができない。この点，質問紙法と面接法では，他のよい学習方略についても知ることができる。しかし，面接法では自分の学習方略について十分整理できないままに回答することになりかねない。記録法をその他の方法と組み合わせて利用するとよいことがわかる。

## (5) 日本人学習者にとっての「成功につながる学習法」

日本人の学習方略を質的な面からみるとどのような特徴があるだろうか。表5の「成功につながる学習法」は日本人の書籍・学習記録・インタビューの記録から得られた学習方略の質的データである。言語背景の異なる学習者にも共通する学習方略も多いが，「基本文例・表現を大量に，徹底的に暗記する」や「パタン・プラクティスなどを通して，暗記したものを自由に使えるように練習する」など日本人に特徴的な方略と推測できるものもみられる。SILL (Oxford 1990) に示された学習方略以外のものも多く，興味深い。

表5 成功につながる学習法

| |
|---|
| （メタ認知方略） |
| ・対象言語と接触し，使用する機会をできるだけ増やす |
| ・対象言語を使う必要がある場面・タスクに自らを追い込む |
| ・練習活動と並行して現実場面での言語使用を積極的に増やす |
| ・対象言語を定期的・集中的に学習する |
| ・学習自体やコミュニケーション活動自体を楽しむ |
| ・短期の技術的な目標をもって学習を進める |
| ・学習方法や学習過程の特性を理解する |
| （リスニング） |
| ・細部にいたるまで「深く」，「細かく」聞く（初期から中期） |
| ・意味内容・情報に着目して「広く」聞く（中期以降） |
| （リーディング） |
| ・細部にこだわり「分析的に」読む（初期後半から中期） |
| ・意味内容に重点を置きながら「大量に」読む（中期から後期） |
| ・繰り返し音読する（初期から中期） |
| ・母語に訳さないで読む（中期から） |

(スピーキングと発音・韻律)
・基本文例・表現を大量に，徹底的に暗記する（初期から中期）
・パタン・プラクティスなどを通して，暗記したものを自由に使えるように練習する（初期から中期）
・「流暢さ」を重視する（初期から中期）
・外国語による独り言や会話シミュレーションをする（中期）
・正確さを重視する（中期から後期）
・モデル音声をよく聞き，正確にまねる（初期から中期）
・シャドーイングやリピーティングを行う（中期から後期）
・母語話者の口元に着目し，その働きをまねる（個人差大）

(語彙)
・基礎語彙を速やかに蓄積する（初期）
・多重経路と複数の手がかりを使い，語彙を記憶する（初期から中期）
・リスト化により特定の語彙を増やす（初期および後期）

(ライティングと文法)
・読む量を増やす（中期以降）
・読んだものから表現を借りて覚え，利用する（中期以降）
・定期的に書き，添削してもらう（中期以降）
・形式やルールを意識的に学ぶ（中期前半頃から）
・学んだ形式やルールを文脈の中で気づき，確認する（中期以降）

(資料) 竹内 (2003) pp. 197–209.
(注) Takeuchi (2003) p. 390 では 67 冊の外国語学習に関する書籍に示された，日本人 160 名のよい学習者 (GLLs) が採用する同様の方略が提示されている。

## (6) 言語学習方略と言語使用方略について考える

学習方略は学習と使用の観点から整理することができる。表 6 の分類はそのよい例である。これによれば，学習方略は言語学習方略と言語使用方略に分けることができる。言語学習方略には学ぶ対象をはっきりさせる分類方略，学習対象と接触する機会を多くする接触方略，学習内容を記憶しやすくする記憶方略がある。一方，言語使用方略は記憶の検索を容易にする検索方略，

運用のための練習を行う練習方略，必要に応じて自己の言語能力の不足を補う代用方略，情報の伝達を重視する情報方略が含まれる。これらの言語学習方略と言語使用方略は互いに関係し，タスクの性質や学習者の使用の仕方によって使用効果は決まると考えられる。学習と使用の両面から方略をとらえる見方は興味深い。

表6　学習方略 (strategies) の分類

| |
|---|
| 言語学習方略 (language learning strategies) |
| 　分類方略 (categorizing strategies)　学習対象の明確化・分類 |
| 　接触方略 (contact strategies)　学習対象との接触 |
| 　記憶方略 (memory strategies)　学習材料の記憶 |
| 言語使用方略 (language use strategies) |
| 　検索方略 (retrieval strategies)　記憶内容の検索 |
| 　練習方略 (rehearsal strategies)　使用のための練習 |
| 　代用方略 (cover strategies)　定型表現などの利用による代用 |
| 　伝達方略 (communication strategies)　情報の伝達 |

(資料) Cohen (1998)

### (7) 教師が重要だと判断する方略は生徒がよく使用する方略か

　学習方略の研究は学習者を対象にした調査が多い。しかしながら，教室での学習方略の指導を考える場合は生徒の方略使用だけでなく，教師がどのような学習方略を重要であると考えているかを知っておいたほうがよい。表7では，32項目 (学習方略) の調査結果の中で教師の重要度の評定 (平均値) が3.5以上の17項目について，その数値の高い順に，教師の評定 (平均値) と生徒の使用頻度 (平均値) を示している。この結果では，教師は特に実際の言語使用体験に関わる方略 (例: ①, ②, ③, ④, ⑥, ⑦) を重視し，ここに示した17項目の学習方略を重要である (平均値が3.5以上) と報告している。一方，生徒は方略の使用頻度について32項目の中で7項目の学習方略を使用頻度が高い (平均値が3.5以上) と判断し，その中で表に示した5項目の学習方略 (③, ④, ⑤, ⑨, ⑫の各項目) は教師が重要であると判断した方略に含まれている。また，生徒の報告した方略使用頻度の平均値は32項目全体で3.1で，この表に示した17項目の中で12項目が3.1以上である。これ

第4章　学習者要因について考える

らのことから，この表では方略の重要度と使用頻度の高さは平均値がいくぶん異なるものの数値の相対的な高さの順位は共通する傾向がみられる。教師が重要と考える学習方略は生徒もおおむねよく使用している傾向があると推測できる。なお，教師と生徒の評定の平均値が最も大きく異なるのは，①「英語の母語話者と話すこと」，⑮「日記を英語で書くこと」，⑰「言語学習ゲー

表7　学習方略の重要度（教師による評定）と使用頻度（生徒による評定）

| Statement (abbreviated) | Teachers | All students |
| --- | --- | --- |
| ① talking to native speakers of English | 4.8 | 3.4 |
| ② learning in an environment where the language is spoken | 4.6 | 3.4 |
| ③ listening to native speakers of English | 4.4 | 3.8 |
| ④ talking to other students in English | 4.4 | 3.5 |
| ⑤ learning from mistakes | 4.4 | 3.6 |
| ⑥ trying to think in English | 4.2 | 3.2 |
| ⑦ making friends with native speakers | 4.2 | 2.8 |
| ⑧ consciously learning new vocabulary | 4.0 | 3.3 |
| ⑨ learning from the teacher | 3.9 | 4.0 |
| ⑩ noting language used in the environment | 3.9 | 2.8 |
| ⑪ revising regularly | 3.8 | 3.1 |
| ⑫ keeping a language learning notebook | 3.8 | 3.5 |
| ⑬ studying English grammar | 3.7 | 3.4 |
| ⑭ not worrying about mistakes | 3.7 | 3.2 |
| ⑮ writing a diary in English | 3.7 | 1.9 |
| ⑯ reading books in English | 3.6 | 2.7 |
| ⑰ using language learning games | 3.5 | 2.1 |
| 平均値（32項目全体） | 3.6 | 3.1 |

（資料）Griffiths（2007）pp. 95-96.
（注）質問紙法による調査結果（5点法）。調査対象者は，教師がニュージーランドの英語教師34名で，生徒は初級から上級までの14-64歳で14ヵ国の131名（男子：55名，女子：76名）である。生徒の上位群，下位群別の使用頻度については原論文を参照。
（参考）Griffiths（2003）は高頻度の学習方略の類型と特質について調査結果を報告している。

ムの実施」である。これらの相違が大きい学習方略は特により多く指導する必要があるかもしれない。この調査はニュージーランドでの調査結果であるので，日本のような外国語としての英語学習の状況で再度調査を行う必要があるが，学習方略について教師の重要度の評価結果を調べた点は興味深い。

(8) 学習スタイルにはどのようなものがあるか

学習方略と同様に生徒の学習スタイルを知ることも学習指導では必要である。視覚型・聴覚型，グループ学習志向型・個別学習志向型，曖昧性耐性などの学習スタイルがある。生徒は自分の得意な学習スタイルで学習することも大切であるが，自分の不得意な学習スタイルを補強することも必要であろう。学習スタイルの質問紙には次のものがある。なお Reid (ed.) (1995) にもいくつかの質問紙が採録されているので参考になる。

---

学習スタイルについての質問紙
・Perceptual Learning Style Preference
　Questionnaire (Reid 1987, pp. 110–111) 30 問。5 点法評価。
　Visual, Auditory, Kinesthetic, Tactile, Group, Individual の各学習スタイル。
・BARSCH LEARNING=STYLE INVENTORY
　(Davis et al. 1994 pp. 16–17) 24 問。5 点法評価。
　Visual, Auditory, Tactile の各学習スタイル。
・The Ehrman and Leaver Learning Style Questionnaire
　(Ehrman and Leaver 2003) 10 領域，(A)：9 点法評価，(B)：5 点法評価。
　(A)：Field Sensitive / Insensitive など，(B)：Concrete (Abstract) などの各学習スタイル。詳しくは下記参照。

---

(9) 学習スタイルの分類（例）と指導について知る

学習スタイルの分類について，Ehrman and Leaver (2003) は表 8 のように行っている。なお，"Random — Sequential" は理解しやすいように原文を注に示しておく。

表 8　学習スタイルの分類

| |
|---|
| Field Sensitive (場過敏型) — Field Insensitive (場無関心型) |
| Field Independent (場独立型) — Field Dependent (場依存型) |

> Random*（自己優先）— Sequential**（外部優先）
> Global（全体型）— Particular（要素型）
> Inductive（帰納型）— Deductive（演繹型）
> Synthetic（総合型）— Analytic（分析型）
> Analogue（質的思考）— Digital（量的思考）
> Concrete（体験型）— Abstract（理論型）
> Leveling（類似志向）— Sharpening (相違志向)
> Impulsive（衝動型）— Reflective（熟慮型）
>
> （資料）Ehrman and Leaver (2003) p. 404.
> （注）*: "follow[s] internally developed order of processing that may appear 'random' to others."; **: "follows externally provided order of processing, such as that in a textbook."

　これらの分類が指導にどのように関係するのだろうか。Ehrman and Leaver (2003) では，たとえば，日本語を学ぶひとりの学生が質問紙調査でこの分類によって，「場依存型」が顕著にみられた場合，テキストの重要事項を選択し，順序立てて指導し，「量的思考」の傾向が強い場合は部分よりも概要把握を段階的に指導し，「体験型」のスタイルを特に好む場合は教室外での体験活動を取り入れるなどの工夫を提案している。

### (10) 聴覚学習の好みや視覚学習の好みは文化によって異なるか

　生徒によっては，文字による学習を好む者もいれば，音声による学習を好む者もいるようである。いわゆる視覚型と聴覚型である。表9は米国留学中のいくつかの国の学生とネイティブの学生を対象に，視覚，聴覚などの学習スタイルの好みを質問紙によって調べた結果の一部である。

　これによれば，視覚学習を好むのは韓国，アラブ，中国の学生で，聴覚学習を特に好むのは中国，アラブ，韓国の学生と英語のネイティブである。

　日本人は他のグループと比べて聴覚学習の好みの数値が最も低く，視覚学習の好みも数値は相対的に低い。被験者が少ないので，一般化はできないが，日本人は控えめな自己評価をするのかもしれないし，これらの学習スタイルの好みは日本人の間でも個人差がかなりあるのかもしれない。個々の生徒の学習スタイルの好みを考慮した指導が望まれるが，そのためには生徒の学習

表9　言語背景と好みの学習スタイル

| Language | | Visual | Auditory |
|---|---|---|---|
| Japanese | (130名) | 12.54 (+) | 12.67 (+) |
| Chinese | (90名) | 13.55 (++) | 14.09 (++) |
| Korean | (118名) | 14.07 (++) | 13.73 (++) |
| Arabic | (193名) | 13.75 (++) | 14.06 (++) |
| English | (154名) | 12.12 (+) | 13.82 (++) |

(資料) Reid (1987) p. 96.
(注) ++：13.50以上，　+：11.50～13.49，　(参考) -：11.49以下

スタイルの好みについて調査する必要がある。

## (11) ま と め

　生徒に自分の学習方略や学習スタイルについて気がつかせたり，適切な学習方略や学習スタイルについて教えることは，学習を活発にするのに有益であろう。教師にとっても，生徒の学習方略や学習スタイルを考慮した指導ができるようになろう。なお，個々の学習方略に関連した活動例については，Oxford (1990)，大学英語教育学会学習ストラテジー研究会 (編著) (2006) が具体的で参考になる。学習スタイルと指導例については，たとえば，日本などの東アジアの学生たちへの指導について Rao (2003) の指導例などが示唆的である。

第4章 学習者要因について考える

## 3. 生徒の心理的要因について知る

### (1) 学習不安はどのようにあらわれるか

　不安には対人関係，テスト，能力に関わる不安があるが，表1-1の資料では，英語学習には約4人に1人が最も大きな不安を感じている。表1-2では中学生は人前での活動に最も不安を感じている。佐藤（1995）の調査では，中学生3,920名の約30％が英語学習に不安を抱き，テスト，話すこと，対人関係などが不安の最も大きな誘因であるらしい。適度の緊張は学習にプラスの影響をもたらす場合もあるが，過度の不安は学習を阻害するので不安の要因

表1-1　授業中に最も不安を感じる教科（中学生201名）

| 数学 | 理科 | 英語 | 国語 | 社会 |
|---|---|---|---|---|
| 32.3% | 25.9% | 23.9% | 11.0% | 7.0% |

（資料）佐々木（1992）p. 15.
（注）数値：各教科を選択した生徒の割合。

表1-2　活動例と学習不安（5点法による平均値）（中学生201名）

| 不安の最も低い活動 | | 不安の最も高い活動 | |
|---|---|---|---|
| ・ビデオを見たり，テープを聞く | 3.86 | ・対話を皆の前で発表する | 2.02 |
| ・教師の後について皆で反復する | 3.83 | ・皆の前で口頭発表やスキットをする | 2.15 |
| ・授業中，黙読をする | 3.40 | ・自分で作った英文を黒板に書く | 2.20 |
| ・3, 4人でグループ活動をする | 3.35 | ・教師と一対一で会話練習する | 2.31 |
| ・チームに分かれてゲームで競争する | 3.15 | ・英語を聞き英語で答える | 2.34 |

（資料）佐々木（1992）pp. 13-14.
（注）数値が低いほど不安の度合は大きい。

を探し，不安を軽減する工夫が必要になる。

## (2) リスニングなどは不安とどのような関係があるか

　外国語を聞いたり，話したりする際に学習者は不安を感じるのではないだろうか。米国でのアラビア語学習についてこれらのことを調べたのが表2の資料である。被験者は米国の大学6校でアラビア語を学ぶ233名の学生（女性：126名，男性：107名）である。この調査結果では学習全体についての学習不安と学習成績との間に相関 (-.54) がみられ，リスニング不安とリスニング成績との間にも相関 (-.70) がみられたとしている。特にリスニングの場合，不安と成績に負の高い相関がみられたことは両者に強い関係があることを示唆している。なお，学習不安とリスニング不安にも相関 (.66) がみられるが，高い相関ではないのでリスニング不安は学習全体の不安とはある程度独立して存在することも推測できる。

表2　リスニングと不安などの相関関係

|  | 学習不安 | リスニング不安 | 学習成績 | リスニング成績 |
| --- | --- | --- | --- | --- |
| 学習不安 | 1.00 | | | |
| リスニング不安 | .66** | 1.00 | | |
| 学習成績 | −.54** | −.65** | 1.00 | |
| リスニング成績 | −.53** | −.70** | .82** | 1.00 |

（資料）Elkhafaifi (2005) p. 212.
（注）学習不安：FLCAS (Foreign Language Classroom Anxiety Scale)，リスニング不安：FLLAS (Foreign Language Listening Anxiety Scale)，学習成績：コースの最終成績；リスニング成績：リスニングの最終成績。
**：$p < .01$　なお，FLCASなどの質問紙の例はこの論文の付録に載せられている。

　ライティングの不安については，Cheng (2002) の研究がある。台湾の英語専攻の165名を対象にしたこの研究では，ライティング不安はライティングへの自信，動機づけ，英語学習の課外活動，ライティング成績の順に関わり，これらの情報をすべて使用するとライティング不安は得点分散の57%を

説明できることがわかった。さらに，学習不安は外国語の言語技能のみで説明できることを調べた最近の研究には，Sparks and Ganschow（2007）の研究があり，これによれば FLCAS は学習者の言語技能を反映していることを示唆している。

### (3) 外向的な生徒ほど英語は得意か

外向的な生徒が英語が得意とは限らない。向性と英語学習には，だいたい，表3のような関係がみられるようである。内向的な生徒には，ペアや少人数のグループで不安を感じないようにさせ，外向的な生徒には会話をグループでさせてもよいだろう。

表3　向性と外国語学習との関係

| 外向性（extroversion） | 内向性（introversion） |
|---|---|
| 〈外界の対象物に関心〉<br>・社交的<br>・衝動的傾向<br>・言葉を使用することを好む<br>・会話学習，グループ学習に適する | 〈自分の心の内部に関心〉<br>・内気<br>・内省的傾向<br>・自分で言葉の働きを考える<br>・文法，知識重視の学習，個別学習を好む |

### (4) 女子は男子よりも英語学習に適しているか

表4の調査では，50項目の学習方略の中で英語力のみに正の関係がみられたものが16項目で，英語力に関係なく女性のほうが男性よりも採用頻度の高いものが12項目あったという。表4の学習方略の例をみると，女子のほうが男子よりも，他人に依頼したり，感情に訴えたりする学習方略や記憶に関わる学習方略をより多く採用する傾向がみられる。男女のどちらが言語学習に向いているかはわからないが，学習の仕方は異なる傾向があるかもしれない。

### (5) 曖昧さへの寛容性は英語学習に関係するか

英文を読んだり，書いたりするときに完璧に理解したり，表現しなければ気のすまない人もいれば寛容でありすぎる人もいる。表5の例は，曖昧さに

## 3. 生徒の心理的要因について知る

表4　英語力，性差に関係がみられた学習方略の例

| 英語力のある人が多用した方略 | 女性のほうが多用した方略 |
|---|---|
| 〈Active use of English〉<br>・Read for pleasure in English<br>・Seek opportunities to read in English<br>・Look for people to talk to in English | 〈Social and affective〉<br>・Ask other person to slow down or repeat<br>・Ask to be corrected when talking<br>・Ask for hep from English speakers |
| 〈Conversation practice〉<br>・Practice sounds of English<br>・Try to talk like English speakers<br>・Start conversations in English | 〈Sensory memory〉<br>・Review English lessons often<br>・Skim then read carefully<br>・Use flashcards to remember new words |

(資料) Green and Oxford (1995) pp. 285–286.
(注) 被験者 (大学生)：女子 178 名，男子 196 名。

表5　曖昧さへの寛容性の強さと関係がみられた学習方略の例

| | |
|---|---|
| ・読んでいるとき，未知語の意味を辞書で調べる | (−.39) |
| ・話す前に，言うことをきっちり考える | (−.38) |
| ・うまく言えない場合に，先生によい表現を聞く | (−.32) |
| ・会話で自分が不確かなことを言うと気にする | (−.29) |
| ・文を書くとき，個々の文の文法にこだわる | (−.25) |

(資料) Ely (1989) pp. 440–442.
(注) 被験者：大学生 84 名 (スペイン語学習者)，「曖昧さへの寛容尺度」：12 項目，6 点法 (例：When I'm writing in Spanish, I don't like the fact that I can't say just what I want.)，数値：「曖昧さへの寛容尺度」の合計得点と学習方略との相関。

寛容でない人が採用する傾向が強い学習方略である。これらの学習方略を採用する傾向が著しく強い人には，学習方略の指導の際に曖昧さに寛容な態度をもつように指導していくとよいかもしれない。

第4章　学習者要因について考える

## (6) 学習動機は文化によって異なるか

　表6の調査は，中国，韓国の調査対象校と調査者数が日本の場合と比べるとやや少ないので，一般化は困難であるが，強い学習動機は，中国の場合は外国文化・技術の受容，韓国の場合は総合的な伝達技能の養成，日本の場合はオーラル・コミュニケーション能力の養成などにみられるようである。動機づけは伝達能力の習得願望を軸にして，文化によって多少異なるのかもしれない。中国，韓国の大学生が英語学習について強い動機をもっていることも理解できる。

表6　大学生の学習動機の比較（平均値：5点法）

| 中国人大学生<br>（4大学482名） | 韓国人大学生<br>（8大学547名） | 日本人大学生<br>（15大学752名） |
|---|---|---|
| 将来の研究　　（4.6） | 新聞・雑誌*　（4.5） | 聴解力養成　　（4.3） |
| 技術の導入　　（4.6） | 会話力養成　　（4.5） | 会話力養成　　（4.2） |
| 情報の取得　　（4.5） | 作文力養成　　（4.5） | 海外旅行　　　（4.2） |
| 専門読解力　　（4.4） | 読解力養成　　（4.4） | |
| 雑誌・新聞*　（4.4） | 聴解力養成　　（4.4） | |
| 読解力養成　　（4.3） | 専門読解力　　（4.3） | |
| 海外情報+　　（4.2） | 海外旅行　　　（4.2） | |
| | 将来の研究　　（4.2） | |

（資料）宮原他（1997）p. 227.
（注）*：読解力の習得願望，+：情報の取得，平均値が4.2以上の項目のみを示した。

## (7) ま と め

　生徒の心理的要因として学習不安，向性，性差，曖昧さへの寛容性，学習動機をとりあげて，英語学習の取り組み方との関係を検討した。これらの心理的要因は指導法のかげにかくれて教室ではみえにくいので，指導上留意したいものである。

第4章 学習者要因について考える

## 4. 生徒の認知能力と指導法を考える

### (1) 数学の得意な生徒は英語もできるか

　国語や数学が得意な生徒は英語もできるとよく言われる。国語と英語には言語という共通性があり，数学と英語にはルール学習という共通性がある。表1（著者の未発表資料）では，確かに，国語や数学の成績がよい生徒は英語の成績もよい傾向がみられる。英語との共通性の推定値は，それぞれ約32%と約50%である。数学のほうが共通性が多い。表1の英語のテストが文法を重視したものであったからかもしれないが，英語学習には論理的な認知能力も関係するようである。

### (2) 知能が高いほど英語はできるか

　表2（著者の未発表資料）では知能（IQ）が高ければ英語もできる傾向がみられるが，共通性の割合は低い（約14%）。国語も同様で，数学はいくぶん高

表1　英語の成績との相関関係

| 国語 | 数学 |
|---|---|
| .57 | .71 |
| (32.5%) | (50.4%) |

(注) 調査生徒数：136名（中学校3年生），成績：実力テストの成績。

表2　知能（IQ）と成績との相関関係

| 英語 | 国語 | 数学 |
|---|---|---|
| .38 | .35 | .48 |
| (14.4%) | (12.3%) | (23.0%) |

(注) 調査生徒数：136名（中学校3年生），成績：実力テストの成績。

いが，それでも 20% 前後である。表１の数値と比べると，知能よりも国語や数学の成績のほうが英語には関係が深いことがわかる。

## (3) 記憶力は英語力に関係があるか

英語で数字を一時に何個くらいおぼえられるだろうか。表 3–1 では，母語の場合，7 桁から 8 桁以上であるが，外国語の場合はそれ以下の桁数しか記憶できない。成人の場合，初級の EFL 学習者では平均 5.9 桁，上級では 6.7 桁であったという報告もある（Cook 1991 p.50）。英語での記憶範囲は英語力に関係があるらしい。一般に，英語力があれば，短時間で英文の意味が理解でき，記憶するための音声を調音する速度が増し，記憶量も多くなる。

表 3–1 数字の短期記憶範囲（平均値）

|  | 母語（英語） | 外国語（フランス語） |
|---|---|---|
| 12 歳 | 7.5 桁 | 4.7 桁 |
| 14 歳 | 8.2 | 5.4 |

（資料）Cook (1991) p. 50.
（注）3 / 5 / 1 / 3 / 1 / 6 で 6 桁の記憶。

表 3–2 は英文の記憶について聞いておぼえる場合と見ておぼえる場合で調べたものである。英語力の等質な 2 群に 5 音節から始めて 1 音節ずつ長くなる 20 の英文を 1 度に 1 文ずつ，聴覚提示（LL 教室でヘッドフォンにより聴覚提示）と視覚提示（コンピュータのディスプレイ上に提示）を行い，提示終了後に英文とその意味（日本語）を記入してもらったものである。正確に再生された最も長い文の音節数がメモリスパンで，提示群別にその平均値を表 3–2 では示している。なお，平均値に近い音節数の提示された英文も参考に示してある。結果は視覚提示のほうが聴覚提示よりも 4 音節くらい記憶量が多い。この場合の記憶は，必要な情報を聞いて（読んで）一時的に保持し処理をする機能であるので作動記憶（working memory）という。作動記憶容量の大きい学習者ほどリスニングやリーディングが優れていることが推測できる。作動記憶の活性化によって低位レベルの情報処理作業を自動化し，より多くの記憶資源を高位レベルの認知活動に割り当てることができるからである（大石 2006 p. 89）。

表3-2 大学生のメモリスパン（正確に再生された最も長い文の音節数の平均値）

| 聴覚提示群（47名）13.5音節　視覚提示群（62名）17.8音節 |
|---|
| ・Are you going to talk about Japan in your lecture?（14音節） |
| ・I went on a picnic with my family, and had a good time Thursday.（18音節） |
| （資料）門田（2006）pp. 172–173. |

## (4) リスニングに役立つメモとは

　話を聞きながら，聞いた内容をメモすることは会議などでよく行われる。メモは，重要な情報を抽出し，整理・構成する論理的な認知能力を必要とする。英語のリスニングでは，記憶範囲が限られるので，メモは特に必要である。では，メモが上手にできれば，内容理解もよくできるだろうか。メモを認知能力の点からみてみよう。

　表4は，ビデオ視聴中のメモを分析した結果である。視聴後の内容理解テストの成績で上位，中位，下位の3群に被験者を分けて，群ごとのメモの仕方の相違をみたものである（各群とも上3つの数値は群ごとの平均値，後の2つは各群の使用者の割合を示している）。

　表4では，総語数，重要語の数，必要な情報量が多いメモほど内容理解がよい傾向がある。特に，上位群では，情報を因果関係などで関連させたり（例："premature death → dangerous"），次のように記号や略字を工夫して情

表4　各群のメモの仕方と成績との関係（全体）

|  | 上位 | 中位 | 下位 | 相関 |
|---|---|---|---|---|
| total words | 61.4 | 43.6 | 44.8 | .31 |
| key words | 10.0 | 7.2 | 6.6 | .40 |
| information units | 15.8 | 11.2 | 10.4 | .40 |
| links | 63.8% | 38.1% | 33.3% | — |
| symbols/ abbreviations | 39.7% | 33.3% | 13.7% | — |
| （資料）Moriya and Shimazaki (1995) pp. 46–48. |
| （注）被験者（大学生）：上位58名，中位21名，下位51名。相関：内容理解とメモの仕方との関係（130名）。 |
| （参考）Flowerdew (ed) (1994) |

報を整理したりして，論理的に構成する傾向が強い。

〈大学生が考えたメモの仕方の工夫〉
・略字　pp: patients, E: education
・記号　→：（因果）関係，>: more than，∴: because，下線，○：重要語
　　　　!：自分の解釈

　このようなメモのとり方は，初級のリスニング指導でも工夫できないだろうか。リスニング・テストでメモは許容されるものの，メモのとり方の指導はほとんどみられない。どのようにメモをとるのかについて指導が必要であろう。中学生の場合，5W1Hのメモの枠を与えておいて，聞きながら，そこにメモを記入させることも考えられよう。

## (5) Semantic Mapping とリーディング指導

　読み物を読む前に，何が書いてあるかを知りたいと思うことが多い。概要を知っておけば，自分の経験に関連づけて読み進めることができる。そのためには，生徒に読ませる前に，キーワードをいくつか与えておいて，内容を予測させることもひとつの方法である。これも認知能力を生かした指導である。

　同様に，キーワードを図1のように配置して，内容について予測をさせる方法もある。キーワードの未知語の意味は事前に教えておいてもよい。物語は展開が複雑なので，この方法は論説文により適している。読み終えてから，読んだ内容について，この方法で整理させることもできる。この方法を作文

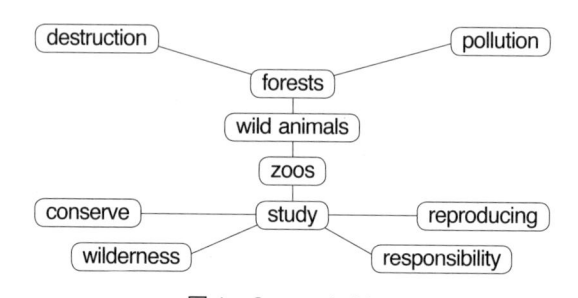

図1　Semantic Map
（Key words: *Sunshine Readings*, 1995, 開隆堂出版, p. 125）

に生かせば，まず，キーワードを配列させ，作文の構想をまとめさせてから，書かせることも可能である。

## (6) 記憶を容易にする語彙指導とは

語彙の記憶は，暗記よりも，文脈の中でおぼえたり，関連語とともにおぼえたりするとよい。処理レベルを深くして学習すると記憶されやすい。しかし，学習した語彙は忘れやすいので規則的な復習が必要である。

**語彙学習のデータ（Schmitt and Schmitt 1995）**

- ・新語の習得には 5–16 回以上の反復が必要である。
- ・8 学年の児童でも文脈から 1 度で習得できる語（母語）は 10–15% しかない。
- ・語彙の復習は学習後 5–10 分，24 時間後，1 週間後，1 ヵ月後，6 ヵ月の間隔でするとよい。

## (7) ま と め

生徒の認知能力は英語学習の仕方や成果に関係があるとすれば，生徒の認知能力を生かした指導方法を工夫する必要があろう。生徒に教えた英語は生徒の認知能力を経て学習されることを今一度考えたい。中学生や高校生が何語くらいの長さの英文を一時に記憶できるのかなど基礎的なデータも必要であろう。

第4章　学習者要因について考える

## 5. 英語学習に日本語はどのように関わるか

### (1) 国語ができれば英語もできるか

　国語と英語は，母語と外国語という違いがあるが，言語学習という点では共通性がある。表1（著者の未発表資料，p. 147 表1を再掲）では，国語の成績がよい生徒は英語の成績もよい傾向がみられる。両者の共通性の推定値は，約32％である。英語の能力と国語の能力には共通性があるようである。

### (2) 読めないのは英語力がないためか

　英語をよく読めるようにするためには英語力をつけることであるとよく言われる。確かに，単語や文法をよくおぼえればよく読めるかもしれない。
　しかし，表1のように，国語と英語の成績に関係があるとすれば，国語の読み方も英語の読みに部分的に関係するのではないだろうか。英語の読解力に日本語の読解力と英語力はどのように関係するのだろうか。
　表2の(A)では，英語（外国語：L2）の読解力はスペイン語（母語：L1）

表1　国語の成績と英語の成績との関係

| 調査生徒数：136名（中学校3年生） |
| 成績の相関：.57（共通性：約32％） |
| (注) 成績：実力テストの成績。 |

表2　読解力 (L2) との共通性

| 読解力 (L2) | 読解力 (L1) | 語学力 (L2) | 共通性 |
| --- | --- | --- | --- |
| (A) 英語 | スペイン語 | 英語 | 35.3％ |
| (B) スペイン語 | 英語 | スペイン語 | 53.4％ |
| (資料) Carrell (1991) p. 167. |||| 
| (注) 被験者（学生）：(A) 45名，(B) 75名。 ||||

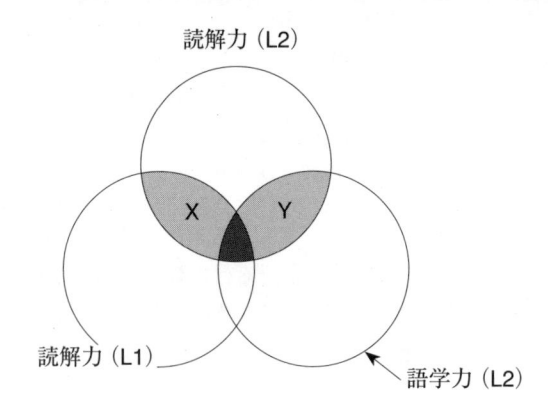

図1 読解力（L2）と読解力（L1）・語学力（L2）との関係

読解力（L2）

X　Y

読解力（L1）　　　語学力（L2）

の読解力と英語力で約35％説明できることを示している。表2の（B）では，スペイン語（L2）の読解力は英語（母語：L1）の読解力とスペイン語力で約53％説明できることがわかる。説明できる割合（共通性）は母語と外国語の種類，被験者の外国語能力の分布，テキストの内容・難しさなどによって異なることが予想できるが，一般的には，図1のように，外国語の読解力には母語の読解力と外国語の能力が関わるのかもしれない。

　テキストが生徒にとって難しい場合やよく知らない内容の場合は，母語で優れた読みの技能をもっていてもそれを十分に使うことができずに単語や文法中心の読み方になる（Clarke 1980の用語では，"short circuit"する）傾向がみられる。この場合，図1のYの部分はより増加する。逆に，内容をよく知っているテキストや易しいテキストを読む場合，図1のXの部分は増すと考えられる。

### (3) 英語で説明上手な人は日本語でも同じか

　英語で家族について説明する際にfamilyという語が出てこない場合，生徒の中にはgroupという上位概念の語を用いたり，father, mother and childrenなどのように構成要員について例示してうまく説明する者もいる。このような言い替えは日本語でもよく行われることである。では，言い替えが日本語で上手な生徒は英語でも上手であろうか。これらの能力には関係がみられるだろうか。

表3 伝達性（英語）と伝達性（日本語）および英語力との相関関係

|  | 伝達性（日本語） | 英語力 | 共通性 |
|---|---|---|---|
| 伝達性（英語） | .40<br>（16%） | .51<br>（26%） | 38.6% |

（資料）Mishima（1995）p. 27, p. 29.
（注）被験者：大学生106名。伝達性：日本語，英語の各3名のネイティブによる6点法の評価（書くことによる「言い替え」の理解度）。

表3では，書くことについて，日本語で言い替えが上手な人は英語でも言い替えが上手な傾向がみられる。確かに，英語力もより多く関係するが，日本語にも共通する伝達技能が関係することが推測できる。

### (4) 国語と関連した英語の指導法とは

小学校や中学校の国語では，発問による読解指導が行われることが多い。授業の展開や生徒の読みの深さは発問の質によると言ってもよい。次の指導事例（Question）は，国語での発問の仕方を参考にして，生徒に積極的に読みの活動をさせるものである。

---

・Text

The family camped that night. The father made a fire and then brought some water from the river. ..... ("A Camp on the High Prairie" in *Sunshine English Course* 3, 1986, 開隆堂出版)

・Question

What sounds (oto) do you hear in this scene?
Make a list of what you hear.

・Question

Where does your sound come from?

（資料）Yanai（1990）pp. 51–53.

---

### (5) ま と め

生徒の国語の力は英語学習に関係があるとすれば，国語と英語に共通する指導内容を考えたり，教科の枠をこえて国語と英語の指導のあり方を再考することが必要であろう。

第5章

# 伝達能力と異文化理解について考える

コミュニケーション能力を育成する必要性が主張されてから久しい。語彙や文法の力に加えて，談話能力，方略的能力，社会言語学的能力を育成することが求められている。これらの能力を適切に使用する際には言語使用の文脈・場面との関わりが問題になる。この章では，談話分析，語用論，異文化理解などの研究成果をふまえた教室でのデータをみて，表現力の指導について考えたい。

# 第5章 伝達能力と異文化理解について考える

## 1. 談話分析から英語の指導を考える

### (1) ネイティブのほうが Connectors を多く使うか

表1(A)で，議論を補強する表現('indeed', 'of course', 'in fact')，例を示す表現('e.g.', 'for instance', 'namely')，論点を加える表現('moreover')は，学習者(NNS)のほうがより多用する傾向がある。しかし，表1(B)の対比を表す表現('however', 'though', 'yet')と論理関係を示す表現('therefore', 'thus', 'then')は，ネイティブ(NS)のほうが使用頻度が高い。この資料は上級学習者の essay writing の場合であるが，論理の方向づけ，展開に関わる connectors は，生徒により多く使用するように指導してよいことを示唆している。また，この調査では，文頭に connectors を置く割合は，NNS の場合，connectors の使用総数の 48.4% で，NS の 28.6% よりかなり多いことが示されている。connectors で文を書き始める生徒が多い場合，指導で留意する必要があろう。

表1 Connector の使用頻度(essay writing の場合)

| (A) NNS がより多用する表現 | | | (B) NS がより多用する表現 | | |
| --- | --- | --- | --- | --- | --- |
| Connector | NNS | NS | Connector | NNS | NS |
| Actually | 16 | 2 | However | 47 | 197 |
| Indeed | 65 | 16 | Instead | 0 | 13 |
| Of course | 53 | 20 | Though | 2 | 16 |
| Moreover | 52 | 1 | Yet | 17 | 46 |
| e.g. | 19 | 3 | Hence | 3 | 12 |
| For instance | 54 | 1 | Then | 27 | 65 |
| Namely | 20 | 3 | Therefore | 33 | 123 |
| On the contrary | 34 | 3 | Thus | 36 | 56 |

(資料) Granger and Tyson (1996) p. 21.
(注) connector の総数：1,085 (NNS), 1,178 (NS) [10万語 当たり]，コーパス：International Corpus of Learner English (ICLE) [フランス，オランダ，ドイツ，日本，中国など 10 ヵ国の上級学習者の作文のデータ]。

表2 DMD の平均頻度数（大学・短大卒業生：9名）

| Device | / 100（語） | / 100（音節） | %Vocal | %All |
| --- | --- | --- | --- | --- |
| Pause | 32.93 | 23.81 |  | 47.2 |
| Vocal DMD | 36.81 | 26.59 | 100 | 52.8 |
| 　Conjunction | 1.97 | 1.42 | 5.3 | 2.8 |
| 　Lexical (well など) | 1.92 | 1.39 | 5.2 | 2.8 |
| 　Syllabic (uh など) | 10.02 | 7.23 | 27.2 | 14.4 |
| 　Breathy (h など) | 4.77 | 3.44 | 12.9 | 6.8 |
| 　Click* | 0.58 | 0.42 | 1.6 | 0.8 |
| 　Drawl** | 11.19 | 8.09 | 30.4 | 16.0 |
| 　Repetition+ | 6.36 | 4.60 | 17.3 | 9.1 |
| Grand Total | 69.74 | 50.40 | 100% | 100% |

（資料）Pennington and Doi (1993) p. 77.
（注）1人 45–60 分の interview データ。pause は，5 カテゴリー (0.5, 1, 2, 3, 4 秒の各継続時間) の頻度の合計値。*：dental click など。**：we:ll (well) のように音節や語を伸ばす発音。+：音，語句の繰り返し。

### (2) 話し言葉で pause は音声より多く生じるか

　表2は，discourse management device (DMD, 談話管理標識) の頻度を調べたものである。この結果では，silent pause が最も多く，100語当たり 47%程度で，NS の 7% 程度よりかなり多い。次に多いのは，drawl (16.0%) や syllabic DMD (14.4%) (NS は 2.55%) である。これらの数値は，生徒の発話でどこを改善したらより fluency を増すことができるかを示唆している。

### (3) 教科書を談話分析する

　好みについて話す自然な談話では，相手と好みが一致している場合，強めの表現を用い，好みが違う場合は控えめな表現を使用する傾向がある。しかし，表3（次ページ）の中学校教科書では英米の教科書と比べてこの傾向はほとんど見られない。自然な談話を展開する力をつけるためには，教科書にこの種の応答を入れる必要があろう。

表3　好みについての応答表現のタイプ別頻度数

| | J | F |
|---|---|---|
| 1．合意する場合 | | |
| （0）　Yes (, I do). など | 13 | 4 |
| （1）　Yes, I really like it.（強調的な表現） | 2 | 15 |
| （2）　Yes, I quite like it.（弱めの表現） | 0 | 6 |
| 2．反対する場合 | | |
| （0）　No (, I don't). など | 1 | 1 |
| （1）　Well, to tell you the truth, I don't particularly like it.（ためらいがある表現） | 0 | 1 |
| （2）　形だけの同意，同意の主張 | 0 | 5 |

（資料）根岸（1990）pp. 47–49.
（注）J: 日本の中学校検定教科書（1989年版，6種類）18冊．F: 英米の出版社の英語（外国語）テキスト（4種類）6冊．

## （4）　談話の構造を生徒に教える

　談話の指導には，教室での活動として，cohesive clues を手がかりにして scrambled sentences を正しく並べ替えさせる方法がある。また，text の connector をさがさせ，位置や用法に注意させ，生徒自身の作文の語法と比較させる方法もある。たとえば，次の作文例を scrambled sentences の形で生徒に与え，正しい文章に並べ替えさせることで，よい作文の構造を生徒に考えさせることもできる。高校生や大学生には次ページのように text の cohesive links を図示して，理解から書くことへの橋渡しをしてもよい。

> My favorite sport is soccer. Although I don't play soccer, I enjoy watching the games. **First**, soccer is fun to watch because it is such a fast-moving game. **Second**, the techniques players use are very exciting. World-class players' ball-handling skills are so skillful and beautiful that I never get bored even if there is no point scored. My dream is to go to see the next World Cup games in South Africa.
>
> 作文例：大井（編著）・田畑・松井（著）（2008）p. 40.

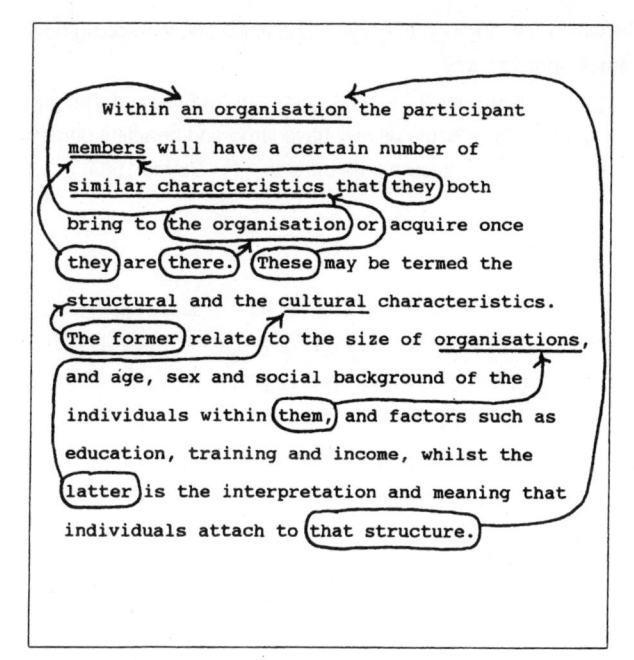

1. 談話分析から英語の指導を考える

```
Within an organisation the participant
members will have a certain number of
similar characteristics that they both
bring to the organisation or acquire once
they are there. These may be termed the
structural and the cultural characteristics.
The former relate to the size of organisations,
and age, sex and social background of the
individuals within them, and factors such as
education, training and income, whilst the
latter is the interpretation and meaning that
individuals attach to that structure.
```

(資料) Hayward and Wilcoxon (1994) p. 22.

## (5) Discourse Cloze Exercises を工夫する

文中の connectors のみを削除し,復元させる活動も考えられるが,次の cloze は内容的に重要な語句の中で,生徒が背景的知識から空所の内容を推測できそうな語句を消去し,復元させるものである。必ずしも,cloze は語のみを消去する必要はなく,談話の構造を考慮して語句,文を復元させるものも考えてよい。もちろん,話題文 (topic sentence) をいくつか削除しておき,削除した話題文を選択肢として与え文章の構造と内容の両方を考えさせてもよい。

〈Discourse Cloze Test の例〉(下線部は空所の語句)
　Brisbane, which is the capital of the Australian state of Queensland, has a more relaxed atmosphere than Sydney, perhaps because of its pleasant sub-tropical climate. Its situation is not as impressive as Sydney's, but (1) <u>the broad</u>

> Brisbane, which runs through the city centre, is full of ocean-going boats, ferries — and small boats as well.
>   The way of life is probably the most pleasant and relaxed that you will find anywhere in a big city. People usually have large and beautiful gardens so that they can spend (2) their leisure time outside.... (Deyes 1984 p. 133)

## (6) まとめ

　英語でまとまった内容を理解したり，表現する場合，語句や文の相互関係をまず把握する必要がある。談話の分析は英文を深く理解したり，自然な英語を書いたり，話したりする指導に必要な資料を提供してくれる。生徒に作文例を示し，よい作文の構造について気づかせることもできる。読みの場合も作文の場合も文レベルから談話レベルへと目を向けさせて，広い視点から英文をみるようにさせたいものである。

第5章 伝達能力と異文化理解について考える

## 2. 場面に適切な表現と指導について考える

### (1) 依頼場面に適切な英語の表現とは

　表1では，直接的な表現（D）や聞き手の側での協力を前提にした表現（P: positive politeness strategy）よりも，そのような協力を前提にしないで，間接的で，距離をおいた表現（N: negative politeness strategy）のほうが適切性の度合が高い。適切性の判断にはある程度の個人差がみられるが，依頼する側の利益が目的になる場合は，間接的な表現が好まれるようである。

### (2) 日本人の丁寧度判断はネイティブと異なるか

　表2（次ページ）の結果では，May I ～，Do you have ～ の表現は日本人学生は丁寧度が低いと判断する傾向がみられるが，ネイティブの場合は丁寧度が比較的高いと判断している。逆に，Please + imperative のような直接的な表現や Will you ～ はネイティブは日本人学生と比べて特に好まない傾向があるらしい。さまざまな場面や対人関係で，より多くのネイティブを対象にした丁寧度についての調査がなされれば，「オーラル・コミュニケーション」で生徒に指導上留意すべき表現がわかり有益であろう。

表1　依頼表現の適切性（友人からお金を借りる場合）

|  |  | ○ | △ | × |
|---|---|---|---|---|
| (N1) | Could you possibly lend ... | 85% | 12% | 3% |
| (N2) | I'd appreciate it if you ... | 60% | 36% | 4% |
| (P1) | How about lending ... | 7% | 40% | 53% |
| (P2) | So, do me a favor and lend ... | 2% | 25% | 74% |
| (D) | Lend me the money, please. | 5% | 40% | 54% |

（資料）Olshtain and Blum-Kulka (1985) p. 311.
（注）評定者：アメリカ人学生 172 名，○: most appropriate, △: more or less appropriate, ×: not appropriate, %：○, △, ×を選択した学生数の比率。

表2　依頼表現の丁寧度判断（ペンを借りる場合）

|  | 英米人（22名） | 日本人学生（98名） |
|---|---|---|
| Would you mind | 1.00 | .91 |
| May I | .76 | .12 |
| I'd like to | .50 | .28 |
| Do you have | .45 | −.38 |
| Could you | .40 | .93 |
| Would you lend | .33 | .89 |
| Could I | .26 | .74 |
| Do you mind | .17 | .65 |
| Can you | −.20 | .07 |
| Can I | −.38 | −.06 |
| Please + Imperative | −.46 | −.04 |
| Will you lend | −.60 | .13 |
| Imperative | −.97 | −.85 |

（資料）青木（1987）p. 37.
（注）数値：+1, 0, −1 の3点法による判断結果の平均値。

### (3) 日本人の断り方はネイティブの場合と同じか

　表3では，米国人と日本人では，依頼に対する断り方が異なる。米国人は，自分と地位が同じでない場合，相手の地位が自分よりも高い場合でも低い場合でも，だいたい同じ内容，順序で断る傾向が強い。pos.opinion (positive opinion) (e.g. "that's a good idea.") → regret → excuse の順序である。これに対して，日本人の場合は，excuse が2番目で，その前に，自分より地位の高い人には apology (regret) が来て，自分より地位の低い人には pos.opinion が来る。日本人はすぐに，"I'm sorry" と言いがちであるが，地位の異なる人からの依頼を断る場合，その前に，starter として，たとえば "That's too bad" などの積極的な見解をまず述べることであろう。

### (4) 謝るために必要な表現とは

　表4の場面のように，単に儀礼的な謝りだけではすまない場合，"very sorry" と言いがちである。ネイティブは，このような場合，"really sorry" を

## 2. 場面に適切な表現と指導について考える

表3　Refusals of Requests の表現順序

| | | | |
|---|---|---|---|
| 〈L〉JJ (JE) | | apology (regret) | → excuse |
| AE | pos.opinion → | regret | → excuse |
| 〈H〉JJ (JE) | pos.opinion/empathy | | → excuse |
| AE | pos.opinion → | regret | → excuse |

（資料）Beebe, Takahashi, and Uliss-Weltz (1990) p. 59.
（注）L: Lower (refuser status), H: Higher (refuser status), JJ: Japanese speaking Japanese (20名), JE: Japanese speaking English (in the U.S.A.) (20名), AE: American speaking English (20名)

表4　謝罪表現における very と really の用法

| | |
|---|---|
| ・really | a greater depth of apology, regret, and concern |
| ・very | matters of social etiquette |
| 〈situation〉 | scalding a friend with coffee in a cafeteria |
| Natives | "I'm *really* sorry." |
| Nonnatives | "I'm very sorry." |

（資料）Cohen (1996) p. 409.

使う傾向が強い。このような表現を使うと，お詫びの気持ちが相手に適切に理解されるし，誤解されることも少なくなろう。

### (5) Speech acts の知識を指導に生かす

　言葉の社会文化的な用法は，外国語の場合，自然にはなかなか身につきにくい。この意味で，この種の語法について教室で指導しておく価値がある。表5（次ページ）は，上級レベルの生徒に20分間の語法についての指導を3回行った結果（Olshtain と Cohen によるイスラエルでの指導結果）の例である。指導後では，ネイティブと同じような簡潔で適切な表現が20%から90%に増えている点が興味深い。

### (6) 第二言語における依頼表現の発達段階

　表6は依頼表現の発達段階を5段階に整理したものである。サンプルが少ないので一般化は難しいが，状況に依存して語句を羅列する段階から定型表

第5章　伝達能力と異文化理解について考える

表5　謝罪表現の指導効果（指導前後の学生の表現）

| |
|---|
| 〈situation〉<br>　forgetting to buy medicine for a neighbor's sick child<br>〈before training〉<br>　・weak expression of responsibility<br>　　"Unfortunately not yet..."<br>　・offer of repair<br>　　"... but I'll be happy to do it right now."<br>〈after training〉20% → 90%<br>　・intensified expression of apology<br>　　"I'm deeply (really) sorry I forgot..."<br>　・offer of repair<br>　　"I can do it right now." |
| （資料）Cohen (1996) pp. 409–410. |

表6　依頼表現の発達段階

| Stage | Characteristics | Examples |
|---|---|---|
| 1. Pre-basic | Highly context-depended, no syntax, no relational goals | "Me no blue" |
| 2. Formulaic | Reliance on unanalyzed formulas and imperatives | "Let's eat breakfast", "Don't look" |
| 3. Unpacking | Formulas incorporated into productive language use, shift to conventional indirectness | "Can you pass the pencil please?" |
| 4. Pragmatic expansion | Addition of new forms to pragmalinguistic repertoire, increased use of mitigation, more complex syntax | "Can I see it so I can copy it?" |
| 5. Fine-tuning | Fine-tuning of requestive force to participants, goals, and contexts | "You could put some blu tack down there" |

（資料）Kasper and Rose (2002) p. 140.
（注）Achiba (2002) と Ellis (1992) の縦断的研究（合計4人の子供の言語発達の記録）を原著者が整理したものである。

## 2. 場面に適切な表現と指導について考える

現や命令形を考えずに使用する段階，定型表現を状況に応じて使用する段階，定型表現に自分で表現を加えて使用する段階を経て，状況・相手・意図に応じて適切に依頼の表現ができる段階に至るまでである。この資料は，教室で生徒が使用した依頼表現がどの発達段階にあるかを知る場合や次の段階の指導を考えるのに参考になる。

### (7) ま と め

　言葉の社会的意味を考慮した指導には，場面に適した文を選択させ，その選択理由をたずねたり，リスニングで場面や語法を推測させたり，発話の適切性をグループで討論させ，語法の役割練習をさせる方法もある。研究では，Wolfson (1989) の compliments の研究，Turner (1996), Meier (1997) の politeness の考察も参考になる。Kasper and Rose (2002) の語用論の発達についての研究も指導に有益な示唆を与えてくれる。

第5章　伝達能力と異文化理解について考える

## 3. 生徒の誤りは指導に何を示唆するか

### (1) 誤りの原因は日本語の影響だけか

　表1から，生徒の誤りは，日本語の影響だけでなく，既習の英語知識，教師の不十分な説明などによっても生じることが推測できる。母語の干渉による誤りはだいたい30%程度の割合で生じると言われている。文型指導では日本語の構造の影響よりも，既習の類似した英語の構造との混同を避けるように指導することが大切である。

### (2) 教科書に早く出る項目ほど誤りは少ないか

　表2では，中学校2年生 (388名) と3年生 (389名) で形態素の習得困難度 (順位) はだいたい同じような傾向がみられる (順位相関は.78)。最も易しい形態素は進行形，冠詞，複数形で，最も難しいのは不規則過去形である。これらの習得順序は，中国語，スペイン語を母語とする子供たちの第2言語習得の発話資料と比べても，類似性がみられる (順位相関は.78)。また，教科書に出てくる順序と正答率の関係はみられないので (異なる2種の教科書

表1　誤りの型と特徴

| |
|---|
| mistake〈自己訂正が可能な誤り〉<br>　(He likes Nana. Nana like him too.)<br>induced error〈クラスに特有な不自然な誤り〉<br>　(In this class, there is any students who speak German.)<br>interference error〈日本語に似た誤り〉<br>　(I your new friend is.)<br>overgeneralization〈既習の英語知識による誤り〉<br>　(School is begin at eight.) |
| (注) (　　) の中の例文は誤りの例。induced error: any は否定の意味で使うと教えられた生徒たちの誤りの例。なお，資料は著者の未発表資料。 |

表2 形態素の筆記テスト結果（平均正答率）

|     | Prog | Art | Plu | Poss | Cop | R-p | I-p | Aux | 3rd |
| --- | --- | --- | --- | --- | --- | --- | --- | --- | --- |
| 2年 | 84% | 82% | 76% | 67% | 67% | 64% | 62% | 62% | 60% |
| 3年 | 88 | 85 | 81 | 69 | 73 | 65 | 64 | 70 | 67 |
| 平均 | 86 | 84 | 78 | 68 | 70 | 65 | 63 | 66 | 63 |

（資料）Makino (1980) p. 124.
（注）Prog: 進行形の 〜ing の部分，Art: 簡単な冠詞，Plu: 複数形，Poss: 所有格，Cop: be 動詞，R-p: 規則動詞過去，I-p: 不規則動詞過去，Aux: 進行形の be 動詞の部分，3rd: 3 人称単数現在。

表3 Topic Sentence と Closing Sentence の正答率

|  | Closing S (+) | Closing S (−) | Total |
| --- | --- | --- | --- |
| Topic S (+) | 62 （15.5%） | 215 （53.8%） | 277 （69.3%） |
| Topic S (−) | 31 （7.8） | 92 （23.0） | 123 （30.8） |

（資料）梁取 (1980) p. 15.
（注）S: Sentence, (+)：正答，(−)：誤答

で，.38 と .45 の順位相関），教科書で早く学習したものほど定着がよいとは言えない。形態素には固有の習得難易度があるのかもしれない。これらの資料は，習得順序と難易度を考慮した形態素の指導を可能にするだろう。

## (3) 日本人は Topic sentence を書くのが苦手か

　日本人の書く文章は topic sentence があまりみられないとよく言われる。Topic sentence についての認識が不足しているのだろうか。表3は，短大生 200 名に対して，2 種類のパラグラフ（topic sentence が冒頭にくるもの）を構成する英文（8 つの文と 9 つの文）を無作為に示して，それらの英文をパラグラフごとに正しく配列させ，結果を topic sentence と closing sentence について整理したものである。この調査は，実際の作文で topic sentence をどの程度正しく使用できるかを調べたものではないが，冒頭にくる topic sentence についての識別は約 70% の学生ができている。このことは，作文で topic sentence を書けなくても，topic sentence 自体については認識していることを示唆している。Closing sentence とともにこのようなパラグラフ構造

に目を向けさせる練習が書くことの練習にも役立つかもしれない。

表4　上位群と下位群のCSの使用頻度の相違

|  | LB | KB | R | P | A | Total |
|---|---|---|---|---|---|---|
| 上位群 | 58 | 7 | 4 | 3 | 0 | 72 |
|  | (81%) | (10%) | (6%) | (4%) | (0%) | (101%) |
| 下位群 | 61 | 46 | 38 | 2 | 1 | 148 |
|  | (41%) | (31%) | (26%) | (1%) | (1%) | (100%) |

(資料) Chen (1990) pp. 168–169.
(注) 上位群：6名（大学院生），下位群：6名（大学生），タスク：英語で概念をネイティブに説明するもの。LB: Linguistic-based, KB: Knowledge-based, R: Repetition, P: Paralinguistic, A: Avoidance.

### (4) 英語ができれば伝達の仕方も違うか

表4では，上位群の説明の仕方（CS）は，英語の同義語，反意語，上位語などの利用（LB）が多く，下位群では聞き手の背景的知識にうったえる説明や直喩の利用（KB），表現の繰り返し（R）がより多い。身振り（P）や伝達放棄（A）は両群とも英語専攻生（中国人）のためかほとんどみられない。CSの使用数は，上位群のほうが少ないが，より効率的な説明をしている。概念の伝達練習は効率的なCSの習得に関わり，伝達能力の育成に関係するかもしれない。

### (5) 丁寧語の用法はどこが誤りやすいか

表5では，日本人の生徒は日本語の敬語の場合と同じように，対話の相手の年齢が自分よりも年上か年下かなどによって丁寧語を使い分ける傾向がある。特に，相手の年齢が話し手より上の場合，丁寧語の使用機会が多い。逆に，相手の年齢が話し手より下の場合，依頼の場合であっても丁寧語は使われないこともある。これに対して，ネイティブは，子供に対して言う場合でも，依頼の意味を表わす場合，Could...? などの表現をする。

また，自分の秘書に対して，自分の身内のような感覚で接して，Type this.（「これをタイプして」）というような表現をする日本人も多い。この種の誤りに日本人は案外気がつかないようである。コミュニケーションの指導で留意

表5　学生が使う丁寧語などの用法

| 相手 | 丁寧語などの使用例 |
| --- | --- |
| age or older | Would you mind if I use your pen?<br>Could I use your pen?<br>Can I use your pen?<br>May I use your pen . . . ? |
| younger | Can I use your pen?<br>Do you have a pen?<br>Let me use your pen.<br>Lend me your pen. |
| children | Do you have a pen?<br>Let me use your pen.<br>Lend me your pen. |

(資料) Onaha (1991) pp. 8–9.
(注) 被調査者: 5名の日本人EFL学生。

したい誤りである。

## (6) ま と め

　生徒の誤りの分析は，文法的能力だけでなく，談話能力や方略的能力，さらには，社会言語学的能力のレベルでも行うことができる。コミュニケーション能力を育成するためには，誤りの分析もこのような視点から行う必要があろう。また，誤りの訂正をコミュニケーションの観点から行う場合，文レベルの理解可能性から談話レベルの理解可能性に視点を移して，理解を妨げる誤りを訂正することになろう。

第5章 伝達能力と異文化理解について考える

## 4. 表現力とその指導法について考える

### (1) 表現力の基礎について知る

　話したいことや書きたいことを適切に表現するためには，自分自身で使える語彙や文法を身につけることであろう。たとえば，話をしているときに，"instrument" という発音が相手に理解してもらえなかった場合，すぐに，"something like a piano, violin, or drum" などと言い換えることができればよい。表1は，このような言葉の使い方を整理したものである。これらの力は，表現力の基礎になるであろう。

表1　Production Techniques の例

| |
|---|
| ・Use what you know.（言語知識を活用する）|
| ・Paraphrase.（別の語句で言い換える）|
| ・Use synonyms.（同義語や類義語で言い換える）|
| ・Use cognates.（同族言語の語彙知識を活用する）|
| ・Repeat.（くり返すか，ゆっくり話して，伝える）|
| ・Ask for help.（相手に表現を教えてもらう）|
| ・Use hesitation fillers.（"well", "let's see", "you know" などを使い，次に言うことを考える）|
| ・Use gestures.（ジェスチュアを利用する）|
| ・Avoid problems.（難しい発音の語などをさけて，別の語を使う）|
| （資料）Rubin and Thompson (1982) pp. 85–87. |

### (2) 英語らしい表現とは

　表2では，米国人の場合は対象物が衣類の場合でも付属品の場合でも "wear" をよく使い，用法の受容度に差がみられない。しかし，日本人は "wear" を「着る」という動詞に限定してみる傾向が強いためか，衣類にはよく使うが付属品などの場合は受容度はいくぶん低い。「衣類」と「付属品」の間には心理

表2 動詞"wear"の用法の受容度平均値

|  | Japanese | | American | | 差〈%〉 |
|---|---|---|---|---|---|
|  | mean | % | mean | % |  |
| A：具象的用法 | | | | | |
| wear　dress | 1.32 | 89 | 1.24 | 94 | 5 |
| 　　　skirt | 1.57 | 82 | 1.35 | 89 | 7 |
| 　　　cap | 1.84 | 78 | 1.27 | 93 | 15（A>J） |
| 　　　shoes | 2.05 | 78 | 1.13 | 98 | 20（A>J） |
| 　　　hair | 2.23 | 56 | 1.31 | 96 | 40（A>J） |
| B：比喩的用法 | | | | | |
| patience wear | 2.70 | 36 | 1.61 | 83 | 47（A>J） |
| relationship | 2.68 | 42 | 2.09 | 68 | 26（A>J） |
| tape | 2.80 | 29 | 1.77 | 80 | 51（A>J） |

（資料）今井（1993）p. 249.
（注）日米の大学生44名と54名に，例文を提示して，1（受容できる）〜4（受容できない）までの4段階評価を求めた結果。日米の%は，それぞれ，1と2の評定をつけた学生の割合。

的距離がうかがえる。比喩的な用法の場合は，さらに，日本人の場合，この傾向は顕著である。動詞"wear"を「忍耐力がなくなっていく」「テープが磨り減る」「関係が薄れる」などの場面でも使用できるようにするには，「衣類が消耗していく」メタファーを理解する必要があろう。

### (3) 生徒は作文の修正をどのように受けとめるか

表3（次ページ）の調査では，米国でのESL学生（155名）の90%前後が修正された結果と教師のコメントをよく読むという。教師が多く修正したと学生が思う部分は，初回と最後のいずれの修正でも，文法，構成・内容，綴り，語彙の順で，学生が修正結果に関心がある部分もほぼ同じ順である。この授業では，初回に内容，構成を主に修正し，最後に文法を修正することになっているが，学生は文法の修正に常に関心があるようである。また，修正された結果については，例がない（17人），文法用語，記号がわからない（16人），文字が判読できない（13人），など半数に近い学生が教師のコメントや

表3 作文で多く修正されたと思う部分（T）と修正結果に関心がある部分（S）

|  |  | 文法 | 構成 | 内容 | 綴りなど | 語彙 |
|---|---|---|---|---|---|---|
| 〈T〉 | (P) | 79% | 72% | 70% | 62% | 52% |
|  | (F) | 60 | 48 | 50 | 44 | 37 |
| 〈S〉 | (P) | 90% | 80% | 87% | 78% | 73% |
|  | (F) | 80 | 72 | 69 | 70 | 68 |

（資料）Ferris（1995）p. 41.
（注）P: preliminary drafts, F: final drafts.

表4 タスクの特質と主な negotiation の頻度数

| Features | | | | Frequencies | | | | |
|---|---|---|---|---|---|---|---|---|
|  | G | L | S | Rep | Conf | Cla | Com | TN |
| Task 1 |  | ○ | ○ | 36 | 84 | 46 | 26 | 191 |
| Task 2 | ○ |  | ○ | 85 | 197 | 117 | 178 | 667 |
| Task 3 | ○ | ○ |  | 20 | 61 | 37 | 44 | 172 |

（資料）Fotos（1995）pp. 80–88.
（注）G: information gap, L: planned language, S: task solution, Rep: repetition, Conf: confirmation check（聞き手が自分の理解を確認するための質問），Cla: clarification request（自分のわからない部分をたずねる質問），Com: comprehension check（話し手が聞き手の理解を確かめる質問），TN: negotiation の総数。

訂正に理解できないところがあるとしている。

### (4) どのようなタスクがどのような発話を引き出すか

　表4は，106名（2クラス）の日本人大学生がネイティブの教師から週に1回の割合で Oral English の授業を受けた結果である。各タスクは3週間で実施されている。この調査では，全体的には，Task 2 が最も多く negotiation を引き出している。Task 3 と Task 1 を比較すると，相手の理解を確認する質問（Com: comprehension check）で Task 3 がより多く，それ以外では Task 1 のほうが多い。タスクの特徴によって，生徒の発話の型も異なるようである。

## (5) 英会話文法を指導する

　いわゆる文法を扱ったものは英語の本には多いが，会話文法を具体的にまとめたものはほとんどない。表5のように，実際に会話をする際に，どこに気をつけたらよいかを示したものは，特に，「オーラル・コミュニケーション」の指導に有益であろう。

表5　英会話文法の例

- 平叙文の形でも疑問文にすることができる。
  (e.g. He's still here?)
- 主語は省略することができる。
  (e.g. Sorry to bother you at home.)
- 相手の言った文に続けて言うときは，わかる部分は省いてしまう。
  (e.g. "What time is he coming?" "Sometime in the afternoon.")
- 主節がうしろにまわることがある。
  (e.g. He used to like her, do you remember?)
- あとから補足的につけたすことがある。
  (e.g. You can have visiting rights. Two hours on Sunday.)

（資料）羽鳥（1994）pp. 115–116.

## (6)　ま　と　め

　表現力の指導は言語教育で最も大切な分野であろう。語感を養う指導や実際にできるだけ多く英語を使う指導が必要になる。話す際に必要な会話文法を指導するのもよい。

第5章 伝達能力と異文化理解について考える

## 5. 異文化理解の指導を考える

### (1) 教科書の場面はどの国が多いか

表1では，いくぶん古いデータであるが，教科書の場面・人物は米国中心から日本やアジア諸国へと範囲の広がりをみせている。異文化理解は，外国文化の正しい理解だけでなく，日本文化の伝達や外国文化との交流を含めた異文化相互理解へと移行している。1949年度の教科書では日本人は全課のわずか2%の課にしか登場していないが，1981年の教科書で60%を越え，1993年度の教科書では約7割の課に登場している。1993年の教科書では日本の場面は全体の4割の課であるので，約3割程度の課では日本人が外国で活動していることになる。

### (2) 非言語行動はどのくらい大切か

発話を理解する際には，言葉自体だけでなく，声の調子や速さや笑いなどの音声情報も大切である。しかし，表2では，身振り，表情，視線や対人距離などの body language のほうがはるかに理解度に関わることがわかる。

表1　中学校教科書の題材構成の推移

| 年度 | | 1949 | 1972 | 1981 | 1990 | 1993 |
|---|---|---|---|---|---|---|
| 米国 | 場面 | 78% | 56% | 37% | 27% | 24% |
|  | (米国人) | (88%) | (69%) | (63%) | (57%) | (53%) |
| 日本 | 場面 | 3 | 5 | 18 | 34 | 40 |
|  | (日本人) | (2) | (17) | (62) | (68) | (74) |
| 途上国* | 地名 | 4 | 10 | 17 | 25 | 41 |
|  | (人物) | (0) | (2) | (10) | (12) | (40) |

(資料) 江利川 (1993) p. 76.
(注) %: 全課数のうち，登場した課数の割合，教科書冊数 (種類×3学年分):
　　6, 15, 15, 18, 21 (年度順)。*: アジア・アフリカ諸国。

表2　内容理解に対する貢献度

| Words | Sounds | Body Language | Total |
|---|---|---|---|
| 7–10% | 20–23% | 約70% | 100% |

(資料) Dobbs (1989) pp. 35–36.

### (3) 身振りの意味と影響について知る

映画や会話で話の内容や人の気持ちをよりよく理解するためには，表3のような典型的な身振りの意味を知っておいたほうがよい。また，案外気がつかないのは表4(次ページ)のような誤解を与える可能性がある日本人の身振りである。このような身振りが会話で与える影響も教えておいたほうがよいかもしれない。表4の資料は児童，生徒が見て楽しめて，けっこう詳しい図鑑である。

表3　米国人に特有な身振りの例

| 身振り | 意味 | 使用頻度 | 距離・対人関係 |
|---|---|---|---|
| ・Crossed Fingers* | 幸運を祈る | 2–3 | 近い距離・離れた所でも可 |
| ・Shrugged Shoulders | 無関心・わからない | 1 | 地位の上の人には失礼 |
| ・Thumbs Down** | 失敗・不成功 | 4 | 少し離れた所で使用 |

(資料) 東山 (1984) pp. 70–71.
(注) 使用頻度：1→4 (高→低)．*：人差し指の上に中指をかぶせる。**：親指を立てて握った指は相手に向ける。堀内 (編) (1990) pp. 350–355 の写真を参照。

### (4) 異文化について誤解はないか

コミュニケーション行動の背後にある異文化を正しく知る必要がある。表5 (次ページ) (A) では，討論の場で活発な米国人と黙っている日本人の行動を日米の大学生 (53名と78名) がどのように思うかについてみた結果である。米国人の反応は，討論中の米国人に対して約60%が批判的な回答をして

## 第5章 伝達能力と異文化理解について考える

表4 米国人に誤解を与える身振りの例と意味

|  | 日本 | 米国 |
|---|---|---|
| うで組み | 考える | 相手を拒否 |
| 目を閉じて聞く | — | 無視・無関心 |
| うなずき | 聞いているよ | 同意の可能性 |
| 口をおさえて笑う | — | 嘲笑の可能性 |

（資料）羽鳥（監）(1994) p. 56. なお，新訂版は2000年発行。

表5 対話場面についての反応

| (A) 討論中の米国人と日本人（沈黙） | | | | |
|---|---|---|---|---|
| 話し手 | 評価者 | 好意的 | 中立 | 批判的 |
| 日本人 | 米国人 | 12.9% | 24.3% | 56.4% |
|  | 日本人 | (0%) | (66.1%) | (28.3%) |
| 米国人 | 米国人 | 0 | 37.2 | 59.0 |
|  | 日本人 | (0) | (56.6) | (37.7) |
| (B) 食べ物をすすめる米国人と遠慮する日本人 | | | | |
| 話し手 | 評価者 | 好意的 | 中立 | 批判的 |
| 日本人 | 米国人 | 60.9% | 28.2% | 9.7% |
|  | 日本人 | (15.1%) | (34.0%) | (45.4%) |
| 米国人 | 米国人 | 45.6 | 28.3 | 23.9 |
|  | 日本人 | (32.1) | (39.7) | (20.8) |

（資料）西田 (1989) pp. 200–203.
（注）直塚 (1980) は今でも参考になる。

いるものの，討論の場で寡黙な日本人には確かに批判的な反応が多い。日本人もこの日本的な行動には好意的な見方はあまりしていない。しかし，表5(B)では，遠慮して食べない日本人の行動に対して，日本人は批判的であるが，米国人は好意的な回答が多い（全体は53名と92名）。(A)のように誤解されがちな日本人の行動には，ほかに「謙遜」があり，(B)のように意外に理解される行動には「上司への歳暮」や「部下を家に招く」などがある。

## (5) 異文化間に普遍性はないか

　表6は，個々の文化の相違を深層での普遍性（deep intention）と相違をもたらす文化変形規則によって説明するものである。米国文化と日本文化には，それぞれ，異なる文化変形規則が適用されて，異なる文化ができあがったとみるものである。この観点では，表5の（A）と（B）はそれぞれ，Frank expression（米国）対 Harmony-emphasis（日本），Formality-deletion（米国）対 Formality-addition などの規則の相違によって説明できるかもしれない。なお，異文化理解をスキーマの観点から説明したものに吉田（1995）がある。読み物では，日常生活の文化を共通性にふれながら西欧文化と比較したものとして，Tobioka and Burleigh（1986）がわかりやすく，興味深い。

表6　Cultural transformational rules（CTRs）の例

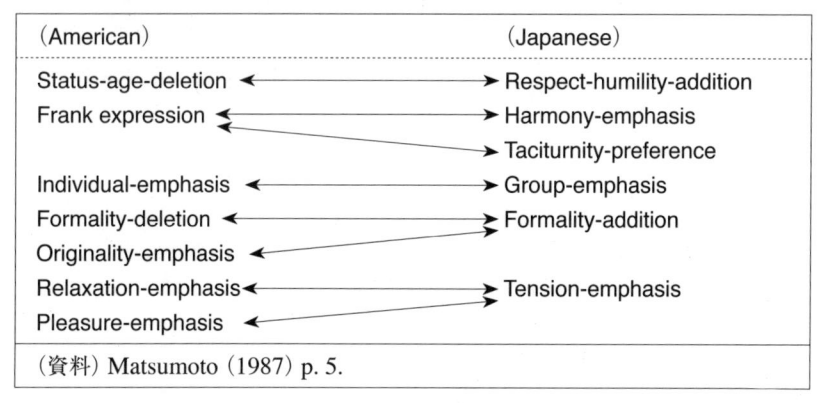

| （American） | （Japanese） |
|---|---|
| Status-age-deletion ←——————→ | Respect-humility-addition |
| Frank expression ← | Harmony-emphasis |
|  | Taciturnity-preference |
| Individual-emphasis ←——————→ | Group-emphasis |
| Formality-deletion ←——————→ | Formality-addition |
| Originality-emphasis ← |  |
| Relaxation-emphasis ← | Tension-emphasis |
| Pleasure-emphasis ← |  |
| （資料）Matsumoto（1987）p. 5. ||

## (6) ま　と　め

　異文化理解の指導は外国の風物について一方的に知識を受け入れる段階から，具体的なコミュニケーション場面で，異文化との相互理解を指導する方向に移りつつある。そこでは，まず，コミュニケーション行動の背後にある信念，価値観，思考様式などについて正しく知らせることが必要である。そのうえで，個々の文化の枠を越え，文化の違いを互いに認める努力が求められよう。

第5章　伝達能力と異文化理解について考える

## 6. 異文化コミュニケーションの視点から英語学習をみる

### (1) 命令文は失礼な言い方か

　異文化コミュニケーションでは，伝えたい内容をどう相手に伝えるかだけでなく，発話がどのように受けとめられるかを考慮する必要がある。表1(A)では，他人にものごとを依頼する場合，Could you ～? などのより間接的な表現のほうが聞き手の負担が軽く，より丁寧になる。命令文は，この場合，相手に負担がかかり，失礼な言い方である。しかし，表1(B)では，相手の利益が増す場合，命令文でも失礼にはならない。"Sit down." は，満員電車で老人に席をゆずる場合であれば，表1(B)の場合よりもさらに相手の利益は大きくなり，かなり丁寧な表現になる。中学校1年で学習する命令文でも，

表1　表現の丁寧さ

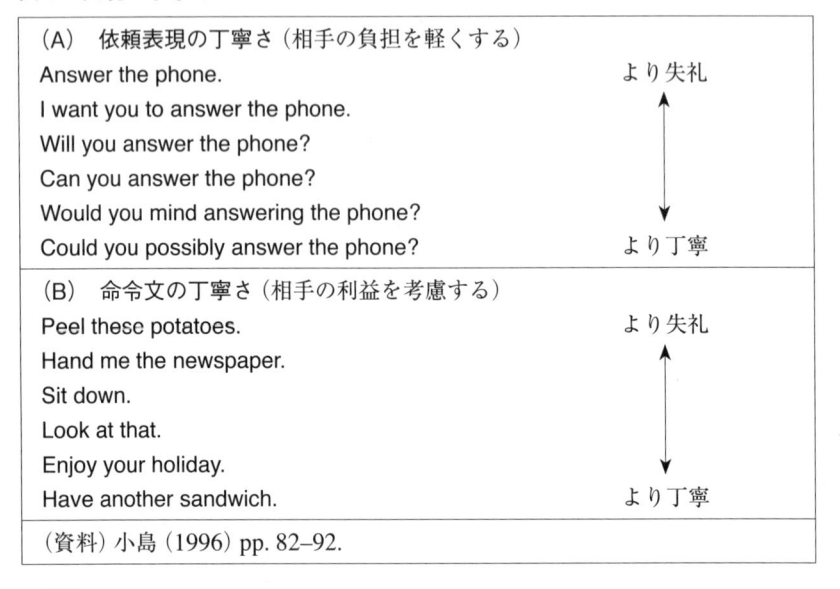

| (A)　依頼表現の丁寧さ（相手の負担を軽くする） | |
|---|---|
| Answer the phone. <br> I want you to answer the phone. <br> Will you answer the phone? <br> Can you answer the phone? <br> Would you mind answering the phone? <br> Could you possibly answer the phone? | より失礼 <br> ↕ <br> より丁寧 |
| (B)　命令文の丁寧さ（相手の利益を考慮する） | |
| Peel these potatoes. <br> Hand me the newspaper. <br> Sit down. <br> Look at that. <br> Enjoy your holiday. <br> Have another sandwich. | より失礼 <br> ↕ <br> より丁寧 |
| （資料）小島（1996）pp. 82–92. | |

## (2) 英米人はほめるのが上手か

日本人は会話で相手のことをあまりほめないが，アメリカ人はほめ言葉を多用するとよく言われる。実際，米語では挨拶，感謝，謝罪などのさまざまな場面でほめ言葉が使われる。しかし，表2の調査では，かなり限られた語句や文型がよく使用される傾向がみられる。ほめ言葉の総数の80%は形容詞を使用したもので，その中で70%近くは5つの形容詞を使用している。niceやgoodは名詞との組み合わせがかなり豊富なので使いやすいのかもしれない。これらの基本的な語句や文型を十分に使えるようにすることが会話指導の基礎になろう。

## (3) 日本の言語文化の特徴を知る

教室で英語を教える場合，日本の文化や思考様式が指導や学習の仕方に影

表2 Compliments のコーパス（米語：話し言葉）

| (A) 最もよく使われる形容詞と動詞 |
|---|
| 〈1〉 使用された形容詞全体の中での割合 |
| nice　　good　　beautiful　　pretty　　great　　合計 |
| 22.9%　19.6%　　9.7%　　　9.2%　　6.2%　　67.6% |
| 〈2〉 使用された動詞全体の中での割合 |
| like/love　合計 86% |
| (B) 最もよく使われる文型 |
| NP [is] / [looks] (really) ADJ　　　　　　　　　　　　　　53.6% |
| 　(e.g.This chicken is great, You look good) |
| I (really) [like] / [love] NP　　　　　　　　　　　　　　　16.1% |
| 　(e.g.I like your shirt, I love your blouse) |
| PRO is (really) (a) ADJ NP　　　　　　　　　　　　　　 14.9% |
| 　(e.g.That's a good system, That's a very nice briefcase)　合計 84.6%* |
| (資料) Wolfson (1986) pp. 115–118. |
| (注) compliment の総数：686, NP: noun phrase, ADJ: adjective, PRO: pronoun,<br>　*： 上位9文型　合計 97.2%. |

表3　自分たちのイメージを表す語

| (A)　日本人 | (B)　アメリカ人 |
|---|---|
| reserved, formal, silent, cautious, evasive, serious | self-assertive, informal, talkative, spontaneous, frank, humourous |
| (資料) Barnlund (1975) [Cortazzi 1990 p. 62] ||

表4　日米の言語文化の対比

|  | Japan | U.S.A. |
|---|---|---|
| Culture | hierarchical<br>group harmony<br>consensus<br>prefer ambiguity<br>emphasize empathy<br>+non-verbal elements | egalitarian<br>individuality<br>independence<br>explicitness<br>stress verbal communication |
| Communication | develop interpersonal attitudes<br>social harmony<br>use intuition<br>indirectness<br>avoid disagreement | debate ideas<br><br>valid conclusions<br>logical argument<br>straightforward<br>disagreement acceptable |
| (資料) Cortazzi (1990) p. 62. |||

響していることを案外忘れがちである。指導の成果があがらない場合，指導技術や学習の仕方がよく問題にされるが，表3と表4のように，日本人の英語習得には話すことなどの面でかなり制約があることを知っておく必要がある。コミュニケーションの技術的な指導も必要であるが，異文化理解と英語の指導を適切に組み合わせることが大切であろう。

(4)　異文化理解と英語の指導を統合する

　異文化コミュニケーションの学習では，相手の文化を知識として理解するだけでなく，コミュニケーション能力をつけることが必要になる。このため

表5　Language and Cultural Seminar の指導例

| |
|---|
| 〈内容〉　週ごとに異なる4つの文化テーマで学習 |
| 〈期間〉　1ヵ月間（米国での intensive course） |
| 〈参加者〉　日本人女子学生（19-21歳） |
| 〈ある週の指導例〉　（テーマ：American Technology） |
| ・英語授業　米国の家庭における科学技術の利用（語彙リストの作成）/日本の場合と比較/日米の技術と社会の特長（討論） |
| ・ワイン工場などの見学/感想交換，記録 |
| ・英語授業　原子力についての論文を読む/発音，語彙，内容の指導 |
| ・講演を聞いて質疑応答（事前に聞き取りの練習，語彙の指導） |
| ・英語授業　科学小説の読解，音読練習/トピックの選定/科学と想像のテーマで group story の作成/作品展示 |
| 〈結果〉　日米文化への理解の深まりとコミュニケーション能力の習得 |

（資料）Robinson (1988) pp. 40-44

のひとつの指導方法は，英語力の指導と異文化理解の指導を統合化することであろう。表5の指導例は，日本人学生が米国文化の理解を深めながら，コミュニケーション能力もつけていった例である。異文化理解を日本文化との比較を通して行った点や4技能の指導を統合化した点が参考になろう。

## (5) まとめ

　異文化コミュニケーションの視点から英語学習をみるとどのような英語を指導すべきか，異文化理解の指導はどうあるべきかなどについて示唆を得ることができる。しかし，英語の学習と指導自体，日本文化の制約を受けていることも忘れてはならない。

第6章

# 学習環境，教材・指導法について検討する

指導内容と指導方法は最も基本的なテーマである。この章では，学習環境，教材，指導法についてのデータを取りあげる。ALTやCALLの活用状況などの学習環境，音声教材や教科書などの教材についてのデータをみるとともに，英語の授業を数値でみていき，授業方法について考えたい。同時に，小学校での外国語活動や児童英語の教材・指導についてもデータをみながら考えてみたい。

第6章 学習環境，教材・指導法について検討する

## 1. 教室の学習環境について知る

### (1) 生徒はALTにどのくらい接するか

　表1では，2007年のALTの数は4,707人で，中学・高校の生徒約1,200人に1人の割合である。これは，ALT1人で40人のクラスを約30クラス担当することに等しい。仮に，1人のALTが週16〜17時間の授業に参加するとすれば，だいたい2週間に1度の割合で生徒はALTと日本人教師のTeam Teachingを受けられることになる。1987年の約10倍の機会の多さである。

　英語の総授業時間数のうちでどのくらいの割合でALTが授業に参加しているかを示したのが表2である。これによれば，中学校では20％近くから30％近くまで，1学年での参加が最も多く，学年の進行とともに低くなっている。高等学校では国際関係（語学を含む）の学科・コースでは多くて30％台であるが，それ以外の学科・コースでは10％前後から20％強くらいであり，1学年での活用状況が最も多い。これに対して，小学校の授業でのALTの活用状況は表3に示すように60％程度で活用時間の割合は非常に高い。

表1　MEF, ALT等の人数と1人当たりの生徒数

| MEF | | ALT等 | | | | | | | |
|---|---|---|---|---|---|---|---|---|---|
| 1977年　1986 | | 1987年 | 1988 | 1990 | 1995 | 2000 | 2002 | 2005 | 2007 |
| 9　　　　235 | | 813 | 1,384 | 2,146 | 4,243 | 5,467 | 5,676 | 5,362 | 4,707 |
| 生徒数/ALT数 | | 11,946 | 6,956 | 4,255 | 1,789 | 1,238 | 1,123 | 1,096 | 1,191 |
| （資料）ALT等の人数：小串（2008）p. 11. | | | | | | | | | |
| （注）MEF: Mombusho English Fellow（英語指導主事助手），ALT: JETプログラムによって招致された英語・仏語・独語指導助手。生徒数：公立校の生徒数。 | | | | | | | | | |

表2 ALTの活用状況（英語の総授業時数のうち，ネイティブ・スピーカーが指導に関わっている授業の割合）(%)

| | | 2003年 | 2004年 | 2005年 | 2006年 | 2007年 |
|---|---|---|---|---|---|---|
| 中学校 | 1学年 | 24.7 | 25.4 | 25.4 | 27.8 | 28.5 |
| | 2学年 | 22.4 | 21.3 | 24.8 | 27.2 | 28.0 |
| | 3学年 | 20.2 | 17.8 | 23.3 | 25.5 | 26.3 |
| 高等学校 | 1学年 | 29.3 | 36.1 / 19.2 | 33.7 / 20.4 | 38.2 / 20.6 | 34.0 / 22.1 |
| | 2学年 | 25.0 | 30.3 / 11.3 | 28.6 / 11.7 | 32.5 / 11.1 | 33.0 / 12.1 |
| | 3学年 | 21.6 | 23.7 / 9.1 | 23.4 / 10.4 | 24.4 / 10.1 | 25.1 / 14.8 |

(資料) 小串 (2008) p. 12.
(注) 凡例 36.1 / 19.2：国際関係（語学を含む）の学科・コースでの割合が36.1%で，それ以外の学科・コースでの割合が19.2%．

表3 小学校英語活動（第5，6学年）におけるALTの活用時間の割合 (%)

| | | 2003年 | 2004年 | 2005年 | 2006年 | 2007年 |
|---|---|---|---|---|---|---|
| 小学校 | 5学年 | 61.0 | 61.0 | 62.3 | 65.8 | 65.9 |
| | 6学年 | 60.9 | 61.6 | 63.1 | 66.0 | 65.4 |

(資料) 小串 (2008) p. 12.

## (2) メディアの設置と利用状況はどうか

　表4（次ページ）は全国の中学校でのLLやCALLなどのメディアの設置状況と利用状況などを調査した結果である。回答のあった271校のうち，設置状況についてはコンピュータを配備した情報教育教室の設置率が最も高くて84.9%で，LL教室は個別用のテープレコーダーがあるものが49.8%で，個別用のコンピュータがあるものが13.8%である。しかしながら，利用状況はまったく逆で，「毎週利用する」から「学期に1〜2回利用する」までの定期的利用は，LLが65.0%であるのに対して情報教育教室の利用は20.6%の利用状況である。なお，この調査結果では52.4%の教師がLLの授業効果に肯定的で，生徒の73.8%がLLの授業に好感をもっているとしている。
　LL教室と情報教育教室で効果的な活動の順位は異なることも表4からわ

表4 中学校におけるメディアの設置状況（①）と利用状況（②）（1998年：全国271校）

|  | 情報教育教室 | 視聴覚教室 | LL教室（個別テープレコーダー） | /（個別コンピュータ） |
|---|---|---|---|---|
| ① | 84.9% | 56.1% | 49.8% | 13.8% |
| ② | [20.6%] |  | [65.1%] |  |

| 効果的な活動の順位 | | | | | | | | | |
|---|---|---|---|---|---|---|---|---|---|
|  | 発音練習 | リスニング | 対話練習 | ディクテーション | 文型練習 | リーディング | 異文化理解 | コミュニケーション活動 | 作文 |
| LL教室 | 1 | 2 | 3 | 4 | 5 | 6 | 7 | 8 | 9 |
| 情報教育教室 | 5 | 3 | 8 | 9 | 1 | 6 | 2 | 7 | 4 |

英語授業でのコンピュータ利用法（複数回答）
①CALL（16.5%），②教科書などの印刷物の提示（14.3%），③マルチメディア教材の提示（11.3%），④E-Mail交換（8.7%），⑤データベース検索（6.5%）

（資料）伊東（2000）p.165, p.171, p.172.

かる。LLのほうが有効な活動として発音練習，リスニング，対話練習などをあげ，情報教育教室のほうは文型練習，異文化理解，リスニングなどが適しているとしている。なお，英語授業でのコンピュータの利用法はCALLが16.5%で最も多いが，比率は低い。使いやすいLLのほうを使用する傾向がみられるのかもしれない。

## （3） 生徒の聞く英語のスピードは遅いか

　ノーマルスピードの英語を聞き取れない理由のひとつは学校英語のスピードが遅すぎるからである（森戸1986　p.28）とよく言われる。スピードの速さは音声変化も関係するので，速い英語は確かに理解が困難である。いわゆるノーマルスピードは150-170WPM（WPM:1分間に話す語数）であるとすれば，表5のALTの話す英語（正確にはネイティブがノンネイティブに話す英語）はこのスピード以下である。しかし，教科書準拠テープのスピードはFENと同じスピードで速い。速く感じないとすれば，教科書の内容を知っていて聞くかもしれないからである。教科書準拠テープは内容理解に先立って聞かせることも大切であろう。また，表6（B）から，会話やインタビューの場合，一般にスピードが速いこともわかる。

表5　生徒が聞く英語のスピード (WPM)

| | |
|---|---|
| 日本人の話す英語[+] | 100 |
| VOA Special English[*] | 100–110 |
| ALT の話す英語[++] | 100–140 |
| 英検2, 3級 (2次試験)[***] | 140 |
| VOA Standard English News[*] | 140–170 |
| 英検2級[*] | 150–190 |
| BBC World Service[*] | 150–200 |
| 英検準1級[*] | 160–200 |
| 基礎英語 (対話)[**] | 180 |
| FEN[*] | 180 |
| 教科書準拠テープ (中2)[*] | 180–190 |
| 映画[***] | 180– |
| CNN[*] | 190–200 |

(資料) [+]: 橋本 (1990) p. 13, [++]: Chaudron (1988) p. 69, [*]: 杉森他 (1994), [**]: 羽鳥他 (1990) p. 55, [***]: 森戸 (1986) p. 29.

表6　平均的発話スピード (WPM)

| | | | |
|---|---|---|---|
| (A) | Pimsleur et al. (1977) | | 160–190 |
| (B) | Tauroza and Allison (1990) | | |
| | Lecture | Radio | Interview | Conversation |
| | 125–160 | 150–170 | 160–210 | 190–230 |

## (4) 生徒はどのくらい単語や文に接するか

　表7 (次ページ) では，中学生は1回の授業で総語数約17語 (17.47語)，異語数約3語 (2.77語) に接することになる。また，1つの単語に接する機会 (反復回数) は3年間で平均6 (総語数/異語数: 6.29) 回くらいである。さらに，1つの文の語数は平均で約6語 (5.57語) からなっている。学年ごとにみれば，主に，中1でだいたい4語文，中2で6語文，中3で7語文に接することになる。

## 第6章 学習環境，教材・指導法について検討する

表7 中学校英語教科書の英語の特徴（平均）

| 異語数（3年間） | 総語数（3年間） | 1年* | 2年* | 3年* |
|---|---|---|---|---|
| 875語 | 5,504語 | 4.02語 | 5.76語 | 6.70語 |

（資料）北尾・田中（2007）
（注）教科書：7社（21冊）（平成14–17年度使用教科書）。*：1文の平均語数
（参考）投野（2008）

表8 検定教科書の1語当たりの反復回数

| 学習指導要領［中学校/高等学校］ | 1980年代<br>［1981/1982年施行］ | 1990年代<br>［1991/1994年施行］ | 2000年代<br>［2002/2003年施行］ |
|---|---|---|---|
| 中学校教科書 | 8.4 | 8.4 | 7.1 |
| （総語数/異語数） | (8,291/989) | (9,440/1,124) | (7,128/1,001) |
| 高等学校教科書 | 15.7 | 10.5 | 9.1 |
| （総語数/異語数） | (51,548/3,285) | (36,678/3,478) | (33,984/3,718) |

（資料）長谷川・中條（2004）pp. 141–155.
（注）中学校教科書：*New Horizon English Course*, 1, 2, 3 (1988, 2000, 2002)（東京書籍），高等学校教科書：*Unicorn* I (1987, 1997, 2003), *Unicorn* II (1988, 1998, 2003), *Reading* (1999, 2003)［II B (1988)］（文英堂）
（参考）中條・吉森・長谷川・西垣・山﨑（2007）「高等学校英語教科書の語彙」には，2006年度用高等学校検定教科書35種類で10種類以上の教科書に使用されている語（レンジ10以上の使用語彙）の出現頻度とレンジを中学校検定教科書（6種類）でのレンジなどとともに示している。

　表8は学習指導要領の施行年代別に中学校と高等学校の検定教科書の1語当たりの反復回数（総語数/異語数）をみたものである。調査対象の教科書は中学校，高等学校でそれぞれ1社の教科書であるが，これによれば，中学校，高等学校ともに1語あたりの反復回数（平均）は年代を追うごとに減少する傾向がみられる。中学校の1990年代を別にすれば，中学校・高等学校ともに，総語数は減少し，異語数が増加している。特に，高等学校ではこの傾向は顕著である。語彙の反復は語彙の学習に不可欠な要因である（例：Nation 2001 pp. 74–81）とすれば，授業や授業以外で反復機会をふやす工夫が必要

になろう。復習の機会を多くすることもひとつである。

### (5) ま と め

　言葉を身につけるには，豊かな言語環境が必要である。ALT との Team Teaching，LL や CALL の利用，教科書の用い方，音声・文字の与え方など，コミュニケーション能力の育成という点からの言語環境をさらに整備することが課題である。

第6章 学習環境，教材・指導法について検討する

## 2. 英語授業の特徴を数値でみる

### (1) 教師と生徒の発言の割合はどのくらいか

表1(A)では，生徒は授業時間のだいたい30%から40%程度発言している。沈黙を除くと，発言率は総発言時間数の約30%から50%になる。授業の目標や形態によって，望ましい発言率は異なるであろうが，生徒の発言率をみるのも授業評価のおおまかな基準の1つになろう。

表1(B)では，1時間の授業で教師は説明の時間が最も多い。だいたい15分前後（50分授業の場合）である。生徒は，平均的には運用の時間が多いが，だいたい5分前後である。現在の中・高の授業ではどのくらいであろうか。このように教師と生徒の活動の時間をみていくのも基本的な授業評価の1つの観点になろう。

表1(A) 教師と生徒の発言の割合

|     | 日本人教師 | 外国人教師 | 生徒  | 沈黙  |
| --- | --- | --- | --- | --- |
| 中1  | 22.2% | 20.0% | 40.0% | 17.5% |
| 中3  | 25.2 | 38.1 | 26.2 | 10.6 |

（資料）佐賀大学教育学部英語科編（1990）p. 62.
（注）沈黙：書くこと，黙読なども含む。

表1(B) 教師・生徒の活動と時間数の割合（1982年）

|     | 説明* | 指示* | 運用* | 運用 | 説明 | 指示 | 沈黙 |
| --- | --- | --- | --- | --- | --- | --- | --- |
| 中学 | 26% | 12% | 7% | 12% | 6% | 2% | 23% |
| 高校 | 38 | 11 | 5 | 5 | 10 | 1 | 22 |

（資料）金田編（1986）p. 195.
（注）中学18校，高校9校，*：教師（実習生）の活動。

## (2) ベテラン教師と実習生はどこが違うか

表2（A）では，ベテラン教師は1回ごとのpauseの時間が，実習生よりも長く，時間に幅がある。実習生の場合は1秒台に集中している。授業に慣れてくると，活動に合わせて，間のとり方が上手になるのかもしれない。

また，ベテラン教師は，方向づけをした後と，学習内容を確認する前にpauseをおく傾向が強い。これに対して，実習生は，説明の前後にpauseをおく傾向がより多い。また，ベテラン教師は指名の後でpauseをおき，考える時間を生徒に与える傾向がみられるが，実習生は逆に指名の前にpauseをおき，生徒に考える時間を与えないようである。

表2（B）では，ベテラン教師はよく英語を使い，実習生は日本語をより多く使う傾向がある。両者とも5–7語くらいの語数の単文を話している。中学

表2 ベテラン教師と教育実習生の比較

| (A) pauseの長さと前後の行動の割合（中学3クラス） | | ベテラン教師 | 実習生 |
|---|---|---|---|
| pauseの長さ | | 2–5秒台（79.4%） | 1秒台（74.2%） |
| pauseの前の行動 | 方向づけ | 64.3% | 36.3% |
| | 説　明 | 0 | 15.1 |
| | 指　名 | 15.1 | 2.2 |
| pauseの後の行動 | 確　認 | 55.0 | 2.5 |
| | 説　明 | 0.6 | 27.6 |
| | 指　名 | 4.3 | 12.6 |
| (B) 英語と日本語の使用の割合（中学：2クラス，高校：4クラス） | | ベテラン教師 | 実習生 |
| 英　語 （授業全体） | | 50–76% | 25–36% |
| 　　　　（ドリル以外）* | | 57–66 | 29–32 |
| 日本語 （授業全体） | | 0–35 | 43–55 |
| 沈　黙 （授業全体） | | 10–38 | 9–32 |
| 単文の割合 | | 93–97 | 85–96 |
| 発話の平均語数 | | 4.8–6.9語 | 5.7–6.4語 |

（資料）A: 吉田（1980）pp. 91–93，B: 柳（1984）pp. 12–13.
（注）*: 英語を使った総時間数に対する割合。

の教科書の文の長さとほぼ同じである。

### (3) コミュニカティブな授業の効果は

表3では，全体的に文法アプローチのほうがコミュニカティブ・アプローチよりやや有効である。言語性知能と筆記テストとの関係をみると，知能指数の高い児童ほど文法アプローチの指導が有効で，知能指数の低い児童はコミュニカティブ・アプローチのほうが有効である。しかし，把持テストでは，知能指数の高い群ではコミュニカティブ・アプローチの指導でも成績は文法アプローチとほぼ同じである。この実験は90年代初期のもので，そこでの指導法はコミュニカティブな指導法であるかという問題もあるが，実験結果は興味深い。

表3 コミュニカティブ・アプローチ（CA）と文法アプローチ（GA）の比較

| (A) 指導手順の相違 | | | |
|---|---|---|---|
| CA群 導入(Q&A) → 文型練習 → 伝達活動 → ゲーム → 筆記 | | | |
| GA群 導入(口頭) → 文法説明 → 文型練習 → 筆記 → ゲーム | | | |
| (B) 指導効果の相違〈テストの平均値〉 | | | |
| | 中間テスト | 筆記テスト* | 面接テスト | 把持テスト* |
| CA群 | 13.1 | 15.0 (.28) | 10.7 | 9.6 (.36) |
| GA群 | 18.6 | 18.7 (.65) | 10.3 | 11.6 (.15) |

(資料) 安藤他 (1992) pp. 252–253.
(注) 筆記テスト・面接テスト：ポストテスト，*：（ ）内の数値は，言語性知能との相関。被験者：小学5年生（計68名）。

### (4) ま と め

英語の授業はさまざまな観点から観察できる。教師と生徒の発言率，個々の活動の型と時間数，pauseの時間数とその機能，英語の使用率などである。これらは，授業をする際の基本的な留意点を示してくれる。

第6章 学習環境，教材・指導法について検討する

## 3. 英語指導法の構成要因を探る

### (1) ドリルはもはや不要か

英語の授業では，文法の理解と運用練習は欠かせない。表1は，ドリルによる習慣形成を主とした audio-lingual method と文型の意味理解を重視した cognitive code-learning の指導効果を比較した結果である。数字だけをみれば，確かに cognitive code-learning のほうが成績がよい。しかし，この cognitive code-learning のコースでは，音声指導が以前になされていたこと，家庭学習でドリルを行うことが特に下位の学生に奨励されていたことを考慮する必要がある。audio-lingual の指導も含まれていたことになる。文法の理解も大切であるが，運用練習の有効性が否定されたわけではない。

### (2) 文法指導では規則の説明が必要か

例文を与えて生徒に文法規則を気づかせる inductive approach は，難しい文法規則を指導する場合や文法規則を発見するのが困難な下位の生徒には，不適切であると言われる。文法規則を先に提示する deductive approach のほうがよいという。しかし，表2の結果では有意差はみられない。inductive approach のほうが下位の生徒でもいくぶん優れている傾向がうかがえる。学

表1 標準テスト成績の比較（大学生）

|  | Listening | Reading | Writing |
|---|---|---|---|
| Audio-lingual | 45 | 32 | 50 |
| Cognitive code* | 70 | 50 | 73 |

（資料）Mueller (1971)
（注）授業：フランス語，同じ教科書を使用。*：数値は2コースの成績の平均値。
（参考）Alderson and Beretta (eds.) (1992) p. 10 には 1963～1985 年までのこの種の33の評価研究が表に整理されている。

第6章 学習環境，教材・指導法について検討する

表2 提示方法による効果の比較（中・高校生）

|  | 下位 | 中位 | 上位 | 全体（平均） |
|---|---|---|---|---|
| Inductive （159名） | 6.7 | 6.9 | 7.4 | 7.0 |
| Deductive （160名） | 6.3 | 6.6 | 7.2 | 6.7 |

（資料）Shaffer (1989) pp. 398–399.
（注）Inductive：例文→文法規則を生徒自身で整理，Deductive：文法の説明→例文。スペイン語，フランス語の授業，文法項目：仮定法などの4項目。数値は，学習した文法項目のクローズ練習の結果。

表3 授業の観察結果とCLTに対する教師の態度

| (A) 授業の特徴 | (B) CLTへの好感度（教師） |
|---|---|
| ・teacher-fronted | ・範囲 56–103 |
| ・explicit focus on form[s] | 　（5点法×24項目） |
| ・pair workの実施（2クラス） | ・平均値 83（69%） |
| ・group workの実施（なし） | ・項目平均 3.5/5 |

（資料）Karavas (1996) pp. 192–193.
（注）対象：ギリシャ人の英語教師（14名）。

習した文法規則は比較的難しいものであったにもかかわらず，適切な例文が適度に与えられたことと文法規則のまとめを生徒自身に整理させ，書かせたことが文法規則の正確な学習につながったのかもしれない。生徒自身で文法規則の意識化ができるような指導が大切であろう。

### (3) CLTは実際どのように行われているか

　Communicative language teaching (CLT) は，最もよく知られた指導法であるが，どのように実施されているのだろうか。表3は，1996年に発表された，ギリシャの中等学校での観察・調査結果である。ギリシャでは，1987年からcommunicative approachに依拠した教科書，カリキュラムが導入されている。しかし，表3の実際の観察結果に限れば，この時点ではCLTは十分に実施されているとは言い難い。質問紙に対する回答結果ではCLTの価値・重要性は教師にかなり認識されているものの，実際の授業ではコミュニ

3. 英語指導法の構成要因を探る

ケーション活動もあまり行われていない。CLT が世界で広く実施されている現在，この時点では CLT を実際に実施できる指導力の養成が急務だったのかもしれない。また，教師・生徒の文化や価値観と CLT との適合性も検討する必要があったのかもしれない。

## (4) スキーマの指導効果は

Reading 指導で，事前に必要なスキーマを生徒に与えることは大切だとよく言われる。確かに，読み物の背景的知識があれば，内容理解は容易になるかもしれない。しかし，スキーマを教師が与えるだけで読みの力はつくだろうか。表4では，指導を受けた読み物についての内容理解テスト（Instruction）ではスキーマを与えたグループの成績は他のグループとの間に有意差はみられない。未習の読み物のテスト（Independent）では，学習方略の指導のほうが効果的である。登場人物や出来事や解決方法など整理させながら読みの仕方を指導していくほうが読みの力がつくのかもしれない。だが，この調査では，読みの力が十分あっても，学習方略の有効性に興味を示さなかった児童には学習方略の指導効果がみられなかったことも報告されている。生徒の動機づけが学習方略の指導効果に関係するようである。

表4 Reading 指導の効果（米国の小学5, 6年生：67名）

|   |   | Instruction | Independent | Total |
|---|---|---|---|---|
| (A) | Story content | 15.33 | 13.14 | 14.24 |
| (B) | Strategy | 16.08 | 19.45 | 17.77 |
| (C) | Basal | 13.48 | 13.80 | 13.64 |

（資料）Dole, Brown, and Trathen (1996) p. 72.
（注）A：生徒にスキーマを与える方法，B：読みの仕方を指導する方法，C：Basal reader（読み物）と指導書に沿って語彙や内容などを教える方法。指導期間：5週間。

## (5) 英語指導技術について知る

指導技術は教室の状況を考慮して個々の教師が創造すべきであろうが，そのためには何らかのヒントが必要であろう。たとえば，Ur (1996), Cross

(1995) には，ともに，22章にわたって，教師の立場から具体的に指導技術が整理してあるので参考になろう。表5は，よい発問をするための1つの基準を示したものである。教室で試みたいものである。

表5　Effective Questioning の基準

| 1. | Clarity | 発問の意味と答え方がわかる。 |
| 2. | Learning Value | 発展性があり，学習を助長する。 |
| 3. | Interest | 刺激を与え，興味をもたせる。 |
| 4. | Availability | 多くの生徒が応答できる。 |
| 5. | Extension | いろいろな答えを引き出せる。 |
| 6. | Teacher reaction | 生徒の答えを尊重する。 |

(資料) Ur (1996) p. 230.

## (6) ま と め

英語の授業は，いろいろな要因から成り立っている。すべての生徒に効果的な教授法はあり得ない。どのような条件で個々の指導法や指導技術が効果的になるのか調べていく必要があろう。

第6章 学習環境，教材・指導法について検討する

## 4. 子供の言語習得から学ぶ

### (1) 子供は大人より英語をよく習得できるか

表1に示すように，必ずしも年少者のほうが外国語の習得が容易とは限らない。子供が外国語をより習得しやすいのは，外国語の接触時間が多いこと，

表1　子供の外国語習得についての経験と事実

| |
|---|
| 〈経験〉 |
| ・子供は外国語の環境で，容易に外国語を習得する。 |
| ・年少者ほど外国語習得は容易である。 |
| 〈事実〉 |
| ・年少者ほど習得容易とは必ずしも言えない。 |
| ・10代の子のほうが全体的に最もよく習得する。 |
| ・よい発音の習得に限れば幼児のほうが有利。 |

(資料) Ur (1996) pp. 286–287.
(参考) Singleton (1989) pp. 80–138.

表2　英語 (E)，国語 (J) 語彙力が学年レベル以上の人数 (n=調査人数)

| 滞在年数 | 0〜1年 | | | 1〜2年 | | | 2〜3年 | | |
|---|---|---|---|---|---|---|---|---|---|
| 出国時学年 | E | J | Ss | E | J | Ss | E | J | Ss |
| 幼稚園児 | 0 | 1 | (n=3) | 1 | 1 | (n=1) | 2 | 1 | (n=2) |
| 小1〜小2 | 0 | 1 | (n=3) | 1 | 3 | (n=5) | 4 | 1 | (n=4) |
| 小3〜小4 | 0 | 4 | (n=6) | 0 | 3 | (n=10) | 0 | 0 | (n=4) |
| 小5〜中3 | 0 | 3 | (n=6) | 0 | 5 | (n=11) | 0 | 3 | (n=6) |

(資料) 小野 (1994) pp. 100–101.
(注) 英語は，ほぼ同年齢のネイティブとの比較。
(参考) 奥田 (1984) は，滞米4–6ヵ月で習得された英語語彙が帰国後3ヵ月で約45％忘却された例を報告している。

教えてくれる「教師」の数が多いこと，言葉を使用して，要求の充足が可能なこと（"survival" motive）が前提になっている。しかし，教室場面では，外国語と教師への接触時間が少ないので，少ない情報を活用するために，認知能力や学習に集中できる学習態度がより必要になる。したがって，子供のほうが優れた学習者であるとは断定できない。

### (2) 外国で生活すればバイリンガルになれるか

海外在住中の日本人児童・生徒を対象にした表2（前ページ）の調査では，日本語も英語も語彙力テスト結果が学年レベル以上の者（1学年下のレベル

表3 英語文型の理解度順位の比較

| 文型（各4項目） | J (n=60) | G (n=31) | E |
|---|---|---|---|
| Simple intransitive | 1 | 1 | 1 |
| Simple negative | 1 | 1 | 2 |
| Comparative | 1 | 1 | 2 |
| Superlative | 4 | 1 | 5 |
| Transitive negative | 4 | 11 | 8 |
| Simple transitive | 6 | 5 | 4 |
| Intransitive with adjectives* | 6 | 5 | 6 |
| Simple prepositions** | 6 | 5 | 7 |
| Embedded clause+ | 6 | 9 | 9 |
| Plural | 6 | 5 | 10 |
| Transitive with adjectives | 11 | 13 | 10 |
| Harder prepositions++ | 12 | 12 | 13 |
| Future tense | 13 | 9 | 15 |
| Passive | 14 | 14 | 12 |
| Past tense | 15 | 15 | 14 |

（資料）Morsbach (1981) p. 186.
（注）英文を聞いて4枚の類似した絵から適切な絵を選ぶ方法。数値：各文型で4項目中3項目以上に正解した人数の順位，J：日本人（11–13歳），G：ドイツ人（10–13歳）（ともに，在英2年以内），E：イギリス人（5歳）。
〈例文〉*: The old man is reading. **: The mouse is in the box. +: The dog with the long legs is jumping. ++: The horse is in front of the tree.

も含む）は，被調査者（Ss）総数61名中，出国時，幼稚園児であった2名（滞在年数1〜2年，2〜3年）と小1〜小2であった2名（滞在年数1〜2年，2〜3年）であったという。小3〜小4あたりから第一言語の基礎を確立する段階に入るので，まずは日本語などの第一言語を十分学習することが大切になる。

### (3) 母語が違うと英語の聞きやすさは異なるか

表3は，絵の影響も考慮する必要があるが，比較的多数の子供を対象にして，発話でなく，理解度（聞き取り）の順位を比較している点が興味深い。各文型の聞きやすさの相対的順位は，日本人，ドイツ人もイギリス人の場合とだいたい同じである（相関は，ともに.91）。共通して，特に誤りやすいのは，時制と態で，未来時制と過去形を進行形に，受動態を能動態に聞き違えることが多いことも報告されている。これらの文型は聞き取りの指導で留意する必要があろう。

### (4) 子供には簡易化教材がよいか

表4(B)の簡易化教材の理解はネイティブの子供に難しい（Cameron 1994）。(A)の語彙には，build, house などの適度に具体的で習得しやすい基本語彙

表4　*The Three Little Pigs*（Ladybird）

| (A)　Well-loved tales | (B)　Read it yourself |
|---|---|
| 　The second little pig and the third little pig went on along the road.<br>　Soon they met a man who was carrying some sticks.<br>　"Please will you give me some sticks?" asked the second little pig. "I want to build a house for myself."<br>　"Yes," said the man, and he gave the second little pig some sticks. | Two little pigs go on.<br><br>They see a man with some sticks. One little pig says, "Please give me some sticks."<br><br>I want to make a new home. |
| （資料）Cameron（1994）p. 36（挿し絵は省略） ||

がみられるが，(B) は home など具体的すぎる語や make などの抽象的な語があって内容が理解しにくい。また，物語の時制は過去形が基本であるが，(B) は現在形で不自然である。さらに，簡易化教材では，内容が簡略化されるので，(1) opening (状況設定)，(2) presentation of problem，(3) events leading to solution，(4) resolution，(5) closing-outcome など物語独特の構造が習得しにくい。だが，子供が自分で黙読する場合は (B) の教材もよい。

## (5) まとめ

子供は外国語習得が大人より上手であると言われることが多い。子供の外国語習得の仕方と要因を調べて，利用できる点を見いだすことも課題であろう。

第6章　学習環境，教材・指導法について検討する

## 5. 小学校外国語活動について考える

### (1) 公立小学校への英語活動導入の流れについて知る

　2011年から公立小学校の第5，6学年で英語（外国語）活動が完全実施されることとなった。表1（次ページ）は「小学校学習指導要領」の推移とともに小学校での英語活動の流れについて整理したものである。小学校での英語活動については，①研究開発学校での英語教育の段階，②「平成10年度改訂小学校学習指導要領」による「総合的な学習の時間」での英語教育の段階，③新学習指導要領による小学校英語活動の完全実施の段階に分けることができる。1992年にはわずか2校であった研究開発学校での小学校での英語教育はその4年後には各都道府県で実施され，次の「総合的な学習の時間」の段階では英語活動は2007年に約96％の小学校で実施されるまでになっている。さらに2008年度には小学校英語活動教材『英語ノート（試作版）』を使用した試行が実施され，2009年度からの移行措置とともに，小学校での外国語活動の円滑な実施が計画されている。

### (2) 小学校英語活動の効果は調査でわかるか

　公立小学校への英語教育の導入については以前から賛否両論がある。反対論・慎重論は「小学校では国語教育のほうが大事である」「英語は中学校からでも遅くはない」「指導者の養成など条件整備が十分とは言い難い」などである。このような議論に関連して，小学校英語活動の効果について言語習得の視点から調査研究が行われている。表2–1の研究はその例である。中学校1年生を対象にして小学校での英語活動を体験した群と体験しなかった群で「英語力」に差がみられるかを調べたものである。表2–1の調査内容・方法の詳細は原著を参照していただくことにして，結果をみると実施したテスト得点において両群の「英語力」の間には有意差はみられないほうが多い。だが，この種の調査で解釈が難しいのは，国際理解をめざした小学校での英語活動と調査問題の内容・方法との間に相違がみられるのではないかということ，

第6章　学習環境，教材・指導法について検討する

表1　公立小学校への外国語活動導入までの経緯

| ①（1992〜2001年）<br>研究開発学校での英語教育 | ②（2002〜2010年）<br>「総合的な学習の時間」での英語教育 |
|---|---|
| ・研究開発学校の指定<br>　1992年5月　2校<br>　1994年4月　12校<br>　1996年4月　各都道府県ごとに1校<br>　2000年4月「英語科」として3校<br>・「小学校学習指導要領」（1998年12月）告示<br>・『小学校英語活動実践の手引』<br>　2001年1月公表 | ・「小学校学習指導要領」（1998年）の完全実施<br>　2002年4月　全国の小学校で英語活動の実施が可能<br>・「『英語が使える日本人』の育成のための行動計画」<br>　2003年3月　文部科学省発表<br>・「小学校英語活動実施状況調査」<br>　2006年3月　全国の93.6％の小学校で実施<br>　2007年3月　全国の95.8％の小学校で実施<br>　2008年3月　全国の97.1％の小学校で実施<br>・新「小学校学習指導要領」告示<br>　2009年から　移行措置<br>　2011年度　完全実施　外国語活動必修<br>・『英語ノート（試作版）』<br>　2008年4月発表 |
| ③（2011年〜）「外国語活動」導入による小学校での英語教育必修化 ||
| （資料）松川・大城（編著）（2008）pp. 9–10.<br>（参考）松川（2004）：2004年までの公立小学校での英語指導事例，カリキュラム，教員研修プログラムなどの実態を詳細に報告している。 ||

表2-1　小学校英語活動の効果を調べた調査研究

| 調査事例 | 指導 | 調査時期 | 調査対象能力・方法 | 有意差 |
|---|---|---|---|---|
| 松川（1997） | 週1回2年間 | 中1（2学期末） | 反応の速さ・内容の適切さ・発話量（面接調査） | 有 |
| 白畑（2002） | 週1回3年間 | 中1（12月） | 音素識別力　英語発音能力　発話語数（流暢さ） | 無 |
| 高田（2003） | 3年間 | 中1（1・3学期） | 音読　語彙　文法 | 無* |
| 白畑（2007） | 小3〜 | 高校生 | 文法判断力　発音能力　語彙力 | 無 |
| （資料）松川・大城（編著）（2008）pp. 52–54.<br>（注）有：英語活動体験群のほうが優れていた。無*：1学期のみ「音読」で英語活動体験群のほうが優れていた。 |||||

中学校段階での調査であれば中学校での学習成果なども混在することになりかねないことである。

中学校入学以前の英語教育の成果にはさらに開始時期や学校以外での学習成果の影響や調査学年による相違も含まれている場合があるのでこれらの変数も考慮して調べることが必要である。表2-2の調査は，これらの変数の影響を考慮して中学校入学以前の英語教育の効果を調べたものである。被験者群は7群（G1～G7群）で中学校1年，2年，3年の各段階でリスニング力を比較したものである。結果は，G7の「英語圏に3ヵ月以上滞在」している群のリスニング力が他の群よりも有意に高いが，1年次のG4とG1・G2間の差以外に有意差はすべてみられなかったとしている。表2-1でみた調査方法に内在する懸念に加えて，サンプル数が少ないことや被験者の選定の無作為化が困難であることもあって得られた結果を十分に一般化することは慎重でありたいが，英語圏への3ヵ月以上の滞在を除けば，必ずしもリスニング力の育成に中学校以前の英語学習歴は十分寄与していないことが推測できる。

表 2-2　中学入学以前の英語学習歴とリスニング力の変化

| 被験者群と英語学習経験の型 | | N | 1年(M) | 2年(M) | 3年(M) |
|---|---|---|---|---|---|
| G1 | 中学入学前は未経験 | 24名 | 144.3 | 178.7 | 240.0 |
| G2 | 小学校3, 4年から小学校のみ | 15 | 138.5 | 182.4 | 239.7 |
| G3 | 小学校5, 6年から小学校のみ | 41 | 157.8 | 183.3 | 231.1 |
| G4 | 小学校での授業と学外 | 95 | 166.7 | 192.8 | 239.3 |
| G5 | 小学校以外の機会のみ | 16 | 166.3 | 197.3 | 252.1 |
| G6 | 中学入学前6年以上 | 21 | 160.1 | 189.4 | 239.4 |
| G7 | 英語圏に3ヵ月以上滞在 | 22 | 222.4 | 246.3 | 282.5 |
| 合　　計 | | 234名 | 165.7 | 194.1 | 242.9 |

（資料）神白（2008）p. 122.
（注）N：グループごとの人数。M：リスニングテストの平均値。リスニングテストはCASEC（Computerized Assessment System for English Communication）（日本英語検定協会による英語コミュニケーションテスト）のSection 3（内容把握）とSection 4（ディクテーション）の合計点（500点満点）。
（参考）Takada（2008）：量的研究では両群に有意差はみられなかった。

## 第6章　学習環境，教材・指導法について検討する

　小学校での英語指導を受けた群と受けていない群の中学校以降での英語力を比較する場合，両群が小学校段階で英語力において等質であるように被験者を選定することは難しい。それならば，全国規模で被験者を集い小学校での英語学習時間やその他の要因からどの程度児童の英語力（テスト得点の分散）を説明できるかを調べることが考えられる。表2-3は，①で「シルバー」（児童英検の3つのうち2番目の難易度で英語学習歴2〜3年半の児童用テスト）の総合平均点（正答率）などを示し，②でこの「シルバー」の総合点を7変数を同時に用いて説明する場合，各変数の重要度（標準偏回帰係数）を学年ごとに示したものである。これらの結果から，①学年進行とともに「シルバー」の総合平均値（正答率）が上昇していること，②7変数の中で学年を問わず「自己評価」，「学校外学習」，「指導目標」の重要度が比較的高く，「総授業時間数」「ALT（の指導頻度）」などもおおむね重要度が高いことがわかる（ただし，6年生の場合は「ALT（の指導頻度）」や「動機」は重要度は低い）。この調査結果では，対象となった小学校が「比較的熱心に英語活動に取り組んできた学校」で，かつ「アセスメントを行ってみようという意志を示した学校」であったこと，また，統制群（小学校英語活動を実施しなかった

表2-3　小学校英語活動の時間数と成果

| 学年 | ① 総合平均など | | | ② 学年別回帰分析の結果（標準偏回帰係数） | | | | | | |
|---|---|---|---|---|---|---|---|---|---|---|
| | 児童数 | 総英語活動時間数 | 総合平均 | 総授業時間数 | 指導目標 | ALT | 学校外学習 | 態度 | 自己評価 | 動機 |
| 3 | 697 | 76.36 | 65.31% | −.11* | .18* | −.25* | .19* | .15* | .31* | −.16* |
| 4 | 1,666 | 111.46 | 71.74 | −.19* | .12* | −.09* | .26* | .06 | .32* | −.11* |
| 5 | 2,337 | 135.57 | 73.82 | .03 | .06* | −.16* | .20* | −.02 | .41* | −.07* |
| 6 | 1,814 | 155.27 | 76.97 | .06* | .15* | −.06 | .21* | −.09 | .38* | −.01 |

（資料）バトラー後藤・武内（2006）pp. 248–263.
（注）総英語活動時間数：「シルバー」受験時までの英語活動累積時間数，指導目標：英語活動での指導目標の高さ，ALT：ALTの指導頻度，態度：英語活動の楽しさ，自己評価：英語活動でできるようになったこと，動機：英語を使ってしてみたいこと。態度，自己評価，動機は児童の自己判断の結果。*：$p<.01$。なお，標準偏回帰係数は他の変数との関係で負の値になることもあるが，重要度の判断は絶対値の大きさで判断する。

群,あるいは,ほとんど実施しなかった群)との比較ができなかったことから,得られた結果を一般化するのには慎重でありたいが,小学校英語活動を十分行っている場合,その時間数の増加とともに英語力も高まる可能性が推測できること,児童の自己評価や学校外学習の役割が重要であることなどの示唆が与えられる。

　これまで見てきた調査は数値によるものであったが,実際に行われている小学校での英語活動を観察し,児童の言語発達を記述することはできないだろうか。表2-4はこの種の研究で小学校で英語活動を実施しながら,3年間の長期にわたり,教師自身が児童の英語の発達を記録した研究成果の一端である。この記録には児童の英語での発話例として,①歌で学んだ表現をそのまま場に応じて使った例,②歌で学んだ表現の単語やフレーズを変えて使った例の2種類が示されているが,②の事例を紹介しておく。小学校の英語活動と言えば,歌やゲームばかりと批判的に言われるが,この事例のように,児童は歌からでも着実に英語を使えるようになっていく姿がうかがえる。

表2-4　児童が歌で学んだ表現の単語やフレーズを変えて使った例

**事例 No. 8.** (7ヵ月後5年生)
　教師からカードをもらうときに,児童は既習表現の,「○, please.」や「Do you have ○ ?」から○の部分の単語を card に変えて使用するであろうと予想していた。多くの児童は予想通りの表現を使ったが,1人の児童が歌のフレーズ「Can I have a sticker?」から「Can I have a card?」と言った。単語と表現の両方を変えたのが驚きであった。
Ex. 8)
　　Student A:　Can I have a card?
　　Teacher:　　Oh! You said "Can I have a card?" Very good! Here you are.

(資料) 森脇・柳井 (2007) p. 168.

## (3)　小学校英語活動の進め方や授業の事例について知る

　松川・大城編 (2008) には,「小学校外国語活動」の考え方,指導のポイント,先行実践校での実践の紹介などがわかりやすく紹介されている。小学校英語活動での文字の指導については,新学習指導要領で特に気になるので,「小学校での文字指導について」(pp. 112–120) は参考になろう。また,岡・

第6章　学習環境，教材・指導法について検討する

金森編（2007）は外国語教育の意義，言語習得論，小学校英語教育の役割を含む理論と実践の両面からバランスよく小学校英語教育の進め方について扱っている。「子どもの脳の発達と早期教育」（pp. 36-40）は特に示唆に富む。日々の授業や指導案について考える際には，熊本大学教育学部附属小学校（2005）も具体的でわかりやすく参考になろう。これらはほんの一例にすぎないが，小学校で担任教師が英語の指導をすることが必要になる状況ではこの種の具体的な参考書は欠かせないし，ICT（Information and Communication Technology）の積極的な活用の方途を探る研究も児童への英語モデルの提供と教師の過度な負担を軽減することの両面から緊急の課題であろう。小学校外国語活動と中学校での英語教育との円滑な接続は今後の重要な課題であろう（松川・大下編 2007 参照）。

(4) ま と め

Butler（2004）は，小学校での英語活動に携わる韓国・台湾・日本の小学校教師に対して，自己の英語力と到達願望について調査し，3ヵ国の教育の特質，教師の考える指導目標観とともに，その結果を数値で示している。これによれば，すべての技能の平均値（6点満点）では，韓国，台湾，日本の順で，現在の自己評価が 3.03，3.87，2.67 で，願望の数値が 3.89，4.67，3.76 である。確かに，これらの3ヵ国の中でも日本は英語力の自己評価も願望も低い。小学校教師で英語の研修を希望する教師への研修等のいっそうの充実が望まれるが，アジア・太平洋諸国における英語教育についての調査結果（Nunan 2003）からも理解できるように，日本の小学校外国語活動は調査対象の7ヵ国の中で唯一緒についたばかりであるので，今後の成果に期待したいものである。

第6章 学習環境，教材・指導法について検討する

## 6. 指導と研究を結びつける

### (1) コミュニカティブな英語指導を工夫する

図1では第二言語習得（second language acquisition: SLA）の認知プロセスと授業の指導過程をわかりやすく示している。PCPP は Presentation（提示），Comprehension（理解），Practice（練習），Production（産出）である。図の左側が第二言語習得の認知プロセスで右側に英語授業のプロセスが関連づけて提示されている。授業プロセスの右にある数字（①～⑥）は左側の欄の認知プロセスの数字に対応している。たとえば，英語授業での提示には，① イ

図1　第二言語習得の認知プロセスと PCPP による第二言語指導

| ① インプット（input）<br>理解可能性，関連性，真正性，音声と文字<br>② 気づき（noticing）<br>言語項目（語彙・文法・音など）への注意<br>③ 理解（comprehension）<br>意味・形式・機能の理解，仮説設定<br>④ 内在化（intake）<br>仮説検証，修正，棄却<br>⑤ 統合（integration）<br>長期記憶化／自動化<br>⑥ アウトプット（output）<br>第二言語運用 | ・提示（presentation）　　①②③<br>oral introduction / semantic mapping / inductive grammar instruction / explicit grammar explanation<br>・理解（comprehension）　　②③④<br>listening / reading comprehension check<br>・練習（practice）　　③④⑤<br>contextualized drill / reading aloud（shadowing / read and look-up）/ interpreter reading / sight translation<br>・産出（production）　　④⑤⑥<br>story retelling / summarizing / dictogloss / task / presentation |
|---|---|
| （資料）村野井（2006）p. 23.<br>（参考）SLA 研究には，白井（2008），JACET SLA 研究会編（2005），白畑（編著）・若林・須田（著）（2004）などの研究があり，参考になる。 ||

ンプット，②気づき，③理解が対応する。これには，oral introduction などの指導技術が関わることを示している。また，左側の①インプットでは，生徒にとって理解可能で，生徒に関連性があり，自然な英語で，音声と文字の両面から提示されるものが適切であることを示している。②以降も同様でそのすぐ下に示したことが大切である。インプットから気づき，理解，内在化，統合を経て，アウトプットへと至る認知プロセスをいかに効果的に行うかが指導の鍵であることをこの図は示唆している。この図は教室での英語指導について考える際に最も基本的な枠組みを提供してくれると言ってよい。

表1　中学校英語教科書（4社）の発話分析

| | | 範囲 (%) | 平均 (%) |
|---|---|---|---|
| 談話の種類 | Initiating | 34–52% | 44.5% |
| | Responding | 27–34 | 30.1 |
| | Adding | 18–39 | 25.4 |
| 主な発話機能 | 相手を動かす | 8–15 | 12.5 |
| | 情報を与える | 53–59 | 54.7 |
| | 情報を引き出す | 15–23 | 19.1 |
| | 挨拶 | 3–7 | 4.7 |
| 主な話題 | 日常生活 | 39–54 | 47.5 |
| | 海外事情 | 12–24 | 17.4 |
| | 国内事情 | 5–16 | 11.0 |
| | 物語 | 6–16 | 9.2 |
| | 学校生活 | 3–12 | 6.2 |
| | 挨拶 | 3–6 | 4.1 |
| | 自然 | 0–6 | 3.9 |
| 発信者の国籍 | 日本人 | 28–65 | 45.6 |
| | 英語話者 | 17–43 | 32.7 |
| | 非英語話者 | 8–14 | 11.3 |

(資料) 廣地・長安 (1993) pp. 81–82.
(注) 数値 (%)：発話文全体 (総数は 492～755 文) の中で各項目が含まれる文の数の割合，平均：4社の教科書の平均，範囲：最小値と最大値。

## (2) 教科書についてよく知る

　教科書の特質を知っておくと，授業で教科書のどのような部分を補っておいたらよいかがわかる．コミュニケーションがキーワードになった現在，教科書でコミュニケーションがどのように仕組まれているかを分析することは必要である．前ページの表1の研究は以前のものであるが，コミュニカティブな視点からの教科書研究の方向を示唆している．この結果では，情報を引き出す発話，学校生活や国内・海外事情についての発話が少ない．日本の教科書は米国中心の紹介から，日米などの諸外国との相互交流，日本文化の海外への発信などへ進展をみせているが，今後，アジアの文化背景をもつ生徒の話題もさらに必要になろう（八代 1989 参照）．また，global English としての英語の考え方の浸透も教科書のありかたに今後影響を与えるに違いない．

## (3) 生徒の学習の方略とプロセスを指導する

　図2では，語彙学習は，語彙学習の動機，メタ認知方略などと密接に関係

図2　語彙学習の動機と方略モデル

| |
|---|
| Initial appraisal of vocabulary learning experience (e.g. I feel learning vocabulary is a heavy burden for me.) ←┐ |
| ↓                                                          │ |
| Self-regulating capacity in vocabulary learning (e.g. When learning vocabulary, I think the methods of controlling my concentration are effective.) |
| ↓                                                        │ |
| Strategic vocabulary learning involvement (e.g. I try out vocabulary learning methods that are different from those taught by my English teacher.) |
| ↓                                                        │ |
| Mastery of vocabulary learning tactics (e.g. Guessing from textual context.) |
| ↓                                                        │ |
| **Vocabulary** knowldge (e.g. 2000 level, collocation) |
| ↓                                                        │ |
| Post appraisal of vocabulary learning tactics (e.g. I like the vocabulary learning tactics that I am using.) ─────┘ |
| （資料）Tseng and Schmitt (2008) pp. 357-400.<br>（参考）Cohen and Macaro (ed.) (2007) pp. 251-273. |

していることを示している。図の矢印は影響の方向を表わしている。この図から，たとえば，「文脈から未知語の意味を推測する」方略を生徒が使用するように指導する場合，方略の使用に影響する語彙学習についてのこれまでの体験や語彙学習についての考え方を考慮する必要があることを教えてくれる。

学習方略の指導では生徒がどのような方略をこれまで使用してきて，現在どのような方略を使用しているのか，情報を得ることも必要である。生徒の learning histories を指導に生かすためである。表2の実践では，まず，自己の学習経験について生徒同士で発表させ，生徒に学習方略について意識させ，その後に適切な学習方略を知らせ，それらを身につけさせようとするものである。学習指導に密着した研究である点が興味深い。

表2　learning histories の調査と活用法

〈調査〉
・自分の学習経験について生徒各自にメモさせる
　（例：次のような質問をいくつか与えておくとよい）
　What was a really good experience you had in learning English (in a classroom setting or elsewhere)?
〈活用法〉
・ペア，グループでその結果について話し合わせる
・時間があれば，結果をまとめてクラスで発表させる
・教師は生徒のさまざまな学習経験の事例を板書する
・教師自身や過去の生徒の事例も紹介する
・生徒各自に学習経験をくわしく書かせる（宿題）

（資料）Oxford and Green (1996) pp. 20–23.

## (4) 文法規則を発見させる

授業でコーパスを利用させ，学生に語法，文法，文体などについて，帰納的に学習させた試みとして表3–1，表3–2の実践は興味深い。文法規則をいきなり教師が与えるのではなく，学生が例文から規則を見いだす指導がよい。表3–2の例は，中学校での文法事項であるが，教師の知識として知っておいたほうがよい。なお，教室での表3–3のコーパスの利用法も参考になる。

表 3-1 "happy"と"glad"の語法の帰納的学習

|  | 構文 | 語義 |
|---|---|---|
| happy | 補語（叙述的） | 一時的 / 永続的（幸せ） |
| glad | glad to 不定詞<br>glad that 節 | 一時的・瞬間的（喜び） |

（資料）杉浦（1993）p. 104.
（注）コーパスを利用して学生自身が例文から語法を発見した例である。このほかに、好きな曲の語彙頻度を調べる調査や文体論的調査の例も紹介している。


表 3-2 "will"と"be going to"の語法の帰納的学習

| corpus | will | BE going to |
|---|---|---|
| written data | 2,038 | 30 |
| oral data | 141 | 52 |

（資料）Salsbury and Crummer（2008）pp. 32-33.
（注）学生のまとめ：① "Will" is generally a more common expression for expressing future time.　② "BE going to" is more likely to occur in spoken English than in written English.


表 3-3 教室でのコーパスの利用方法

| Ideas for using corpora in the classroom<br>・Provide varied authentic examples of the usage of vocabulary items or grammar structures already taught in class<br>・Guide students to draw conclusions about the meanings and / or usage patterns of vocabulary items or grammar structures found in a corpus<br>・Produce and use student-compiled corpus OR student learner language corpus |
|---|

（資料）Salsbury and Crummer（2008）p. 35.
（注）この論文には、Appendix に Websites for Corpora and Concordancers がある。

### (5) 機器を有効に活用する

表4は，3ラウンド・システムのリスニングとその教材をCALLで行った3大学の取り組み結果である。学生の満足度は高い。京都大学の場合は再履修者を対象にしていても肯定的評価は否定的評価より比較的多い。京都大学での指導では，CALLの利用を自律型の学習形態にして大勢の学生を相手にして開講する一方で，他のクラスサイズを小さくし，語学に必要な教師との接触を密にすることを可能にした点が特色である。機器の有効使用という点からも興味深い。

表4-1　3ラウンド・システムのリスニング

| 第1ラウンド | 聞き取れた単語やフレーズから，内容を大まかに推測する |
|---|---|
| 第2ラウンド | 第1ラウンドで理解した「大まかな全体像」を頭におきながら，言われていることの正確，詳細な理解を目指す |
| 第3ラウンド | 第1，第2ラウンドで学んだことを思い出してからより詳しい理解を目指す |

(資料) 竹蓋・水光 (編) (2005) pp. 132–147.

表4-2　3ラウンドのCALLに対する満足度の印象評価

|  | 受講生数 | 学生種別 | 肯定* | 中立* | 否定* |
|---|---|---|---|---|---|
| 千葉大学 | 3,776 | 一般学生 | 80 (%) | 14 (%) | 6 (%) |
| 東京大学 | 314 | 一般学生 | 90 | 10 | 0 |
| 京都大学 | 117 | 一般学生 | 60 | 25 | 16 |
| 京都大学 | 1,289 | 再履修者 | 48 | 28 | 21 |

(資料) 竹蓋・水光 (編) (2005) p. 158.
(注) *：各評価（満足度）の回答者数の割合。

### (6) アクションリサーチに学ぶ

アクションリサーチは，実践で解決すべき問題を見いだし，みずから実践を行いながら，問題の解決を研究していく方法である（表5参照）。どのよう

表5　アクションリサーチの段階と例

| |
|---|
| (1)　Problem identification（教室での問題の考察）<br>　例：生徒は英語学習に動機や関心がないことを知る<br>(2)　Preliminary investigation（基礎的資料の収集）<br>　例：要因の分析と質問紙調査を行う<br>(3)　Hypothesis（可能な解決策と評価プランの考案）<br>　例：リスニング活動による動機づけを計画する<br>(4)　Plan intervention（計画の実施と評価資料の収集）<br>　例：実践とテスト，調査，観察などを行う<br>(5)　Outcome（評価資料を分析し，解釈する）<br>　例：適切で authentic なリスニングが生徒の意欲を起こすことを知る<br>(6)　Reporting（調査結果の報告）<br>　例：文章や口頭発表で結果を報告する |

（資料）Fukada（1996）pp. 23–25.

な要因で実践の効果がみられたかについて研究結果を一般化することは難しいが，自分の実践だけに限って授業を改善する方法と考えれば有益であろう。アクションリサーチのわかりやすい説明と研究事例には，佐野（編著）（2000, 2005）がある。問題の発見からレポートの書き方まで具体的に示してあり，参考になる。

## (7) ま と め

　白井（2008）は，インプット＝インターアクションモデルという学習法を紹介している。外国語としての日本語プログラムで，ゼロからはじめた学生が50分×週4回，3ヵ月の授業で，学期末には15分間会話ができるようになる方法である。この授業の中心的な活動は，その日に導入された文法項目を使い，学生同士が自分のことやクラスメートのことや友人，趣味，家族，冬休みの予定のことなど，お互いにインタビューし，インタビューで得た情報をメモし，宿題で書くことである。初級の段階から身近な内容について意味と形式の両方に注意を払い，自然なコミュニケーションをするようにしていくことが大切であるとしている。ことばとしての英語の教育の大切さを気づかせてくれる。

第6章　学習環境，教材・指導法について検討する

　英語教育の実証的な研究は近年数多くなされるようになったが，採用される研究方法の目的や適切性について考える必要があろう。数量的な研究だけでなく，必要に応じて，質的な研究を行うことも大切である。また，教師の教育実践との関わりの中で，研究結果が教室でどのような意味をもつのかを考えることは常に必要であろう。

第7章

# 評価とテスト法について考える

評価とテストは適切に行えば指導のために必要な情報を与えてくれる。この章では，英語力と評価の目的・方法などについてテスト法も含めてデータをみながら考えていく。教室でテストを作成したり，結果を解釈する際に考慮すべきことも含めて評価とテスト法について検討したい。

第7章　評価とテスト法について考える

## 1. 英語学力と評価について考える

### (1) 英語の学力をどのようにみるか

　英語の力は，語彙や文法や4技能の力で測られることが多い。しかし，これらの能力や技能の間には実際何らかの共通性があると推測できる。これらの共通性を考慮して指導すれば，能力や技能の指導はより体系的になろう。この共通性をひとつの能力で説明しようとしたのが，予測文法力（Oller 1979）の考え方である。英語を読んだり，聞いたりする際には，文法力を軸にして，予測による効率的な言語処理が必要になる。しかし，テキスト全体や場面を考慮した言語使用能力はこの能力では適切に説明できない（Harley et al. 1990 p. 9）。伝達能力の考え方が必要になる。図の学力観は，この伝達能力を軸にして，言語，文化知識のほかに態度や学習の仕方も含めた広義の学力観である。伝達能力と言語・文化知識も含めてここでは英語学力としておく。

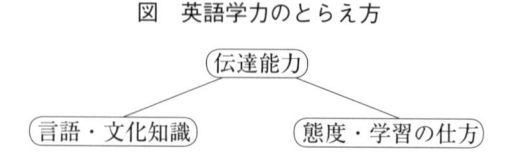

図　英語学力のとらえ方

```
        (伝達能力)
        /        \
(言語・文化知識)  (態度・学習の仕方)
```

### (2) 語彙力はどのくらい必要か

　言語知識の最も基本的な要素に語彙がある。表1では，中学生から社会人までで必要な語彙数が提案されている。社会人までで必要な語数は認知語彙数が約 4,500 で，活用語彙数はだいたい 3,000 弱で，聞き取り語彙数は約 2,000 である。活用語彙数は認知語彙数の約6割で，聞き取り語彙数はその半分の数である。中学生段階では，活用語彙数と認知語彙数の間に大きな差はみられない。活用語彙を中学生の段階で増やすことが必要である。2.4 節も参照。

表1 必要な語彙数

|  | 認知語彙 | 活用語彙 | 聞き取り語彙 |
|---|---|---|---|
| 中学1年 | 350 語 | 250 語 | 150 語 |
| 2 | 350 | 300 | 180 |
| 3 | 350 | 300 | 180 |
| 計 | (1,050) | (850) | (510) |
| 高校1年 | 500 | 300 | 250 |
| 2 | 700 | 400 | 300 |
| 3 | 700 | 400 | 300 |
| 計 | (1,900) | (1,100) | (850) |
| 大学生 | 1,000 | 600 | 500 |
| 社会人 | 500 | 300 | 250 |
| 総　計 | 4,450 | 2,850 | 2,110 |

(資料) 森戸 (1986) p. 37.

## (3) 英語力を書く力からみると

　生徒の英語力の変容を長期間にわたって客観的にみていくことができる指標はないだろうか。表2は英語力（語彙，文法，聴解の総合力）を作文の特質からみたものである。
　これによれば，英語力の指標としては，EFT内の総語数が最も有効である。

表2 英語力との関係（大学生121名）

| 指標 | 相関 | 共通性 |
|---|---|---|
| EFT 内の総語数 | .62 | 38% |
| EFT の総数 | .57 | 32 |
| 全 T-unit 内の EFT の割合 | .55 | 30 |
| T-unit の平均語数 | .52 | 27 |
| 英作文の総語数 | .49 | 24 |

(資料) 平野 (1993) p. 231.
(注) T-unit: 分割できる文の最小単位。and で結ばれた2文は2つの T-unit である。EFT: 誤りのない T-unit.

## 第7章 評価とテスト法について考える

これは，作文を T-unit ごとに区切って，誤りのない T-unit をさがし，その T-unit 内の語数の合計を求めればよい。この数値が高いほど，英語力がある傾向がある。この数値の大きさを高校生などの英語力の指標に利用できないだろうか。ただし，生徒の作文は，テーマや書く回数によって総語数が異なる可能性があるので，総語数で除した数値を用いるなどの工夫が必要であろう。

### (4) 英語力は見方によって異なるか

表3 (A) では，発音の正確さは word list を読む場合（意識している場合）は 60% 弱で，passage を読む場合は約 40% であり，通常のスピーチ（ほとんど意識していない場合）になると約 30% になることがわかる。発言する際の意識の度合によって発音の正しさは異なる。表3 (B) の3人称単数現在の動詞の -s の場合も減少傾向は同様である。しかし，表3 (B) の冠詞の場合や直接目的語（代名詞・単数）は逆の傾向がみられる。これらのテストには，もと

表3　タスクの種類と正答率の変化

| (A)　/r/ の発音の場合（各学年 20 名） | | | |
|---|---|---|---|
| | Word list | Passage | Free speech |
| 高校 1 年 | 61% | 46% | 44% |
| 　　 2 | 44 | 37 | 22 |
| 　　 3 | 59 | 50 | 30 |
| 合　　計 | 55 | 44 | 32 |
| （資料）Shizuka (1992) pp. 67–69. | | | |
| (B)　文法項目の場合（日本人 EFL 学生 10 名） | | | |
| | Test* | Interview | Narrative |
| 3rd person (verb -s) | 80% | 71% | 67% |
| Noun plural (-s) | 83 | 82 | 82 |
| Article | 56 | 71 | 83 |
| Direct obj pro. | 57 | 67 | 96 |

（資料）Tarone (1988) p. 99.
（注）*：文法性判断テスト（筆記）．

もと文脈が必要で，単文の文法判断テストのほうが難しいのかもしれない。測定内容によって文脈を与えたほうがよいことがわかる。

## (5) 学習の仕方は英語力に関係があるか

表4から，学習の仕方も英語力に関係があることが推測できる。よく使用される学習の仕方は分析・総合を行う認知学習，暗記などの要素的な学習，未知語の意味の推測や不安を軽減するためにリラックスするなどの補償・情意面での学習方略である。英語力との関係は，質問紙法による調査なので関係は低いが，社会的学習と記憶学習以外はすべて関係がみられる。学習方略の採用という学習の仕方も英語力と関係があるとすれば，学習の仕方を考慮して指導する必要があろう。

表4　学習の仕方と英語力との関係（日本人大学生155名）

| 学習類型 | 使用度 | 関係 | 相関 | 事例 |
| --- | --- | --- | --- | --- |
| 認知 | 61% | あり | .27 | 語の分析，概要把握 |
| 言語要素* | 61 | 〃 | −.17 | 暗記・反復練習 |
| 補償・情意 | 56 | 〃 | .26 | 言い替え，リラックス |
| 社会的 | 55 | なし | .08 | 共同で学習・練習 |
| 記憶 | 53 | 〃 | −.11 | 場面を想像して記憶 |
| 伝達 | 52 | あり | .20 | 生きた場面で使用 |
| メタ認知 | 49 | 〃 | .16 | 学習計画・評価 |

(資料) 高梨 (1994) p. 262.
(注) 調査項目：40項目，学習類型：因子分析結果 (7因子)，*：下位群ほど多く使用。英語力のテスト：CELT.

## (6) ま と め

英語学力を広義に理解すれば，言語・文化知識だけでなく，伝達能力や態度なども含まれる。英語の指導ではこのような側面の指導も大切になる。生徒に学習の仕方を指導することも課題である。

第7章　評価とテスト法について考える

## 2. 指導に生かすテスト法を考える

### (1) よいテストを作成するための留意点を知る

　表1は，多肢選択テストを作成する場合の主な問題点と留意事項を整理したものである。このリストはテストを自分で作成する場合だけでなく，他の

表1　テストを作成する際の問題点と留意事項

---

・Tests which are too difficult or too easy
　（平均50%くらいの正答率の問題が学力の識別によい）
・An insufficient number of items
　（少数の問題で全体的な評価をしない）
・Negative washback through non-occurrent forms
　（誤った語句を選択肢として用いない。
　　例：I ＿＿＿＿ here since five o'clock. の選択肢 *am be*）
・Trick questions
　（問題内容が誤解される質問はさける。例：二重否定の文など）
・Divergence cues
　（正解の選択肢は長くなりすぎないようにする）
・Convergence cues*
　（選択肢の類似性から正答を推測できないようにする）
・Mixed content
　（ひとつの項目で複数の内容をテストしない）
・Wrong medium
　（評価したい技能と異なる技能での解答を要求しない。
　　例：内容理解の問題で正確に書くことを求めない）
・Common knowledge
　（本文を読まずに常識で正答がわかる選択肢はさける）

---

（資料）Henning（1982）pp. 33–36.
（注）*：例 a. crawl  b. creep  c. brawl  d. trudge で a, b, d は意味が類似し，a, c は韻が同一なので，これらの選択肢のみで，共通する a が正答とわかる。

テスト問題を評価，改善する際にも役立つであろう。

## (2) LLを利用して伝達能力を評価する

オーラル・コミュニケーションの能力を評価する方法には，教師やALTなどによる面接法があるが，実施に時間がかかる場合やALTの協力が得られない場合もある。その場合，表2のように，事前に録音しておいた質問をLLで聞かせ，それに対する生徒の応答を録音させ，結果を後で聞いて，評価す

表2　LLを利用したOral Proficiency Test

| 〈主なテスト問題〉 | N* | total |
|---|---|---|
| 1.　Answering questions | 10 | 30 |
| 　（e.g. What is your favorite sport?） | | |
| 2.　Asking questions⁺ | 1 | 10 |
| 　（topic: Japanese food, favorite music, ...） | | |
| 3.　Impromptu speech | 1 | 10 |
| 　（topic: my family, my hobby, ...） | | |
| 4.　Picture description | 2 | 10 |
| 　（e.g. Make a story using the four pictures） | | |
| 5.　Word description | 1 | 5 |
| 　("chopsticks") | | |
| 6.　Appropriate response | 1 | 5 |
| 　（What do you say in this situation?） | | |
| 7.　Appropriate expressions | 4 | 12 |
| 　（What do you say in each situation?） | | |
| 〈評価基準例〉（1の場合）： | | |
| 1.　Answers contain the necessary content, speaks fluently and with no errors. （3点） | | |
| 2.　Answers contain the necessary content, but makes some noticeable errors. （2点） | | |
| 3.　Answers contain little content, speaks only with considerable conscious effort. （1点） | | |
| （資料）Kabashima (1995) pp. 25–27. | | |
| （注）*：項目数，total：項目数×配点（小計），⁺：1つのトピックを選び，できる限り多くの質問をALTにする。 | | |

表3 OPIとSOPIにおける談話の特徴

|  | OPI | SOPI |
|---|---|---|
| ・Rhetorical structure / functions | Question → answer → question | Task → performance → new task → new performance |
| ・Genre | Conversation / interview | Reporting / monologue, etc. |
| ・Speech moves | Expansion / negotiation for meaning, etc. | Description / reporting |
| ・Communicative properties | Two-way communication | One-way monologue |

(資料) Shohamy (1994) p. 108.

る方法もある。この方法は，評価段階で時間がかかる難点もあるが，生徒に与える質問の内容，難易度を同一にすることができるし，短時間でより多くの評価情報を得ることもできる。また，複数の評価者で生徒の反応を繰り返し聞くこともできる。

### (3) 面接方法で生徒の話し方が異なることを知る

同じ面接であっても，会話に近い Oral Proficiency Interview (OPI) と task を与える Semi-direct Oral Proficiency Interview (SOPI) では，発話の文法的特徴に差はみられないが，談話のレベルで表3のように相違がみられる。また，SOPI では task の遂行というはっきりした目標があるためかパラフレーズと自己訂正がより多くなされるのに対して，対話者を意識する OPI では面接する人の理解にうったえるためか母語の利用がより多いという。授業でどのような相互作用の型を育成したいかによって，実施する面接方法を選択する必要がある。

### (4) 作成も採点も簡単で波及効果のよいテストを考える

テストを作成する際に簡単に作成できて，採点も容易で，生徒の英語力が適切に測れるテストはないだろうか。これは英語教師の多くが考えることで

ある。表4は，① どのような題材にも利用でき，② 作成が手軽で，③ 採点が手軽で，④ 波及効果がよいテストである。削除語の選定の仕方が気になるかもしれないが，生徒が試験のときに読んでいて文法/語法的にあり得ないか，あるいは文法/語法的にあり得るが意味的にあり得ないか，のどちらかでなければならないという（たとえば，"Driving makes some people very competitive."では，"very"や"some"を削除するよりも"makes"か"competitive"を削除すべきである）。なお，表4の問題例では"the"を削除しているが，やや高度な能力をみる問題になっている。このような形式の問題では，どの語を削除するかによって，難易度と測定対象の能力を調整することができる。また，語を削除するのではなく，文をいくつか削除することも可能である。もちろん，話題文（topic sentence）を削除することも考えられる。表4の問題でアからキまでの語を英文の中に入れておいて，移動している語と本来の位置を解答させることも可能である。これらは，いずれも gap filling test の一種で，クローズ・テストの考え方と同じで，適切に作成すれば，文法力，語彙力，読解力，談話能力などを測定できる可能性があると言ってよ

表4 「どこにあったのテスト」（削除された語の本来の位置の指摘）

| 問題 |
| --- |
| 次の文章からは，ア〜キの語が削除されています。それぞれの語が本来どこにあったのか指摘しなさい。（本来あった位置に戻した場合にその前と後に来る語を書くこと。）<br>　ア because　イ even　ウ who　エ like　オ what　カ the　キ once<br>　　　　　文章（英語：約100語）［省略］ |

| 解答紙 | |
| --- | --- |
| because | even |
| like | once |
| the | what |
| who | |

（資料）靜（2002）pp. 205–207.

## 第7章 評価とテスト法について考える

い。表4は定期テストの例であるが，実力テストでもこの種の形式のテストは使用できるに違いない。

### (5) ま と め

テスト法については，教師が問題を作成するときに，生徒の心理を考慮して問題自体の評価をすることが必要である。また，伝達能力を評価する面接法については，評価内容，実用性を総合的に判断し，評価方法を選択することが大切である。

第7章 評価とテスト法について考える

## 3. 評価の問題点を考える

### (1) スピーチの評価にネイティブは不要か

　上手なスピーチは日本人でも判断できるのでスピーチ・コンテストの評価者は日本人だけで十分だと思うかもしれない。しかし，表1（著者の未発表資料）の評価では，日本人同士，ネイティブ同士で評価に共通性がみられるが，日本人とネイティブではあまり類似性はない。6人の中で4位と6位の生徒（生徒4と生徒6）はネイティブの平均で評価すれば，2位と3位になる。スピーチ評価にネイティブの協力は必要であろう。

### (2) 筆記テストで発音の力は測れるか

　筆記テストで発音の力を調べる問題は入試でおなじみの問題である。筆記テストで優秀な生徒は実際に発音も上手にできるだろうか。表2（次ページ）は，まったく同じ問題を筆記テストと実際の発音テストの両方で調べて，その結果を比較したものである。この資料では，筆記テストで優秀な生徒は発音もできる傾向がみられるが，両者の関係は発音の評価を筆記テストで代替できるほど強くはない。

表1　スピーチの評価結果（対象：高校生10名）

| 評価者 | 生徒 1 | 2 | 3 | 4 | 5 | 6 | … |
|---|---|---|---|---|---|---|---|
| A（Japanese） | 86 | 82 | 83 | 79 | 81 | 73 | … |
| B（Japanese） | 97 | 96 | 86 | 70 | 85 | 52 | … |
| C（Native） | 98 | 90 | 85 | 98 | 78 | 96 | … |
| D（Native） | 94 | 89 | 92 | 91 | 77 | 88 | … |
| 平　均 | 94 | 89 | 87 | 85 | 80 | 77 | … |

（注）評価観点：英語，内容，話し方，質問への答え方。評価者間相関（共通性）：日本人同士 .75（56%），ネイティブ間 .74（55%），日本人とネイティブ間平均 .37（14%）。

第7章　評価とテスト法について考える

表2　筆記テストと実際の発音テストとの関係

|   | 被験者 | 問題数 | 相関 | 共通性 |
|---|---|---|---|---|
| (A) | 短大生 42 名 | 6–18 問 | .25–.50 | 6–25% |
| (B) | 大学生 30 名 | 15 問 | .74 | 55% |

(資料) A: Buck (1989) p. 53, B: Yamauchi (1992) p. 77.

### (3)　リスニング・テストで有利な座席の位置はあるか

　リスニング・テストを放送で行う場合，均一な音響条件の確保は難しいとよく言われる。しかし，図1と表3の結果では，予想に反して，座席の位置や教室の形状・設備によって得点に差はほぼみられない。テスト問題が内容理解中心で簡単な英語で答えるものであったことから，細かい音の聞こえ方はあまり関係しなかったとも推測できるが，参考になる資料であろう。

図1　座席位置とリスニング得点段階別人数

| A:22 B:10<br>C:9　D:7 | A:23 B:9<br>C:10 D:6 |
|---|---|
| A:21 B:11<br>C:9　D:7 | A:25 B:7<br>C:8　D:9 |
|  | TR |

(注) A, B, C, D: 得点段階 (上位から) 数値: 人数。TR: テープレコーダー (教卓)。教室: 大講義室 (約170 m$^2$) (200人収容可能)。座席位置: 4つに整理して示した。

(資料) 永井 (1971) (JACET 1982 p. 2)

表3　教室の形状，設備とリスニング得点平均

|   | 左右* | 奥行* | 面積 | 人数 | スピーカー** | | 平均 |
|---|---|---|---|---|---|---|---|
| (A) | 9.5 m × | 12.3 m | 117 m$^2$ | 60 名 | 左2 | 右2 | 80.9 点 |
| (B) | 9.5 | 17.9 | 170 | 150 | 2 | 2 | 78.9 |
| (C) | 17.0 | 17.0 | 289 | 130 | 4 | 4 | 81.3 |
| (D) | 9.0 | 21.0 | 189 | 180 | 全体 15 | | 80.8 |

(資料) JACET (1982) p. 3.
(注) *: 教卓から。**: 数値は個数，前面から約4 m (A, B) と約7 m (C) の側面に学生向きに設置。

## (4) 筆記テストで会話力も測れるか

　オーラル・コミュニケーションの指導の前に，生徒たちの力をおおまかに知っておきたい場合もあろう。会話力は面接テストなどで直接測るべきものであるが，客観的に測れて簡単な方法はないだろうか。表4では，筆記テストにクローズ・テストを使用した場合，面接テストで成績がよい学生はクローズ・テストもよくできる傾向がある。特に，実際になされた会話をテキストにした会話クローズ・テストは相関が高い。被験者が少ないために一般化はできないが，教室で今後研究する必要があろう。

表4　クローズ・テストと面接テストとの関係

|  | 相関 | 被験者 |
|---|---|---|
| (A) 標準クローズ | .62 | 短大生 25 名 |
| (B) 会話クローズ | .80 | 学　生 30 名 |

(資料) Itakura (1994) p. 195, B: Brown (1983) p. 159.
(注) 削除語数 A: 60, B: 38.

会話クローズ・テストの例 (最初の5行)

| | |
|---|---|
| David: | Hello, Mike. How are you? |
| Mike: | Not too bad, David, and you? |
| D: | O.K. You know, (1) <u>I've</u> been trying to work out (2) <u>where</u> to go on holiday this year. (3) <u>It's</u> a real problem. |

## (5) 定着度を考慮した評価とは

　表5 (次ページ) のテスト結果では，中学校で学習される文法項目でも定着までにはその後一定の期間が必要であることがわかる。項目によって定着の速度も異なる。このことを評価で考慮すれば，教えた時期だけでなく，その後も関連する文法項目の指導とともに，繰り返し定着度を診断・評価していくことが必要になる。表6の He is .... は，進行形の指導段階から受け身文の指導段階まで6回繰り返し指導と評価が可能である。このような定着度を考慮した評価法について，金谷 (編著) (1994) に具体的にテスト問題とともに提案されている。指導も評価も長期的な視点が必要になろう。

第 7 章　評価とテスト法について考える

表 5　時制の定着度の最も早い項目と遅い項目

| 定着が非常に早い項目<br>（中 2：60% → 大学：90%）<br>・現在進行形<br>・未来形 | 定着が非常に遅い項目<br>（中 2：30% → 大学：60%）<br>・現在形 |
|---|---|

（資料）金谷（編著）(1994) pp. 14–15.
（注）被験者：約 15,000 名（中 2 から大学生）。

表 6　He is … の定着チェック時期

| 1 年 | 2 年 | 3 年 |
|---|---|---|
| ・He is . . . .<br>・He is . . . ing. | ・He was . . . .<br>・He was . . . ing.<br>・He is going to . . . .<br>・taller than | ・He is invited . . . . |

（資料）金谷（編著）(1994) 付録。

### (6)　テキストのタイプが違うと学習者の読解の評価は異なるか

　読解テストの英文は，語彙・文法の難度，内容への興味などによって選択されることが多く，明確な選択の指針があるわけではない。しかしながら，問題形式の相違やテキスト構成の種類によって読みの結果が異なるとすれば，読解テストの英文を選択する際にはこのような変数を考慮する必要がある。表 7 の調査結果では問題形式の相違は特に上位群の読みの結果に影響すること，テキスト構成の相違によっても読みの結果は異なることを示している。このことは，読解テストの英文選択において，問題形式，テキスト構成に配慮する必要があることを示唆している。

### (7)　タスクにおける評価をどのようにするか

　中学校，高等学校では観点別評価が行われることが多い。観点別評価の観点は ①「コミュニケーションへの関心・意欲・態度」，②「表現の能力」，③「理解の能力」，④「言語や文化についての知識・理解」である。これらの観点から「聞くこと」「話すこと」「読むこと」「書くこと」の 4 技能の領域に

表7 問題形式とテキスト構成の読解結果への影響（被験者群別）

| テキスト構成 | 下位群 (n=239) | 中位群 (n=238) | 上位群 (n=258) |
| --- | --- | --- | --- |
| Association | — | — | 8.95** |
| Description | 6.89** | 8.19** | 9.14** |
| Causation | — | 4.30* | — |
| Problem-solution | — | 6.01* | 16.68** |
| Total | — | 8.57* | 14.28** |

（資料）Kobayashi (2002) p. 209.
（注）被験者：大学生。英語力で3群に分類。問題形式：クローズ・テスト，内容要約，自由記述。表中の数値はF値（3種類の問題形式による読解テストの平均値の相違の度合を示す数値）。*：$p<.05$，**：$p<.005$，—：有意差なし。

ついて評価を行い，その結果を「評定」にまとめるのが一般的である。

4技能の評価の中で最も難しいのが「話すこと」の評価である。「話すこと」の評価はスピーチで行う場合もあるが，コミュニケーションの評価では相手の言うことを聞き，音声による対応能力を評価する必要がある。学習者に実際に言語を使用させ，その運用能力を評価するパフォーマンス評価である。このような評価では，録画を行い，事後に評価をすることも可能であるが，効率よく評価を行うためには，次ページのようなルーブリック（評価指標）を使用するとよい。このルーブリックはタスクにおける生徒の行動の特徴を学習目標や内容に関して評価の観点ごとにチェックし，客観性や妥当性をもって生徒の能力を評価できる。また，事前に生徒にこのルーブリックを提示しておけば，生徒に目標を具体的に示すことができる。評価の後で，生徒と面談して評価結果を指導に生かすことも可能である。評価結果を蓄積しておけば，生徒の発達の記録にもなろう。

(8) ま と め

指導と同様に評価についても工夫していく必要がある。ここで述べた評価法や評価の考え方も今後教室でその有効性を検討することが課題である。ただ，音声面の能力は基本的には音声で評価すべきであろう。なお，評価に関する用語として"evaluation"と"assessment"があり，前者は授業やプログ

第7章　評価とテスト法について考える

表8　「話すこと」の評価のためのルーブリック(例)

評価規準の記述に当てはまる場合は□にチェック(✓)する。

| 基準観点 | 評　価　規　準 | | | | | | |
|---|---|---|---|---|---|---|---|
| | ①コミュニケーションへの関心・意欲・態度 | ② 表現の能力 | | | | | |
| 評価項目 | 言語活動への取り組み | コミュニケーションの継続 | 正確さ | | 適切さ | | |
| | | | 文法 | 意味内容の伝達 | 発音・イントネーション | 声の大きさ・口調 | 応答 |
| A | □間違うことを恐れず，学んだ表現などを使っている。 | □理解してもらえるように，別の表現で言い換えたり，説明を加えたりしている。 | □文法に従って正しく話している。 | □伝えようとすることを相手にわかりやすく正確に話すことができる。 | □場面に合わせて，自然な発音やイントネーションで話すことができる。 | □常に相手や場面によって，適切な速さや声の大きさ・口調で話すことができる。 | □常に相手の言うことを理解し，それに応じて話すことができる。 |
| B | □何とか話をしている。 | □つなぎ言葉を用いるなど，不自然な沈黙をせずに話し続けている。 | □多少文法上の誤りはあるが，理解を妨げる程度ではない。 | □何についてどのようなことを伝えようとしているのかほぼ理解できる。 | □多少誤りはあっても，相手が理解できる発音やイントネーションで話している。 | □適切な口調と声の大きさで話している時もある。 | □聞かれたことに関連した受け答えをしている。 |
| C | □間違えてもよいから話してみよう。 | □黙ってしまわないで何か言ってみよう。 | □どんな表現をすればわかってもらえるか考えよう。 | □〜に関する語を覚えよう。□相手にわかってもらえているか確認しながら話そう。 | □発音やイントネーションの練習をしよう。 | □相手に聞こえるように話そう。 | □聞かれたことに関して応答しよう。 |

(資料) 髙島(編著)(2005) p. 38.
(注) 表中のA, B, Cはそれぞれ『指導要録』の分類を示している。
　A：「十分満足できると判断されるもの」
　B：「おおむね満足できると判断できるもの」
　C：「努力を要すると判断されるもの」

ラム等の教育活動全般の評価を言い，後者は生徒の学習成果の評価について言う場合が多い（佐野・米山（監）松沢 2002 p. 4）が，ここでは特に区別して使用しなかった。

第7章　評価とテスト法について考える

## 4. クローズ・テストの考え方をどのように活かすか

### (1) クローズ・テストの考え方を知る

　クローズ・テストの研究はほとんどなされなくなったが，生徒の英語力を簡単に知る方法として，クローズ・テスト（cloze test）形式のテスト問題はよく使われる。そこで，クローズ・テストについて知っておくと有益である。表1の標準クローズ・テストは文章中の規則的な空所を適切な語で復元させるものである。空所の復元には，テキストの内容理解，空所の語の予測・表現などの総合力が必要になる。クローズ・テストができる者ほど，英語力が高い傾向があるかもしれない。しかし，このテストは一般に生徒に難しく，空所の語の選び方によっては，英語力を適切に測定できない場合もあると言われている。

### (2) 選択肢をつけるとどうなるか

　標準クローズ・テストの難しさと採点の問題を解決する1つの方法は空所の語に選択肢を与えることであろう。選択肢の与え方には，空所ごとに選択

表1　標準クローズ・テストの特質

| 作り方 | 一定の間隔（5～10語ごと）で語を削除。50語程度を削除。その語を復元させる。 |
|---|---|
| 採点法 | 原文と同じ語のみ正答にする正語法，許容できる語も正答にする適語法など。 |
| 利　点 | 適切なテストならば，総合的な英語力の評価が可能。作成自体は簡単。 |
| 問題点 | 生徒に難しい。同じテキストでも，削除の出発点や削除間隔が異なると，難度や識別力が異なる場合がある。 |

　（資料）Oller (1979) pp. 340–380, 北條 (1988) pp. 75–87, Klein-Braley and Raatz (1984) pp. 134–136.

表2　クローズ・テストと英語力との関係

| クローズ・テスト | 総合力 | 読解力 | 作文力 | 聴解力 |
|---|---|---|---|---|
| 標準 | .62（36%） | .70（49%） | .58（34%） | .68（46%） |
| 多肢選択 | .77（59） | .80（64） | .67（45） | .65（42） |
| 語群形式 | .84（71） | .74（55） | .65（42） | .68（46） |

(資料) 毛利 (1983) p. 19.
(注) 高校2年生，3クラス（各クラス45名）で実施。クラスごとに異なる形式のクローズを実施。各クローズの空所数は約50個（約25個の空所×2つの題材）。10語間隔の空所。

表3　前置詞クローズ練習の効果（高校2年生41名）

| | (A) 正答率の比較 | | | (B) 最も大きな伸び | | |
|---|---|---|---|---|---|---|
| | 第1回 | 第7回 | | | 第1回 | 第7回 |
| 平均 | 40.8% | 60.2% | in（場所） | | 59.1% | 97.6% |
| 最高 | 75.9 | 81.3 | of | | 47.1 | 81.1 |
| 最低 | 6.9 | 40.9 | on（時間） | | 34.1 | 69.5 |

(資料) 大場 (1993) p. 183.
(注) 中学校3年の未習教科書を使用した7回の練習。毎回異なる教材を使用。
　　伸び率の低い前置詞：with (65.9% → 58.5%), to（場所）(54.8% → 56.1%),
　　at（時間）(85.4% → 86.6%)（初回と7回目の比較）。

肢を与える多肢選択形式と空所の語を一括して語群として与える語群形式がある。表2では，選択肢を与えたもの（多肢選択，語群形式）のほうが標準クローズ・テストよりも総合力などと関係が深い。特に，語群形式は英語の総合力を予測できる割合が高い。選択肢の必要性・有効性は断定できないが，標準クローズで特に難しい場合，選択肢を与える工夫をしてもよいであろう。

### (3) 品詞別クローズで文法指導をする

　クローズ・テストを特定の文法項目の練習に使用することも可能である。表3では，7回の前置詞クローズ練習で約20%の平均正答率の上昇がみられる。特に，最低点が30%ほど上昇していることから，下位群にいくぶん適した練習なのかも知れない。また，前置詞の中には，in（場所）のように，40%

近く，正答率が上昇しているものもあれば，with のように下降しているものもあり，前置詞によって，クローズ練習に適不適があるのかもしれない。解答の仕方に慣れたために得点が上昇したのでなければ，この種のクローズ練習は，3人称単数現在の -(e)s，代名詞，冠詞などの練習にも応用できよう。

### (4) どうしたらよいクローズができるか

よいクローズを作成するのはそう簡単ではない。英語力を調べる場合に必要な作成の留意点を整理しておこう。

- 内容が分かりやすく，生徒が興味をもつ題材を選ぶ。
- テキストは生徒にやさしいものがよい。言語面でのやさしさは，リーダビリティ公式などでチェックする。
- 異なる題材で，短めのクローズを2種類作るのもよい。
- 読みの力を測る場合，テキストが難しい場合は，語群形式のクローズがよい。削除語は20〜30語が適度。
- 同じ語ばかり削除することになるテキストは選ばない。

### (5) まとめ

クローズ・テストは簡単に作ることができるが，識別力のあるものは作成がそれほど簡単ではない。生徒の力，題材の選定，クローズの形式など考慮すべき点は多い。クローズを生徒の英語力の診断だけでなく，指導に生かすことも大切である。文法などクローズ練習をするのも効果があるかもしれない。音声，クローズ練習，音声の順で聞き取り練習をさせるのもよい。語群形式のクローズは読みの練習に与えることもできよう。

# 参 考 文 献

Achiba, M. (2002) *Learning to Request in a Second Language: Child Interlanguage Pragmatics*. Clevedon, England: Multilingual Matters.
相原昌行 (1983)「演繹法と帰納法の混合形態をめぐって」『東北英語教育学会研究紀要』第5号, pp. 14–19.
Aijmer, K., and Altenberg, B. (eds.) (1991) *English Corpus Linguistics*. New York: Longman.
Aitchison, J. (2003)*Words in the Mind: An Introduction to the Mental Lexicon*. 3rd edition. Oxford: Blackwell.
Alderson, J. C., and Beretta, A. (eds.) (1992) *Evaluating Second Language Education*. Cambridge: Cambridge University Press.
安藤寿康・福永信義・倉八順子・須藤毅・中野隆司・鹿毛雅治 (1992)「英語教授法の比較研究:コミュニカティヴ・アプローチと文法的・アプローチ」『教育心理学研究』第40巻, pp. 247–256.
青木信之 (1987)「依頼表現の丁寧度判断について」『中国地区英語教育学会研究紀要』第17号, pp. 33–42.
Barnlund, D. C. (1975) *Private and Public Self in Japan and the United States*. Tokyo: Simul Press.
Beebe, L. M., Takahashi,T., and Uliss-Weltz, R. (1990) Pragmatic transfer in ESL refusals. In Scarcella, R. C., Andersen, E. S., and Krashen, S. D. (eds.) (1990) *Developing Communicative Competence in a Second Language*. New York: Newbury House, pp. 55–73.
Benesse 教育研究開発センター (2006)「東アジア高校英語教育 GTEC 調査2006」。
Biber, D., Conrad, S., and Reppen, R. (1994) Corpus-based approaches to issues in applied linguistics. *Applied Linguistics*, 15, 2, pp. 169–189.
Blau, E. K. (1990) The effect of syntax, speed, and pauses on listening comprehension. *TESOL Quarterly*, 24, 4, pp. 746–753.
Block, E. (1986) The comprehension strategies of second language readers. *TESOL Quarterly,* 20, 3, pp.463–494.
Brown, D. (1983) Conversational cloze tests and conversational ability. *ELT*

*Journal*, 37, 2, pp. 158–161.
Buck, G. (1989) Written tests of pronunciation: do they work? *ELT Journal*, 43, 1, pp. 50–56.
Butler, Y. G. (2004) What level of English proficiency do elementary school teachers need to attain to teach EFL? Case studies from Korea, Taiwan, and Japan. *TESOL Quarterly*, 38, 2, pp. 245–278.
バトラー後藤裕子・武内麻子（2006）「小学校英語活動における指導とコミュニケーション能力――児童英検シルバーによる調査」*STEP Bulletin*, 18, pp. 248–263.
Byrne, D. (1987) *Techniques for Classroom Interaction*. New York: Longman.
Cameron, L. (1994) Organizing the world: children's concepts and categories, and implications for the teaching of English. *ELT Journal*, 48, 1, pp. 28–39.
Carrell, P. L. (1991) Second language reading: reading ability or language proficiency? *Applied Linguistics*, 12, 2, pp. 159–179.
Carroll, J. B. (1972) *Lectures on English Language Testing and Teaching*. Tokyo: Taishukan（大学英語教育学会（編・訳注）(1972)『英語の評価と教授』東京：大修館書店）
Carson, J. E., Carrell, P. L., Silberstein, S., Kroll, B., and Kuehn, P. A. (1990) Reading-writing relationships in first and second language. *TESOL Quarterly*, 24, 2, pp. 245–266.
Celce-Murcia, M., and Goodwin, J. M. (1991) Teaching pronunciation. In Celce-Murcia, M. (ed.) (1991) *Teaching English as a Second or Foreign Language*. Boston: Heinle & Heinle, pp. 136–153.
Chaudron, C. (1988) *Second Language Classrooms*. Cambridge: Cambridge University Press.
Chen, S. (1990) A study of commmunication strategies in interlanguage production by Chinese EFL learners. *Language Learning*. 40, 2, pp. 155–187.
Cheng, Y. (2002) Factors associated with foreign language writing anxiety. *Foreign Language Annals*, 35, 3, pp. 647–656.
中條清美・西垣知佳子・内山将夫・山﨑淳史（2006）「初級英語学習者を対象としたコーパス利用学習の試み」『日本大学生産工学部研究報告B』第39巻，pp. 29–50.
中條清美・竹蓋幸生（1993）「学習語彙の有効度」『言語行動の研究』千葉大学英語学・言語行動研究会，第3号，pp. 116–122.
中條清美・吉森智大・長谷川修治・西垣知佳子・山﨑淳史（2007）「高等学校

英語教科書の語彙」『日本大学生産工学部研究報告B』第40巻, pp. 71–92.
Clarke, M. A. (1980) The short circuit hypothesis of ESL reading — or when language competence interferes with reading performance. *The Modern Language Journal*, 64, 2, pp. 203–209.
Cohen, A. D. (1996) Speech acts. In McKay, S. L., and Hornberger, N. H. (1996) *Sociolinguistics and Language Teaching*. Cambridge: Cambridge University Press, pp. 383–420.
Cohen, A. D. (1998) *Strategies in Learning and Using a Second Language*. London: Longman.
Cohen, A. D., and Macaro, E. (eds.) (2007) *Language Learner Strategies*. Oxford: Oxford University Press.
Connor, U. (1996) *Contrastive Rhetoric*. Cambridge: Cambridge University Press.
Cook, V. (1991) *Second Language Learning and Language Teaching*. London: Edward Arnold.（米山朝二（訳）(1993)『第2言語の学習と教授』東京：研究社出版）
Cooper, M. (1984) Linguistic competence of practiced and unpracticed non-native readers of English. In Alderson, J. C., and Urquhart, A. H. (1984) *Reading in a Foreign Language*. New York: Longman, pp. 122–135.
Cortazzi, M. (1990) Cultural and educational expectations in the language classroom. In Harrison, B. (1990) (ed.) *Culture and the Language Classroom*. London: Modern English Publications, pp. 54–65.
Coxhead, A. (1998) *An Academic Word List*. Occasional Publication Number 18, LALS, Victoria University of Wellington, New Zealand.
Coxhead, A. (2000) *A new academic word list. TESOL Quarterly*, 34, 2, pp. 213–238.
Cross, D. (1995) *A Practical Handbook of Language Teaching*. Hemel Hempstead: Phoenix ELT.
Crystal, D. (2006) English worldwide. In Hogg, R., and Denison, D. (eds.) *A History of the English Language*. Cambridge: Cambridge University Press, pp. 420–439.
Csizér, K., and Dörnyei, Z. (2005) The internal structure of language learning motivation and its relationship with language choice and learning effort. *The Modern Language Journal*, 89, 1, pp. 19–36.
大学英語教育学会英語学習ストラテジー研究会（編著）(2006)『英語教師の

ための「学習ストラテジー」ハンドブック』東京: 大修館書店。
大学英語教育学会実態調査委員会 (2003)『わが国の外国語・英語教育に関する実態の総合的研究——大学の外国語・英語教員個人編』東京: 丹精社。
大学英語教育学会基本語改訂委員会（編）(2003)「大学英語教育学会基本語リスト JACET8000」。
大学英語教育学会内英語教育実態調査研究会（編著）(1993)『21世紀に向けての英語教育——全国実態調査を踏まえて』東京: 大修館書店。
Davis, E. C., Nur, H., and Ruru, S.A.A. (1994) Helping teachers and students understand learning styles. *English Teaching Forum*, 32, 3, pp. 12–19.
Davis, P., and Rinvolucri, M. (1988) *Dictation: New Methods, New Possibilities*. Cambridge: Cambridge University Press.
Deyes, T. (1984) Towards an authentic 'discourse cloze'. *Applied Linguistics*, 5, 2, pp. 128–137.
Dobbs, C. (1989) *Reading for Classroom*. Englewood Cliffs: Prentice Hall International.
Dole, J. A., Brown, K. J., and Trathen, W. (1996) The effects of strategy instruction on the comprehension performance of at-risk students. *Reading Research Quarterly*, 31, 1, pp. 62–68.
Dörnyei, Z. (2001a) *Teaching and Researching Motivation*. Harlow, England: Longman.
Dörnyei, Z. (2001b) *Motivational Strategies in the Language Classroom*. Cambridge: Cambridge University Press.（米山朝二・関昭典（訳）(2005)『動機づけを高める英語指導ストラテジー35』東京: 大修館書店）
Dörnyei, Z. (2003) Attitudes, orientation, and motivations in language learning: advances in theory, research, and applications. *Language Learning*, 53, *Supplement* 1, pp. 3–32.
Dörnyei, Z., and Thurrell, S. (1994) Teaching conversational skills intensively. *ELT Journal*, 48, 1, pp. 40–49.
Doughty, C. J. (2003) Instructed SLA: Constraints, compensation, and enhancement. In Doughty, C. J., and Long, M. (eds.) *The Handbook of Second Language Acquisition*. Oxford: Blackwell, pp. 256–310.
Doughty, C. J., and Pica, T. (1986) "Information gap" tasks: Do they facilitate second language acquisition? *TESOL Quarterly*, 20, 2, pp. 305–325.
Doughty, C. J., and Williams, J. (1998) Pedagogical choices in focus on form. In Doughty, C. J., and Williams, J. (eds.) (2008) *Focus on Form in Classroom Second Language Acquisition*. New York: Cambridge University

Press, pp. 197–261.

Ehrman, M., and Leaver, B. L. (2003) Cognitive styles in the service of language learning. *System*, 31, 3, pp. 393–415.

Elder, C., and Davies, A. (1998) Performance on ESL examinations: Is there a language distance effect? *Language and Education*, 12, 1, pp. 1–17.

Elkhafaifi, H. (2005) Listening comprehension and anxiety in the Arabic language classroom. *The Modern Language Journal*, 89, 2, pp. 206–220.

Ellis, R. (1992) Learning to communicate in the classroom: A study of two learners' requests. *Studies in Second Language Acquisition*, 14, pp. 1–23.

Ellis, R. (2006) Current issues in the teaching of grammar: An SLA perspective. *TESOL Quarterly*, 40, 1, pp. 83–107.

Ellis, R., Tanaka, Y., and Yamazaki, A. (1994) Classroom interaction, comprehension, and the acquisition of L2 word meanings. *Language Learning*, 44, 3, pp. 449–491.

Ely, C. M. (1989) Tolerance of ambiguity and use of second language strategies. *Foreign Language Annals*, 22, 5, pp. 437–445.

江利川春雄（1993）「1993年度版英語教科書にみる国際コミュニケーション教材の特徴」『中部地区英語教育学会紀要』第23号，pp. 73–78.

ETS (1992, 1999–2008), TOEFL: Test and Score Data Summary, 1991–2008.

Fathman, A. K., and Whalley, E. (1990) Teacher response to student writing: focus on form versus content. In Kroll, B. (ed.) (1990) *Second Language Writing*. Cambridge: Cambridge University Press, pp. 178–190.

Ferris, D. R. (1995) Student reactions to teacher response in multiple-draft composition classrooms. *TESOL Quarterly*, 29, 1, pp. 33–53.

Field, J. (2003) Promoting perception: lexical segmentation in L2 listening. *ELT Journal*, 57, 4, pp. 325–334.

Flowerdew, J. (ed.) (1994) *Academic Listening*. Cambridge: Cambridge University Press.

Fotos, S. (1995) Communicative task performance and second language acquisition: Do task features determine learner output? 『人文科学年報』25，専修大学人文科学研究所，pp. 69–95.

Fotos, S., and Ellis, R. (1991) Communicating about grammar: A task-based approach. *TESOL Quarterly,* 25, 4, pp. 605–628.

藤枝宏壽（1986）「大学生の英語速読力習得の実態と問題点」『福井医科大学一般教育紀要』第6号，pp. 1–25.

Fukada, M. (1996) Developing teachers' awareness and autonomy through

action research. *JABAET Journal* (The Japan-Britain Association for English Teaching), No. 1, pp. 21–32.
船橋洋一（2000）『あえて英語公用語論』（文春新書122）東京：文藝春秋。
古家貴雄（1990）「語彙指導に関する一実験的考察」『関東甲信越英語教育学会研究紀要』第4号，pp. 15–27.
Gardner, D., and Davies, M. (2007) Pointing out frequent verbs: A corpus-based analysis. *TESOL Quarterly*, 41, 2, pp. 339–359.
Gardner, R. C., and Lambert, W. E. (1972) *Attitudes and Motivation in Second-Language Learning*. Massachusetts: Newbury House.
Goh, C. (2000) A cognitive perspective on language learners' listening comprehension problems. *System*, 28, pp. 55–75.
Graddol, D. (1997) *The Future of English*? London: The British Council.（山岸勝榮（訳）（1999）『英語の未来』東京：研究社出版）
Graddol, D. (2006) *English Next*. London: The British Council.
Granger, S. (ed.) (1998) *Learner English on Computer*. New York: Longman.（船城道雄・望月通子（監訳）（2008）『英語学習者コーパス入門』東京：研究社）
Granger, S., and Tyson, S. (1996) Connector usage in the English essay writing of native and non-native EFL speakers of English. *World Englishes*, 15, 1, pp. 17–27.
Green, J. M., and Oxford, R. L. (1995) A closer look at learning strategies, L2 proficiency, and gender. *TESOL Quarterly*, 29, 2, pp. 261–297.
Griffiths, C. (2003) Patterns of language learning strategy use. *System*, 31, 3, pp. 367–383.
Griffiths, C. (2007) Language learning strategies: students' and teachers' perceptions. *ELT Journal*, 61, 2, pp. 91–99.
Guilloteaux, M. J., and Dörnyei, Z. (2008) Motivating language learners: A classroom-oriented investigation of the effects of motivational strategies on student motivation. *TESOL Quarterly*, 42, 1, pp. 55–77.
萩野俊哉（2000）『コミュニケーションのための英文法』東京：大修館書店。
Harley, B., Allen, P., Cummins, J., and Swain, M. (eds.) (1990) *The Development of Second Language Proficiency*. Cambridge: Cambridge University Press.
Harmer, J. (2007) *The Practice of English Language Teaching*. 4th edition. New York: Longman.
長谷川修治・中條清美（2004）「学習指導要領の改訂に伴う学校英語教科書語

彙の時代的変化——1980年代から現在まで」*Language Education & Technology*, 41, pp. 141–155.

橋口公一・原田栄一・田仲利治・鶴由美子・高梨芳郎・吉田一衛（1993）「Communication 活動における Interaction と Initiation」『九州英語教育学会紀要』第 21 号，pp. 51–63.

橋本光郎（1990）「スピーキング能力の問題点」『現代英語教育』，研究社出版，6月号，pp. 12–14.

橋内武（1995）『パラグラフ・ライティング入門』東京：研究社出版．

Hatch, E., and Brown, C. (1995) *Vocabulary Semantics and Language Education*. Cambridge: Cambridge University Press.

羽鳥博愛（1991）「リーディング指導用の教材開発」伊藤嘉一・金谷憲・野田哲雄（編）（1991）『現代の英語教育学研究』東京：弓書房，pp. 1–11.

羽鳥博愛（1994）「英会話文法について——その実例と考え方」『聖徳大学人文学部研究紀要』第 5 号，pp. 115–120.

羽鳥博愛（監）（1994）『学研の英語ずかん　5　アメリカンライフ』東京：学研．

羽鳥博愛・新井利邦・清川英男・中里智恵子・佐藤一・鈴木純子・谷林真理子・宇佐見昇三・山内豊（1990）「英語講座番組の利用と聴解力の伸長——リスニング・テスト開発研究会報告」*Language Laboratory*, 27, pp. 47–80.

Hayward, K., and Wilcoxon, H. (1994) Connectives in context. *English Teaching Forum*, 32, 3, pp. 20–23.

Henning, G. (1982) Twenty common testing mistakes for EFL teachers to avoid. *English Teaching Forum*, 20, 3, pp. 33–37.

東山安子（1984）「A project——『身振りの辞書』」*Veritas,* VI, 日本女子大学，pp. 65–79.

平野絹枝（1981）「中学生・高校生・大学生の英作文の誤りの分析」『中部地区英語教育学会紀要』第 10 号，pp. 27–40.

平野絹枝（1993）「客観的指標の妥当性」『上越教育大学研究紀要』第 13 巻，第 1 号，pp. 227–237.

平山祐一郎（1993）「連想法を取り入れた作文指導法の効果に関する研究——作文量を中心にして」『教育心理学研究』第 41 巻，第 4 号，日本教育心理学会，pp. 399–406.

廣地美佳・長安憲一（1993）「『発信型英語教育』と中学校用英語教科書」『中部地区英語教育学会紀要』第 23 号，pp. 79–84.

Hirose, K., and Sasaki, M. (1994) Explanatory variables for Japanese students'

expository writing in English: An exploratory study. *Journal of Second Language Writing*, 3, 3, pp. 203–229.
堀内克明（編）（1990）『I・See・ALL』項目別編，東京：学研。
北條礼子（1988）「クローズ・テスト研究の系譜と最近の動向について」『上越教育大学研究紀要』第7巻，第2分冊，pp.75–87.
Hulstijn, J. H. (2001) Intentional and incidental second language vocabulary learning: a reappraisal of elaboration, rehearsal and automaticity. In Robinson, P. (ed.) (2001) *Cognition and Second Language Instruction*. Cambridge: Cambridge University Press, pp. 258–286.
Hulstijn, J., and Laufer, B (2001) Some empirical evidence for the involvement load hypothesis in vocabulary acquisition. *Language Learning*, 51, pp. 539–558.
今井むつみ（1993）「外国語学習者の語彙学習における問題点──言葉の意味表象の見地から」『教育心理学研究』第41巻，第3号，pp. 243–253.
井ノ森高詩（2005）「ライティング，どうしてる？ Part 1 18歳（6年目）で花を咲かせる中高一貫校での英文ライティング指導の一例」『STEP 英語情報』1・2, pp. 20–23.
Internet World Stats (2009), Internet world users by language, The Internet Coaching Library, Retrieved Jan. 13, 2009, from file://F:¥ Top Ten Internet Languages — World Internet Statistics.htm
Irwin, J. W. (1991) *Teaching Reading Comprehension Processes*. New York: Allyn and Bacon.
石川慎一郎（2008）『英語コーパスと言語教育』東京：大修館書店。
Itakura, T. (1994) The cloze test as a measurement of EFL proficiency. 池浦貞彦教授退官記念論文集編集委員会（1994）『英語学と英語教育学』東京：開隆堂出版，pp. 190–199.
板倉武子・大里文人・宮原文夫（1985）「Dictation: その理論的背景・評価としての妥当性・誤答の類型」*Language Laboratory*, 22, pp. 3–25.
伊東武彦（2000）「中学校英語教育におけるメディア利用全国調査」*Language Laboratory*, 37, pp. 163–189.
伊藤嘉一・金谷憲・野田哲雄（編）（1991）『現代の英語教育学研究』東京：弓書房。
伊藤雄二（1991）「対話教材を扱う際の一工夫──改良案（2）」伊藤嘉一・金谷憲・野田哲雄（編）（1991）『現代の英語教育学研究』東京：弓書房，pp. 21–28.
岩本藤男（1993）「視覚語彙数と聴覚語彙数の差」『中部地区英語教育学会紀

要』第22号,pp. 97–102.

和泉絵美・内元清貴・井佐原均(編)(2004)『日本人1200人の英語スピーキングコーパス』東京:アルク。

JACET (1982)「大学入学試験における聴解力テスト実施の可能性」(資料)

JACET SLA研究会(編著)(2005)『文献からみる第二言語習得研究』東京:開拓社。

Johansson, S., and Hofland, K. (1989) *Frequency Analysis of English Vocabulary and Grammar*, Vol. 1, Oxford: Clarendon Press.

Kabashima, Y. (1995) On the development of the oral proficiency test for Japanese junior high school EFL students: theory and practice. *KASELE Bulletin*, 23, The Kyushu Academic Society of English Language Education, pp. 17–27.

門田修平(2006)『第二言語理解の認知メカニズム』東京:くろしお出版。

門田修平(2007)『シャドーイングと音読の科学』東京:コスモピア。

神白哲史(2008)「日本における早期英語教育がリスニング力に与える効果」金谷憲教授還暦記念論文集刊行委員会(編)(2008)『英語教育・英語学習研究 現場型リサーチと実践へのアプローチ』東京:桐原書店, pp. 119–128.

亀井節子・広瀬恵子(1994)「外国語理解におけるメディア多重化の効果:学習者の英語力との関係で」*Language Laboratory*, 31, pp. 1–17.

上岡光雄(1982)「英単語は学習された後,どのように忘れられてゆくか」『英語教育』,大修館書店,10月号,pp. 42–47.

神谷雅仁(2008)「日本人は誰の英語を学ぶべきか——World Englishesという視点からの英語教育」*Sophia Junior College Faculty Journal*, 28, pp. 41–71.

神山正人(1984)「外国語学習における情意的要因の役割に関する実証的研究」*Language Laboratory*, 21, pp. 23–40.

金谷憲(1983)「大学生の英語語彙力調査(2)」『東京学芸大学紀要』第2部門,第34集,pp. 137–147.

金谷憲(編著)(1994)『定着重視の英語テスト法』東京:河源社。

金谷憲・長田雅子・木村哲夫・薬袋洋子(1991)「高校における多読プログラム」『関東甲信越英語教育学会紀要』第5号,pp. 19–26.

金谷憲教授還暦記念論文集刊行委員会(編)(2008)『英語教育・英語学習研究 現場型リサーチと実践へのアプローチ』東京:桐原書店。

金谷茂・萬谷隆一・上山恭男(1992)「英語教育に関する実践的研究(1):聴解能力を中心に」『函館英文学』(函館英文学会)第31号,pp. 33–49.

金田道和（編）(1986)『英語の授業分析』東京：大修館書店．
Karavas, E. (1996) Using attitude scales to investigate teachers' attitudes to the communicative approach. *ELT Journal*, 50, 3, pp. 187–198.
Kasper, G., and Rose, K. (2002) *Pragmatic Development in a Second Language. Language Learning*, 52, Supplement 1.
片山七三雄（1990）「文法用語の使用に関する一考察」『英学論考』21，東京学芸大学，pp. 25–58.
川畑敬三（1980）「英単語の記憶（短期）に関する実験的研究」『東北英語教育学会研究紀要』第2号，pp. 19–28.
経済産業省「特定サービス産業実態調査全国結果」(1997年～2008年)
Kellerman, E. (1985) If at first you do succeed . . . . In Gass, S., and Madden, C. (eds.) *Input in Second Language Acquisition*. Rowley, Mass.: Newbury House, pp. 345–353.
Kim, Y. (2008) The role of task-induced involvement and learner proficiency in L2 vocabulary acquistion. *Language Learning*, 58, 2, pp. 285–325.
北尾謙治・田中省作（2007）「中学校英語検定教科書の特徴——語彙とリーダビリティの視点から」www.cis.doshisha.ac.jp/kkitao/Japanese/library/handout/2007/LET/5-12.pdf
清川英男（1992）「リーダビリティと読書教材」『英語教育』大修館書店，12月号，pp. 29–31.
Klein-Braley, C., and Raatz, U. (1984) A survey of research on the C-Test. *Language Testing*, 1, 2, pp. 134–146.
Knight, S. (1994) Dictionary use while reading: The effects on comprehension and vocabulary acquisition for students of different verbal abilities. *The Modern Language Journal*, 78, 3, pp. 285–299.
Kobayashi, H. (1984) Rhetorical patterns in English and Japanese. *TESOL Quarterly*, 18, 4, pp. 737–738.
Kobayashi, M. (2002) Method effects on reading comprehension test performance: text organization and response format. *Language Testing*, 19,2, pp. 193–220.
Koda, K. (1989) The effects of transferred vocabulary knowledge on the development of L2 reading proficiency. *Foreign Language Annals*, 22, 6, pp. 529–540.
小島義郎（1996）『コミュニケーションの英語』（岩波ジュニア新書273），東京：岩波書店．
国立教育政策研究所（2003）『平成13年度小中学校教育課程実施状況調査報

告書——中学校英語』東京: ぎょうせい。
国際教育交換協議会 (CIEE) 日本代表部 TOEFL 事業部編 (2004)「2004 年 TOEFL® スコア利用実態調査報告書」。
国際教育交換協議会 (CIEE) 日本代表部 TOEFL 事業部編 (2008)「TOEFL® テストスコア利用実態調査報告書【教育委員会 2007 年版】」。
河野守夫 (1984)『英語授業の改造』東京: 東京書籍。
Kosuge, A. (2003) A longitudinal study of development in spoken performance by Japanese junior high school students. Unpublished Master's Thesis, Tokyogakugei University.
Kosuge, A. (2004) A longitudinal study of pauses in spoken performance by Japanese EFL junior high school students. *The Kanto-Koshinetsu English Language Education Society Bulletin*, 18, pp. 89–97.
小菅敦子 (2006)「日本人中学生の発話における「誤り」に関しての通時的研究」『関東甲信越英語教育学会紀要』第 20 号, pp. 25–36.
小柳かおる (2004)「教室第二言語習得研究と英語教育」『英語教育』大修館書店, 9 月号, pp. 8–11.
Krashen, S. (1989) We acquire vocabulary and spelling by reading: Additional evidence for the Input Hypothesis. *The Modern Language Journal*, 73, 4, pp. 440–464.
久保野雅史 (2004)「『文法指導』を見直す——言語形式に焦点を当てたトレーニングを」『STEP 英語情報』7.8, pp. 20–23.
Kubota, R. (1992) Contrastive rhetoric of Japanese and English: A critical approach, Ph.D. dissertation, Department of Education, University of Toronto.
Kučera, H., and Francis, W. N. (1967) *Computational Analysis of Present-day American English*. Providence, Rhode Island: Brown University Press.
熊本大学教育学部附属小学校 (2005)『小学校英語活動 365 日の授業細案』東京: 明治図書。
Laufer, B., and Hulstijn, J. (2001) Incidental vocabulary acquisition in a second language: The construct of task-induced involvement. *Applied Linguistics*, 22, 1, pp. 1–26.
LoCastro, V. (2001) Large classes and student learning. *TESOL Quarterly*, 35, 3, pp. 493–496.
Luppescu, S., and Day, R. (1993) Reading, dictionaries, and vocabulary learning. *Language Learning*, 43, 2, pp. 263–287.
MacIntyre, P. D., and Baker, S. C. (2002) Sex and age effects on willingness

to communicate, anxiety, perceived competence, and L2 motivation among junior high school French immersion students. *Language Learning*, 52, 3, pp. 537–564.

Makino, T. (1980) Acquisition order of English morphemes by Japanese secondary school students. *Journal of Hokkaido University of Education,* 30, 2, pp. 101–148.

Makino, T. (1993) Learner self-correction in EFL written compositions. *ELT Journal*, 47, 4, pp. 337–341.

松原和子（1991）「文章理解のストラテジー」伊藤嘉一・金谷憲・野田哲雄（編）（1991）『現代の英語教育学研究』東京：弓書房，pp. 125–136.

松畑熙一・石田隆（1994）「コミュニケーションを積極的に図ろうとする態度の評価」『岡山大学教育学部研究集録』第 96 号，pp. 9–20.

松川禮子（1997）『小学校に英語がやってきた！――カリキュラムづくりへの提言』東京：アプリコット。

松川禮子（2004）『明日の小学校英語教育を拓く』東京：アプリコット。

松川禮子・大城賢（編著）（2008）『小学校外国語活動実践マニュアル』東京：旺文社。

松川禮子・大下邦幸（編）（2007）『小学校英語と中学校英語を結ぶ』東京：高陵社書店。

Matsumoto, K. (1996) Helping L2 learners reflect on classroom learning. *ELT Journal*, 50, 2, pp. 143–149.

Matumoto, S. (1987) Cultural instruction in foreign language teaching in Japan, 『南山短期大学紀要』15，pp. 1–13.

松山正男（1973）「アメリカにおける外国語テストの現状」大内茂男編（1973）『講座・英語教育工学　第 5 巻　研究と評価』東京：研究社出版，pp. 115–156.

Meier, A. J. (1997) Teaching the universals of politeness. *ELT Journal*, 51, 1, pp. 21–28.

Min, H. T. (2008) EFL vocabulary acquisition and retention: reading plus vocabulary enhancement activities and narrow reading. *Language Learning*, 58, 1. pp. 73–115

薬袋洋子（2004）「多読マラソン『読むゾー』で 42.195 km に挑戦」『英語教育』大修館書店，2 月号，pp. 25–27.

Mishima, N. (1995) A study of communication strategies in interlanguage production by Japanese EFL learners.（福岡教育大学英語教育専攻修士論文）

三浦順治 (1991)「Sentence Combining と Generative Rhetoric」『秋田英語英文学』第 33 号，pp. 3–15.
三浦順治 (1995)「センテンス・コンバイニング」『英語教育』大修館書店，4 月号，pp. 42–44.
三浦省五 (編) (1983)『英語の学習意欲』東京：大修館書店．
宮原文夫・名本幹雄・山中秀三・村上隆太・木下正義・山本廣基 (1997)『このままでよいか大学英語教育――中・韓・日 3 か国の大学生の英語学力と英語学習実態』東京：松柏社．
宮迫靖靜 (2003)「データから見た音読の効果」『英語教育』大修館書店，9 月号，pp. 10–12.
望月正道・相澤一美・投野由紀夫 (2003)『英語語彙の指導マニュアル』東京：大修館書店．
文部科学省 (2004)『我が国の留学制度の概要』
文部科学省 (2007a)「平成 18 年度高等学校等における国際交流等の状況について」．
文部科学省 (2007b)「大学における教育内容・改革状況について」．
文部科学省 (2008)「平成 20 年度学校基本調査結果」．
毛利公也 (1983)「Cloze Test 作成に関わる諸要因」『現代英語教育』研究社出版，1 月号，pp. 17–19.
毛利公也 (1984)「高校における語彙指導について」『四国英語教育学会紀要』第 5 号，特別号，pp. 31–39.
毛利公也 (1994)「コミュニケーションをめざす文法指導」『四国英語教育学会紀要』第 14 号，pp. 65–75.
森戸由久 (1986)『ヒアリング上達法』(講談社現代新書 840)，東京：講談社．
森脇郷子・柳井智彦 (2007)「小学校英語活動の成果：教室からの発信」『九州英語教育学会紀要』第 35 号，pp. 161–169.
Moriya, Y., and Shimazaki, M. (1995) An analysis of students' notes in a university listening class. *Language Laboratory*, 32, pp. 39–53.
Morsbach, G. (1981) Cross-Cultural comparison of second language learning: the development of comprehension of English structures by Japanese and German children. *TESOL Quarterly*, 15, 2, pp. 183–188.
Mueller, G. A. (1980) Visual and contextual cues and listening comprehension: an experiment. *The Modern Language Journal,* 64, 3, pp. 335–340.
Mueller, T. (1971) The effectiveness of two learning models: the audio-lingual habit theory and the cognitive code-learning theory. In Pimsleur, P., and

参考文献

Quinn, T. (eds.) (1971) *The Psychology of Second Language Learning.* Cambridge: Cambridge University Press, pp. 113–122.
Muranoi, H. (2000) Focus on form through interaction enhancement: Integrating formal instruction into a communicative task in EFL classrooms. *Language Learning*, 50, 4, pp. 617–673.
村野井仁（2006）『第二言語習得研究から見た効果的な英語学習法・指導法』東京：大修館書店。
Murphy, R., and Altman, R. (1989) *Grammar in Use.* Cambridge: Cambridge University Press.
永原和夫・君羅久則（1990）「高等学校用英語教科書 *Unicorn* I, II, IIB の語彙分析」『小樽女子短期大学紀要』19，pp. 7–73.
永井みち子（1971）「大学入試音声テストの現状と問題点」『英語教育』大修館書店，12月号，pp. 18–20.
中山順子（1988）「中学校英語教科書で使用されている単語頻度調査と米国・英国教育語彙頻度との比較」『外国語教育論集』第10号，筑波大学外国語センター，pp. 47–94.
直塚玲子（1980）『欧米人が沈黙するとき』東京：大修館書店。
Nation, I.S.P. (2001) *Learning Vocabulary in Another Language.* Cambridge: Cambridge University Press.
根岸雅史（1990）「英語教科書の談話分析」『東京外国語大学論集』第40号，pp. 43–54.
Netz-Tipp-Studie (2009) Das Internet spricht Englisch . . . und neuerdings auch Deutsch file://F:¥Sprachen im Internet - aktuelle Studie.htm
日本英語教育改善懇談会（1993）「外国語教育の改善に関するアピール」『英語教育』大修館書店，3月号，pp. 38–39.
日本のメディア (file://C:¥DOCUME~1¥Owner¥LOCALS~1¥Temp¥7JF4TKD9.htm）
二宮健二（編）（2008）『データブックオブ・ザ・ワールド』東京：二宮書店。
西田ひろ子（1989）『実例で見る日米コミュニケーション・ギャップ』東京：大修館書店。
Nobuyoshi, J., and Ellis, R. (1993) Focused communication tasks and second language acquisition. *ELT Journal,* 47, 3, pp. 203–210.
Noels, K. A., Clément, R. and Pelletier, L. G. (2001) Intrinsic, extrinsic, and integrative orientations of French Canadian Learners of English. *The Canadian Modern Language Review*, 57, 4 , pp. 424–442.
Noels, K. A., Pelletier, L. G., Clément, R., and Vallerand, R. (2000) Why are

you learning a second language? Motivational orientations and self-determination theory. *Language Learning*, 50, 1, pp. 57–85.
野呂忠司 (1992)「読解力と Cohesive Ties の把握力との関係」『中部地区英語教育学会紀要』第 21 号, pp. 55–60.
Nunan, D. (2003) The impact of English as a global language on educational policies in the Asia-Pacific region. *TESOL Quarterly*, 37,4, pp. 589–613.
Nunan, D. (2004) *Task-Based Language Teaching*. Cambridge: Cambridge University Press.
大場浩正 (1993)「前置詞指導法としてのクローズ法の効果に関する実証的研究」『中部地区英語教育学会紀要』第 23 号, pp. 181–186.
Odlin, T. (1989) *Language Transfer: Cross-linguistic Influence in Language Learning*. Cambridge: Cambridge University Press.
OECD (2005)「図表でみる教育」(2005 年版)。
小川芳男・小島義郎・斎藤次郎・若林俊輔・安田一郎・横山一郎 (編) (1982)『英語教授法辞典　新版』東京: 三省堂。
小串雅則 (2008)「JET プログラムの「これまで」と「これから」」『英語教育』大修館書店, 5 月号, pp. 10–14.
大井恭子 (2005)「これからのライティング指導: 教室指導の留意点」『英語教育』大修館書店, 9 月号, pp. 28–31.
大井恭子・田畑光義・松井孝志 (2008)『パラグラフ・ライティング指導入門——中高での効果的なライティング指導のために』東京: 大修館書店。
及川賢・高山芳樹 (2000)「自由英作文指導における error feedback と revision の効果」『関東甲信越英語教育学会紀要』第 14 号, pp. 43–54.
大石晴美 (2006)『脳科学からの第二言語習得論』京都: 昭和堂。
大石晴美 (2008)「脳内を最適に活性化する英語教授法とは」『英語教育』大修館書店, 1 月号, pp. 10–13.
岡秀夫・金森強 (編) (2007)『小学校英語教育の進め方——「ことばの教育」として』東京: 成美堂。
奥田祥子 (1984)「第 2 言語の語彙忘却過程」『大東文化大学紀要』, 人文科学, 22, pp. 103–117.
Oller, J. W. Jr. (1979) *Language Tests at School*. New York: Longman.
Olshtain, E., and Blum-Kulka, S. (1985) Degree of approximation: Nonnative reactions to native speech act behavior. In Gass, S. M., and Madden, C. G. (eds.) (1985) *Input in Second Language Acquisition*. New York: Newbury House, pp. 303–325.
O'Malley, J. M. (1987) The effects of training in the use of learning strategies

on learning English as a second language. In Wenden, A., and Rubin, J. (eds.) (1987) *Learner Strategies in Language Learning*. Englewood Cliffs: Prentice Hall International, pp. 133–144.

O'Malley, J. M. and Chamot, A. U. (1990) *Learning Strategies in Second Language Acquisition*. Cambridge: Cambridge University Press.

Onaha, H. (1991) A study of politeness with special reference to requests and overpoliteness. *Ryudai Review of Language & Literature*, No. 36, pp. 1–16.

小野博 (1994)『バイリンガルの科学』東京: 講談社。

小山内洸 (1981)「関係代名詞」黒川泰男・小山内洸・早川勇『英文法の新しい考え方・学び方』東京: 三友社出版。

大下邦幸 (1993)「言語活動充実のための指導」『中部地区英語教育学会紀要』第23号, pp. 225–230.

Ota, H. (2003) How do Japanese EFL learners develop their spoken performance over time?: A longitudinal study of spoken performance by 101 junior high school students. *The Kanto-Koshinetsu English Language Education Society Bulletin*, 17, pp. 65–76.

Oxford, R. (1990) *Language Learning Strategies: What Every Teacher Should Know*. New York: Newbury House.

Oxford, R. L., and Anderson, N. J. (1995) A crosscultural view of learning styles. *Language Teaching*, 28, pp. 201–215.

Oxford, R. L., and Green, J. M. (1996) Language learning histories: Learners and teachers helping each other understand learning styles and strategies. *TESOL Journal*, 6, 1, pp. 20–23.

Paribakht, T. S., and Wesche, M. (1993) The relationship between reading comprehension and second language development in a comprehension-based ESL program, *TESL Canada Journal*, 11, pp. 9–29.

Pennington, M., and Doi, T. (1993) Discourse management devices in the interlanguage of Japanese learners of English: An exploratory study. *Journal of Asian Pacific Communication*, 4, 2, pp. 67–90.

Philp, J. (2003) Constraints on "noticing the gap": Non-native speakers' noticing of recasts in NS-NNS interaction. *Studies in Second Language Acquisition*, 25, pp. 99–126.

Pica, T. (1983) Adult acquisition of English as a second language under different conditions of exposure. *Language Learning*, 33, 4, pp. 465–497.

Pimsleur, P., Hancock, H., and Furey, P. (1977) Speech rate and listening comprehension. In Burt, M., et al. (eds.) *Viewpoints on English as a Second Language*. New York: Regents, pp. 27–34.

Rao, Z. (2003) Briding the gap between teaching and learning styles in East Asian contexts, *TESOL Journal*, 11, 2, pp. 5–11.

Raymond, G. G. Jr. (ed.) (2005) Ethnologue: Languages of the world, Fifteenth edition, Dallas, Tex: SIL international (Online version: http://www.ethnologue. com/)

Reid, J. M. (1987) The learning style preferences of ESL students. *TESOL Quarterly,* 21, 1, pp. 87–111.

Reid, J., M. (ed.) (1995) *Learning Styles in the ESL/EFL Classroom.* Boston: Heinle&Heinle.

Robinson, G. N. (1988) *Crosscultural Understanding.* Englewood Cliffs: Prentice Hall International.

Rodgers, D. M. (2006) Developing content and form: encouraging evidence from Italian content-based instruction. *The Modern Language Journal*, 90, 3, pp. 373–386.

Rost, M. (1991) *Listening in Action.* Englewood Cliffs: Prentice Hall International.

Rubin, J. (1975) What the 'good language learner' can teach us? *TESOL Quarterly*, 9, 1, pp. 41–51.

Rubin, J. (1994) A review of second language listening comprehension research. *The Modern Language Journal*, 78, 2, pp. 199–221.

Rubin, J., and Thompson, I. (1982) *How To Be a More Successful Language Learner.* Boston: Heinle & Heinle.

佐賀大学教育学部英語科編（1990）『平成元年度特定研究報告書　英語教育におけるオープン・アプローチの研究』。

佐賀大学教育学部附属中学校（1986）「学習意欲の喚起をめざす指導の場の変革」『研究紀要』第 16 号，pp. 107–116.

斎藤栄二（1982）「リスニングを独立した学習活動に」『現代英語教育』研究社出版，10 月号，pp. 4–5.

齊藤俊雄・中村純作・赤野一郎（編）（2005）『英語コーパス言語学――基礎と実践　改訂新版』東京：研究社。

Salsbury, T., and Crummer, C. (2008) Using teacher-developed corpora in the CBI classrooom. *English Teaching Forum*, 46,2, pp. 28–37.

佐野正之（編著）（2000）『アクション・リサーチのすすめ――新しい英語授業研究』東京：大修館書店。

佐野正之（編著）(2005)『はじめてのアクション・リサーチ——英語の授業を改善するために』東京：大修館書店.

佐野正之・森川登紀子 (1987)「The Acquisition — Learning Distinction について」『東北英語教育学会研究紀要』第 9 号, pp. 32–63.

佐野正之・米山朝二（監）・松沢伸二 (2002)『英語教師のための新しい評価法』東京：大修館書店.

佐々木郁夫 (1992)「日本人 EFL 中学生の英語学力と不安について」『関東甲信越英語教育学会紀要』第 7 号, pp. 11–22.

佐藤恭子 (1988)「Paragraph writing と接続詞」『名古屋学院大学外国語教育紀要』No. 18, 名古屋学院大学外国語センター, pp. 69–76.

佐藤茂男 (1995)「日本人学習者と外国語学習不安 (2)」『東北学院大学論集（人間・言語・情報）』第 112 号, pp. 107–143.

佐藤敏子 (1993)「コミュニケーションを目指したリーディング指導」『筑波大学学校教育論集』第 16 巻, pp. 171–189.

Schmitt, N. (2000) *Vocabulary in Language Teaching*. Cambridge: Cambridge University Press.

Schmitt, N., and Schmitt, D. (1995) Vocabulary notebooks: theoretical underpinnings and practical suggestions. *ELT Journal*, 49, 2, pp. 133–143.

Schulz, R. (1981) Literature and readability: Bridging the gap in foreign language reading. *The Modern Language Journal,* 65, 1, pp. 43–53.

Shaffer, C. (1989) A comparison of inductive and deductive approaches to teaching foreign languages. *The Modern Language Journal,* 73, 4, pp. 395–403.

島田勝正 (1994)「日本語・英語読解方略の比較 (1)」『言語表現研究』第 10 号, 兵庫教育大学言語表現学会, pp. 11–19.

Shin, D., and Nation, P. (2007) Beyond single words: the most frequent collocations in spoken English. *ELT Journal*, 62, 4, pp. 339–348.

塩沢利雄・駒場利男 (1990)「英語 IIB の教科書について」『現代英語教育』研究社出版, 2 月号, pp. 13–15.

白畑知彦 (2002)「研究開発学校で英語に接した児童の英語能力調査」『静岡大学教育学部研究報告』第 33 号, pp. 195–215.

白畑知彦 (2007)「言語習得から見た小中連携」松川禮子・大下邦幸（編著）(2007)『小学校英語と中学校英語を結ぶ』東京：高陵社書店, pp. 64–76.

白畑知彦（編著）・若林茂則・須田孝司 (2004)『英語習得の「常識」「非常識」——第二言語習得研究からの検証』東京：大修館書店.

白井恭弘 (2008)『外国語学習の科学——第二言語習得論とは何か』（岩波新

書新赤版 1150）東京：岩波書店。
白川正男（1979）「英語を話せるために要する時間について」『英語教育展望』No. 5, 日本国際コミュニケーション協会，pp. 12–15.
Shizuka, T. (1992) Task variation and accuracy predictor in interlanguage phonology production. 『関東甲信越英語教育学会紀要』第 7 号，pp. 63–79.
靜哲人（2002）『英語テスト作成の達人マニュアル』東京：大修館書店。
Shohamy, E. (1994) The validity of direct versus semi-direct oral tests. *Language Testing*, 11, 2, pp. 99–123.
Singleton, D. (1989) *Language Acquisition: The Age Factor*. Clevedon: Multilingual Matters.
園田勝英（1996）『大学生用英語語彙表のための基礎的研究』北海道大学言語文化部研究報告叢書 7.
Sparks, R. L., and Ganschow, L. (2007) Is the foreign language classroom anxiety scale measuring anxiety or language skills? *Foreign Language Annals*, 40, 2, pp. 260–287.
Stern, H. H. (1975) What can we learn from the good language learner? *Canadian Modern Language Review*, 31, pp. 304–318.
杉森幹彦他（1994）「JACET 関西リスニングテストの研究と開発」（第 33 回 JACET 全国大会発表資料）
杉浦正利（1993）「コーパスを利用した言語学の英語教育への応用」*Language Laboratory*, 30, pp. 95–113.
鈴木寿一（2005）「英語教育理論と実践の融合：基礎力が不十分な学生の英語力を引き上げるには」第 50 回関西英語英米文学会講演，西宮：関西学院大学。
Swain, M. (1985) Communicative competence: Some roles of comprehensible input and comprehensible output in its development. In Gass, S., and Madden, C. (eds.) *Input in Second Language Acquisition*. New York: Newbury House, pp. 235–253.
Swan, M., and Smith, B. (eds.) (1987) *Learner English: A Teacher's Guide to Interference and Other Problems*. Cambridge: Cambridge University Press.
田畑光義・大井恭子（2006）「中学生へのライティング指導における Feedback の効果」『関東甲信越英語教育学会紀要』第 20 号，pp. 13–24.
Taglieber, L. K., Johnson, L. L., and Yarbrough, D. B. (1988) Effects of pre-reading activities on EFL reading by Brazilian college students. *TESOL Quarterly*, 22, 3, pp. 455–472.
Tajika, H., and Niki, H. (1991) A study of second language communication

norms. *JACET Bulletin*, 22, pp. 115–134.

高田智子 (2003)「早期英語教育経験者と未経験者の中間言語の分析――中学入門期のつまずきの原因を比較する」『STEP Bulletin』15, pp. 159–170.

Takada, T. (2008) A longitudinal study of the effects of learning English in elementary school. *Annual Review of English Language Education in Japan*, 19, pp. 231–240.

高橋秀夫・椎名紀久子・竹蓋幸生 (1988)「ヒアリングの理論と指導に関する基礎的研究」*Language Laboratory*, 25, pp. 3–13.

高梨庸雄・卯城祐司 (編著) (2000)『英語リーディング事典』東京：研究社出版.

高梨芳郎 (1980)「綴字に関する誤答分析 (2)」『中部地区英語教育学会紀要』第9号, pp. 147–155.

高梨芳郎 (1982)「聴解力の諸側面」*Language Laboratory*, 19, pp. 2–12.

高梨芳郎 (1994)「英語学習における学習方略の型と英語学力および学習動機との関係」池浦貞彦教授退官記念論文集編集委員会 (編) (1994)『英語学と英語教育学』東京：開隆堂出版, pp. 257–270.

高島英幸 (編著) (2005)『文法項目別 英語のタスク活動とタスク――34の実践と評価』東京：大修館書店.

高山芳樹 (2008)「シャドーイング・スキルと聴解力・読解力との関係を探る」金谷憲教授還暦記念論文集刊行委員会 (編) (2008)『英語教育・英語学習研究　現場型リサーチと実践へのアプローチ』東京：桐原書店, pp. 79–87.

竹蓋幸生 (1982)『日本人英語の科学』東京：研究社出版.

竹蓋幸生 (1989)『ヒアリングの指導システム』東京：研究社出版.

竹蓋幸生・中條清美 (1994)「語彙リスト：『現代英語のキーワード』」『言語行動の研究』千葉大学英語学・言語行動研究会, 第4号, pp. 2–24.

竹蓋幸生・水光雅則 (編) (2005)『これからの大学英語教育――CALLを活かした指導システムの構築』東京：岩波書店.

竹中龍範・藤井昭洋・沖原勝昭・松畑熙一・髙塚成信 (1988)「中学・高校生の英語文法力の診断と評価」『四国英語教育学会紀要』第8号, pp. 87–108.

Takeuchi, O. (1993) Language learning strategies and their relationship to achievement in English as a foreign language. *Language Laboratory*, 30, pp. 17–35.

竹内理 (2003)『より良い外国語学習法を求めて――外国語学習成功者の研究』東京：松柏社.

Takeuchi, O. (2003) What can we learn from good foreign language learners? A qualitative study in the Japanese foreign language context. *System*, 31, 3, pp. 385–392.
瀧本孝雄・北澤浩二・石井隆之（1994）「外国語学習能力の構造とその心理的規定要因について（1）」『獨協大学外国語教育研究』第13号，pp. 71–118.
玉井健（1993）「談話的視点によるパラグラフライティングの効果的な指導」『中部地区英語教育学会紀要』第22号，pp. 61–66.
玉井健（2005a）『リスニング指導法としてのシャドーイングの効果に関する研究』東京：風間書房．
玉井健（2005b）「シャドーイングは万能薬なのか」『英語教育』大修館書店，3月号，pp. 28–30.
田鍋薫（1986）『英語指導の実践研究』広島：第一学習社．
Taniguchi, M. (1990) Comparison of auditorily comfortable range of English speech rate between native speakers of English and Japanese EFL learners. *Language Laboratory*, 27, pp. 99–107.
Tarone, E. (1988) *Variation in Interlanguage*. London: Edward Arnold.
Tauroza, S., and Allison, D. (1990) Speech rates in British English. *Applied Linguistics*, 11, 1, pp. 90–105.
寺澤盾（2008）『英語の歴史——過去から未来への物語』（中公新書1971）東京：中央公論新社．
Tobioka, K., and Burleigh, D. (1986) *Japanese and Westerners*. Tokyo: Macmillan.
東京都中学校英語教育研究会研究部（http://www.eigo.org/kenkyuu/index.htm）
投野由紀夫（2003）「コーパス言語学がもたらした新たな語彙指導」『英語教育』大修館書店，7月号，pp. 24–27.
投野由紀夫（2006）「投野式　実践コーパス入門　公開！　授業に生きる活用術」『STEP英語情報』7.8，pp. 36–39.
投野由紀夫（2008）「アジア各国と日本の英語教科書比較」教育再生懇談会会議資料．
投野由紀夫（編著）（2007）『日本人中高生一万人の英語コーパス "JEFLL Corpus"——中高生が書く英文の実態とその分析』東京：小学館．
豊田一男（1992）「中学英語教科書における感情表現」『英語学と英語教育』（島岡丘教授還暦記念論文集），東京：開隆堂出版，pp. 305–311.
Tseng, W. T., and Schmitt, N. (2008) Toward a model of motivated vocabulary learning: A structural equation modelling approach. *Language Learning*, 58, 2, pp. 357–400.

土屋澄男（2004）『英語コミュニケーションの基礎を作る音読指導』東京：研究社出版。

Turner, K. (1996) The principal principles of pragmatic inference: politeness. *Language Teaching*, 29, pp. 1–13.

Ur, P. (1996) *A Course in Language Teaching*. Cambridge: Cambridge University Press.

Van den Branden, K. (ed.) (2006) *Task-Based Language Education: from Theory to Practice*. Cambridge: Cambridge University Press.

Vandergrift, L. (2003) Orchestrating strategy use: Toward a model of the skilled second language listener. *Language Learning*, 53, 3, pp. 463–496.

Vandergrift, L., Goh, C. C. M., Mareschal, C. J., and Tafaghodtari, M. H. (2006) The metacognitive awareness listening questionnaire: development and validation. *Language Learning*, 56, 3, pp. 431–462.

和田勝明（1991）「パラグラフ構成の指導例」『英語教育研究』14 号，日本英語教育学会関西支部，pp. 46–49.

若林信近（1973）「日英語の意味連想のずれと英語教育」『英語教育』大修館書店，1 月増刊号，pp. 68–82.

Weber, J. J. (2001) A concordance- and genre-informed approach to ESP essay writing. *ELT Journal*, 55, 1, pp. 14–20.

Wesche, M., and Paribakht, T. S. (1996) Assessing second language vocabulary knowledge: Depth versus breadth. *The Canadian Modern Language Review*, 53, 1, pp. 13–40.

West, M. (1960) *Teaching English in Difficult Circumstances*. New York: Longman（小川芳男（訳）(1967)『困難な状況のもとにおける英語の教え方』東京：英潮社）

Wikipedia.org. (2009) List of countries by English-speaking population http://en.wikipedia.org/wiki/List _of _ countries _ by _ English-speaking _ population

Wilson, M. (2003) Discovery listening — improving perceptual processing. *ELT Journal*, 57, 4, pp. 335–343.

Wolfson, N. (1986) Compliments in cross-cultural perspective. In Valdes, J. M. (ed.) (1986) *Culture Bound*. Cambridge: Cambridge University Press, pp. 112–120.

Wolfson, N. (1989) *Perspectives: Sociolinguistics and TESOL*. Boston: Heinle & Heinle.

山田雄一郎（1987）「連想を利用した語彙指導の試み」佐賀大学教育学部英語

科『昭和61年度特定研究報告書』，pp. 17–26.
山下直久 (1996)「中学生の英文読解力と推測力の調査」『四国英語教育学会紀要』第16号，pp. 61–70.
Yamauchi, S. (1992) Validity of measuring oral production ability on pencil-and-paper tests. 『九州英語教育学会紀要』第20号，pp. 72–82.
山内豊 (1985)「中学校における速読指導の試み」『関東甲信越英語教育学会紀要』第1号，pp. 11–25.
柳善和 (1984)「英語の授業における Teacher-talk の研究」『中国地区英語教育学会研究紀要』第14号，pp. 11–14.
Yanai, T. (1990) Techniques in L1 classrooms improve practice of teaching English as L2, *ARELE*, 1, nci, pp. 42–54.
梁取和紘 (1980)「Paragraph Writing とパラグラフ構成能力」『九州英語教育学会紀要』第8号，pp. 11–18.
八島智子・山本誠子・リンダ＝ビスワット (1994)「アメリカ留学による英語コミュニケーション能力の習得――8人の学生のケーススタディーから」*Language Laboratory,* 31, pp. 31–43.
八代京子 (1989)「中学校用英語教科書に見る日米関係」『言語文化論集』（筑波大学），第30号，pp. 129–144.
Yoneyama, A. (1979) Attitudinal and motivational factors in learning English as a foreign language — a preliminary survey. 『新潟大学教育学部紀要』第21巻，pp. 121–144.
Yoneyama, S., and Murphey, T. (2007) The tipping point of class size: when caring communications and relationships become possible. *JALT Hokkaido Journal*, 11, pp. 1–13.
吉田一衛 (1980)「ベテラン教師と教育実習生の英語授業分析」『九州英語教育学会紀要』第8号，pp. 90–96.
吉田研作 (1995)『外国人とわかりあう英語』（ちくま新書038）東京：筑摩書房．
Zahar, R., Cobb, T., and Spada, N. (2001) Acquiring vocabulary through reading: Effects of frequency and contextual richness. *Canadian Modern Language Review*, 57, 4, pp. 541–572.
Zappolo, C. (1981) A graded listening-comprehension program. *English Teaching Forum*, 19, 4, pp. 31–36.

# 索　引
（和文，欧文の二部構成）

〔あ行〕

曖昧さへの寛容性　144–146
アクションリサーチ　212–213
誤り
　　文法の～　55, 115–116, 166
　　～の指導　93, 115
　　～の訂正　169

言い替え　32, 153–154, 219
意識化タスク→タスク
意図的学習　41
異文化理解　33, 132, 174, 177, 186
　　～と英語の指導　180–181
イマージョン（immersion）　51–53
意味交渉（意味のやりとり）　31–32, 51–52, 54
依頼表現　161–165, 178
インターネット　4–6
インプット＝インターアクションモデル　213

英会話教室→会話教室
英会話文法　173
英語
　　第二言語（外国語）としての～話者　3–4, 6
　　～人口（英語話者数）　3–4
　　～のウェブコンテンツ　4–5
　　～の出版物　5
　　～の使用国数　2, 6
　　～の母語人口　2–3, 6
英語学習者数　7–8, 10
英語学習歴　126, 203–204
英語学力　216–219
「英語が使える日本人」の育成のための行動計画　202

英語ぎらい　44–45, 49
英語授業
　　～時間数　23
　　～のプロセス　207
英語使用経験　22–23
英語と日本語の使用　191–192
英語のスピード→スピード
『英語ノート（試作版）』　201–202
英語らしい表現　61, 118, 170

応答表現　58
オーラル・コミュニケーション　53, 68, 87, 146, 161, 173, 221, 227
音韻符号化　106–107, 110
音声変化　69–70, 79, 84, 186
音読　49, 70, 107–110, 135, 181, 202

〔か行〕

海外留学　22–24
　　～と英語力　86–87
外国語
　　～学習者　8–10
　　～活動→小学校英語活動
　　～授業時間→授業時間
　　～受講者　8
　　～の開設状況　8–10
外発的動機づけ→動機づけ
回避方略　63
概要　71, 75, 99–100, 102–103, 133, 140, 150, 219
会話　61, 93–94, 136, 142, 144–145, 175, 184, 222
　　～と語彙習得　31, 35
　　～と文法指導　53, 56–57
　　～の構成　90–91
会話教室　8–10

259

# 索　引

会話力　146, 227
書き言葉　58, 60–63, 65
書き取り　70, 77→「ディクテーション」,
　dictation も参照。
書き直し　118–119
学習語彙→語彙
学習時間　15–16, 204
学習指導要領　23, 188
　　小学校～　201–202, 205
学習者コーパス　63–64
学習スタイル　102, 139–141 →「学習の
　仕方」も参照。
学習動機　14, 122–131 →「動機づけ」も
　参照。
　　～と文化　146
学習難易度（外国語の～）　15
学習の仕方　132, 144, 151, 179–180, 216,
　219→「学習スタイル」「学習方略」も参
　照。
学習必要度（発表語彙の～）　34
学習不安　132, 142–44, 146
学習方略　132–141, 144–146, 195, 210,
　219
　　～の型・分類　132–141
　　～の重要度　137–139
　　～の調査方法　132–135
課題への関わり　41–42
学校数　7–9, 23, 44
活動と時間数　190
活用語彙→語彙
簡易化教材　199–200
眼球停留　105–107
関係節　60
関係代名詞　60–61
冠詞　93–94, 115, 120, 166–167, 218, 234
漢字圏　16–17
感情表現　89–90
観点別評価　228

記憶力　122, 148
聞き取り語彙→語彙
聞き間違いやすい音（語）　75

聞きやすさ　73–74, 199
聞く速度　105
気づき　48, 119, 207–208
教科書　22, 102, 166–167, 186, 189, 194
　　文法の～　44
　　～の英語　187–188
　　～の応答表現　157–158
　　～の感情表現　89–90
　　～の語彙　26–27, 34–35, 39–40, 188
　　～の題材　174, 209
　　～の対話文　77–78
　　～の発話分析　208–209
　　～の文　58, 70, 192
　　～の読み易さ　101–102
記録法　133, 135
キーワード　80, 97–98, 150–151, 209

偶発的学習　41
句動詞　61–62
クラスサイズ　18–20, 212
　　諸外国の～　18–19
　　適切な～　19–20
クローズ・テスト　17, 57, 98, 101, 223,
　227, 229, 232–234
　　標準～　227, 232–233
　　～と英語力　232–233
　　～の作成の留意点　234

KJ法　35
形態素　50, 166–167
形容詞　47, 59, 62, 93–94, 118, 179
ゲーム　47, 90–91, 142, 192, 205
研究開発学校　201–202
言語学習方略　136–137
言語距離　14–17
言語使用方略　63, 136–137
言語処理速度　105
言語人口　4–5
言語適性　17, 122
言語（・）文化（知識）　179–180, 216
「現代英語のキーワード5000語」　35

索　引

語彙
　学習〜　33–36, 41, 43, 86
　活用〜　216–217
　聞き取り〜　216–217
　口頭〜　89, 95
　最頻出〜　37
　視覚〜　89
　視認〜　106
　生活〜　35
　認知〜　39, 43, 216–217
　発表〜　33–34, 85
　理解〜　34, 36
　〜学習　41, 151, 209–210
　〜サイズ　37
　〜指導　29, 35, 37–43, 151
　〜習得　31–32, 39–43
　〜リスト　35, 38–39, 43, 181
　〜力　31, 40, 96, 111, 197–198（海外の児童・生徒の語彙力）, 216, 223
向性　144, 146
構成要因・構成要素（聞く力の〜）　68–69, 72
公用語　2–3
公立小学校　201–202
誤解（異文化についての〜）　163, 175–176
語学テキスト　8–9
国語　21, 142, 147–148, 152, 154, 197, 201
語順　48, 52, 120
個人差　85, 131, 161
　学習スタイルの〜　140
　発音の〜　76, 136
語知識スケール　42
子供の言語習得　31, 166, 197–200
コーパス　37, 58, 60–61, 63–65, 92, 117–118, 156, 179, 210–211
　学習者〜→学習者コーパス
コミュニカティブ・アプローチ　192
コミュニケーション活動　20, 47, 51–52, 76, 86, 90, 95, 135
　〜と文法の習得　51, 55–56
コミュニケーションへの関心・意欲・態度　228, 230
コロケーション　61, 92–93
コンピュータ　148, 185–186

〔さ行〕
在学者数　7–9
最頻出語彙→語彙
作文指導　33–34, 36
作文力　86, 111, 146, 233
作動記憶　148→「ワーキング・メモリ」も参照。
3人称単数現在　50–51, 64, 116, 167, 218, 234
3ラウンド・システム　212

視覚学習　140
視覚情報（リスニングと〜）　70–71
自己決定理論（self-determination theory）　124–126
自己訂正　116, 120, 166, 222
辞書　29–32, 37, 39, 41, 63, 103, 145
時制　116–117, 198, 228
　〜の誤り　57, 93–94, 120, 199
実習生　190–191
質問紙法　135, 138, 219
自動化　80, 84, 106–110, 148, 207
指導技術　54–55, 180, 195–196, 208
指導効果　72, 116, 164, 192–193→「授業効果」も参照。
　スキーマの〜　195
指導順序　47, 50
謝罪表現　163–164
シャドーイング　108–109, 136
自由英作文　63, 118–119
修学旅行　23–24
修正
　作文の〜　119, 171–172
　発話の〜　51, 54
習得順序　50, 166–167
授業効果　29, 185→「指導効果」も参照。
授業時間　23, 26, 190, 204
　外国語の〜　21

261

# 索　引

ALTの～　184
授業評価　130, 190
出現頻度→使用頻度
受動態　46–47, 59, 199
小学校英語（外国語）活動　7, 185, 201–206
使用頻度（出現頻度）
　学習方略の～　133–134, 137–138
　関係詞の～　60
　感情表現の～　89–90
　句動詞の～　61
　語彙の～　31, 40, 188
　コロケーションの～　92–93
　受動態の～　59
　助動詞の～　63
　動詞の～　117–118
　品詞の～　59, 61–62, 115
　身振りの～　175
　Connectorsの～　156
　CSの～　168
　To不定詞の～　118
情報教育教室　185–186
「シルバー」（児童英検）　204
新語　26, 40–41, 43, 151

推定話者数→英語
数学　21, 142, 147–148
スキーマ　71–72, 100, 107, 177, 195
スピーキング力　86, 94–95
　～と他の技能　85
　～のレベルと到達所要時間　85–86
スピーチ　60, 218, 225, 229
　～・コンテスト　225
スピード
　英語の～　186–187
　聞きやすい～　73–74
　読解～　109
　ノーマル～　83, 186
　～とポーズ　69–70

生活語彙→語彙
成功につながる学習法　135

性差　145–146
接触節　60–61
センター試験　36, 68
センテンス・コンバイニング　113

想起率　31
総合的な学習の時間　201–202
速読指導　102–103

〔た行〕
大意（の）把握　96–97
第二言語習得　50–57, 207→SLAも参照。
対話場面　175–176
対話文　77–78
タスク（task）　20, 51–57, 65, 71, 74, 82, 86, 120, 129, 133–135, 137, 168, 172, 207, 218, 222, 228–229
　意識化～　52
　リスニング・～　81–82
　～活動　56
　～中心指導法　53
　～と語彙習得　40–43
　～による文法指導　55–57
　～必須言語　54
　～を志向した活動　55–56
多読指導　103
単位認定　12–13
短期記憶　69, 80, 148
単語
　～のおぼえかた（例文 vs. 説明）　29
　～のおぼえやすさ　26–27
　～の反復回数　187–188
　～の忘却率　26
　～の保持率　26, 28
談話クローズ　194, 233–234

知能（知能指数，知能偏差値）　26, 47, 122, 147–148, 190, 192
聴覚学習　140
聴覚語彙→語彙
長期記憶　80, 108, 207

つなぎ言葉 78, 86–87, 94, 230→connectors も参照。

ディクテーション 82–84, 109, 203 →「書き取り」, dictation も参照。
ディクトグロス (dictogloss) 54, 82, 207
ディコーディング 106–107, 110
ディスカッション 86–87
定着度 227–228
丁寧語 168–169
丁寧度 (丁寧さ) 161–162, 178
テスト
　クローズ・〜→クローズ・テスト
　〜作成の留意点 220–224
　〜の問題点 225–229
データ駆動型学習 64–65
転移 15
添削 119–120, 136
伝達性 153–154
伝達能力 20, 49, 168, 216, 219, 224
　説明の仕方と〜 168
　動機づけと〜 146
　文法指導と〜 57
　LL と〜 221
伝達方略 78, 86–87, 137 → CS (communication strategy) も参照。

動機づけ 41, 56, 63, 119, 123, 125–128, 143, 146, 195, 213
　外発的〜 124–125, 128
　道具的〜 123
　統合的〜 123, 125–126
　内発的〜 124–125
　〜と関係要因 127–128
　〜と語彙学習 41
　〜の型 124–126, 128
　〜と成績 122–123
　〜と文化 146
　〜のプロセス・モデル 128–129
　〜方略 (〜行動) 128–131
道具的動機づけ→動機づけ
統合 48, 205, 208

統合的動機づけ→動機づけ
読解スピード 109
読解テスト 100, 102, 228–229
読解力 146
　クローズ・テストと〜 223, 233
　シャドーイングと〜 108–109
　日本語の読解力と英語の〜 152–153
　Cohesive Ties と〜 97
読書 31–32
「どこにあったのテスト」 223
トップダウン処理 82, 84, 105–107, 110
トピック・センテンス 112→topic sentence も参照。
ドリル 90, 191, 193

〔な行〕
内在化 48, 108, 207–208
内発的動機づけ→動機づけ
内容中心 (の) 指導法 (教授法) 53–54, 56–57

日本人
　〜学習者が好む表現 118–119
　〜の英語力 11–14
　〜の学習方略 135
　〜の行動 175–176
　〜の断り方 162
　〜の作文の特徴 117
　〜の自己イメージ 180
　〜の身振り 175–176
認知語彙→語彙
認知プロセス 48, 106, 207–208
認知方略 80–81, 132
　メタ〜 80–82, 84, 132–135, 209, 219

ネイティブ (スピーカー) 185–186, 197
　〜と教材 199–200
　〜とスピーチの評価 225
　〜と connectors 156
　〜の謝り方・断り方 162–163
　〜の丁寧度の判断 91–92, 161–162, 164–165, 168

索　引

脳科学　110

〔は行〕
背景的知識　69, 72, 80-81, 97, 99-100, 105, 159, 168, 195→「スキーマ」も参照。
バイリンガル　198
波及効果　222-223
発音指導　75-76, 78
発言数（発言の割合，発言率）　86-87, 190, 192
発問　100, 104, 154, 196
発話速度（発話スピード，話す速度）　77, 87, 105, 187
発話分析→教科書
話し言葉　37, 61-63, 65, 76, 92-93, 157, 179
パラグラフ　17, 96, 98-99, 167
　　～・ライティング　112

光トポグラフィ　110
非言語行動　174
筆記テスト　225-227
必修語　27, 39, 87
ビデオ　71-73, 142, 149
表現の適切性　91, 161
品詞別頻度　62

フィードバック　54-55→「誤り」も参照。
　暗示的な～　55
　明示的な～　55
　～とライティング　113, 118-119
フォーカス・オン・フォーム　53-57
フラッシュカード　27, 43
プレリーディング活動　99-100
文型　166, 179, 186, 192-193, 198-199
文章構成の型　117
文の長さ　58, 70
　教科書の～　58, 192
文法アプローチ　192
文法項目　53-54, 194, 213, 218, 227
　　クローズ・テストと～　233

難しい（教えにくい）～　45-46
　～と習得順序　50
　～とタスク　56
文法指導　44, 47, 51-52, 57, 193, 233
　コミュニケーションのための～　44, 48-49, 51-53, 55, 57
文法用語　46-47, 171

ベテラン教師　191

母語の干渉　166
ポーズ　69-71, 82, 86 → pause も参照。
ポストリーディング　101
ボトムアップ処理　82, 84, 106, 110
ほめ言葉（compliments）　165, 179

〔ま行〕
未知語　79, 99, 145, 150
　～の語義習得　30
　～の（意味の）推測（予測）　31, 41, 96-98, 133, 210, 219
　～の割合　34-36
身振り　132, 168, 174-176

無動機　124-125

明示的知識　48
命令文　91, 178
メタ認知方略→認知方略
メディアの設置状況　185-186
メモ　54, 69, 73, 83, 149, 210, 212
　～の仕方　149-150
メモリスパン　148-149
面接　86-87, 134, 202
　～テスト　45, 192, 227
　～法　135, 221-222

〔や行〕
予測文法力　216
読む速度　105
4技能の使用割合　68-69

264

〔ら行〕
ライティング不安　143
ライティング力　111, 113, 119

理解可能なアウトプット　53
理解可能なインプット　51
理解語彙→語彙
リキャスト　54–55
リスニング
　～指導　68–69, 72–74, 84, 150
　～・タスク　81–82
　～・テスト　84, 150, 226
　～と音響条件　226
　～と視聴条件　73
　～と日常の言語使用　68–69
　～の方略　80–82
　～の問題点　79–80, 83
　～不安　143
　～力　68, 86, 108–109, 203
リーダビリティ公式　101–102, 234
リーディング力　96, 109 →「読解力」も参照。
　～と構成要因　96
　～とライティング　101
留学→海外留学

ルーブリック　229–230

例文　52, 57, 61, 64–65, 133, 171
　～か説明か　29, 46–47, 193–194, 210–211
連想法　33–35

〔わ行〕
ワーキングメモリ　107–108 →「作業記憶」も参照。
和訳　27, 29

# 欧文

Academic Word List　37–39
ALT　76, 93, 101, 184–187, 189, 204, 221
　～と小学校英語活動　184–185
　～と生徒数　184
　～の活用状況　184
amotivation　124–126
AS-Unit　93–94
audio-lingual method　193

BNC（British National Corpus）　37, 61–62, 92
body language　174–175

CALL　65, 185–186, 189, 212
CBT（Content-based Instruction）→内容中心（の）指導法（教授法）
chunk　70
closing sentence　167
CLT（communicative language teaching）　194–195
cognitive code-learning　193
Cohesive Ties　97
Communication Practice　48–49
compliments →ほめ言葉
connectors　156, 159
CS（communication strategy）　168 →「伝達方略」も参照。

DDL（Data-Driven Learning）→データ駆動型学習
deductive approach　193
dictation　77, 84 →「書き取り」「ディクテーション」も参照。
dictogloss →ディクトグロス
discourse cloze exercises　159
Discovery Listening　83
DMD（discourse management device）　157

EAP　38
effective questioning　196
EGP　38
ESP　38
external regulation　124–126

FEN　35, 186–187
Flesch の公式　102
focus on form →フォーカス・オン・フォーム
focus on forms　53–54, 194
focus on meaning　53–54
focused communication task　53
Fry のグラフ　101–102

gap filling test　223
global English　3, 6, 209

happy/glad　211

ideal self　128
identified regulation　124–126, 128
immersion →イマージョン
inductive approach　193
instrumental orientation　123–124
integrative orientation　123–124, 126
integrativeness　127–128
introjected regulation　124–126

JACET8000　39
JEFLL Corpus　63

Language and Cultural Seminar　181
learning histories　210→「英語学習歴」も参照。
Lexical Segmentation　83–84
Lix　102
LL　76–77, 148, 185–186, 189, 221

must / have to　49, 56

Native Segmentation Strategy　83–84
natural order　50
negotiation　31, 54, 172, 222 →「意味交渉」も参照。
NHK　8–9
NICE　64
NICT JLE Corpus　63

OPI（oral proficiency interview）　63, 222
oral introduction　207–208
oral proficiency test　63, 221–222
ought self　128

parsing　79–80, 107
pause(s)　70, 87, 157, 191–192→「ポーズ」も参照。
PCPP　207
production techniques　170

rauding　105–106
refusals of requests　163→「日本人（の断り方）」も参照。
Rhetorical Pattern　117

scanning　105
self-determination theory　124–126
semantic mapping　150, 207
SILL　133, 135
skimming　105
SLA　207→「第二言語習得」も参照。
SOPI（semi-direct oral proficiency interview）　222

Team Teaching　184, 189
think aloud 法　80–81, 100
TOEFL　11–14
too ~ to　61
topic sentence　159, 167, 223 →「トピック・センテンス」も参照。
T-unit　94, 112–113, 217–218
two-way information gap activity　52

utilization　79–80

very/really　162–163

wear　170–171
while-reading　100
will / be going to　211
would / might　62

《著者略歴》

**高梨　芳郎**（たかなし・よしろう）
　　1948年生まれ。東京大学大学院教育学研究科博士課程単位取得退学。福岡教育大学教授。専門は，英語科教育。東京大学教育学修士。連合王国レスター大学教育学博士（応用言語学と外国語教授法）。論文には，「〈データで読む〉英語教育の常識」(『現代英語教育』，1995年4月号〜1998年3月号），TEFL and communication styles in Japanese culture (*Language, Culture and Curriculum*, 17, 1, Multilingual Matters) などがある。

**KENKYUSHA**
〈検印省略〉

〈データで読む〉英語教育の常識

2009年8月23日　初版発行

著　者　　高　梨　芳　郎
発行者　　関　戸　雅　男
発行所　　株式会社　研究社
　　　　　〒102-8152　東京都千代田区富士見 2-11-3
　　　　　電話　03(3288)7711（編集）
　　　　　　　　03(3288)7777（販売）
　　　　　振替　00150-9-26710
　　　　　http://www.kenkyusha.co.jp/
印刷所　　研究社印刷株式会社

装幀　広瀬亮平
ISBN 978-4-327-41071-1　C3082　　Printed in Japan